Böhlau

Grüne Reihe des Lebensministeriums

Herausgegeben vom

Bundesministerium für Land- und Forstwirtschaft,
Umwelt und Wasserwirtschaft, Wien

Band 19

Land:Leben

Geschichte und Geschichten österreichischer Berggebiete

Ursula J. Neumayr und Peter Rathgeb

Böhlau Verlag Wien · Köln · Weimar

Gesamtredaktion: Ruth M. Wallner

Titelfoto: Ruth M. Wallner

Bibliografische Information der Deutschen Bibliothek.
Die Deutsche Bibliothek verzeichnet diese Publikation
in der Deutschen Nationalbibliografie; detaillierte
bibliografische Daten sind im Internet über
http://dnb.ddb.de abrufbar.

ISBN 978-3-205-77648-2

Das Werk ist urheberrechtlich geschützt. Die dadurch begründeten Rechte,
insbesondere die der Übersetzung, des Nachdruckes, der Entnahme von Abbildungen,
der Funksendung, der Wiedergabe auf fotomechanischem oder ähnlichem Wege
und der Speicherung in Datenverarbeitungsanlagen, bleiben,
auch bei nur auszugsweiser Verwertung, vorbehalten.
© 2007 by Böhlau Verlag Ges. m. b. H. & Co. KG, Wien · Köln · Weimar
http://www.boehlau.at
http://www.boehlau.de

Gedruckt auf umweltfreundlichem, chlor- und säurefreiem Papier.
Druck: Imprint, Slowenien

Inhalt

TEIL 1

**Peter Rathgeb, Jahrgang 1920.
Ein Arbeitsleben in der Land- und Waldwirtschaft – Vorwort**
  von Ursula J. Neumayr 7

Der Lebenslauf von einem ledigen Buam
  von Peter Rathgeb 11

TEIL 2

**Weil die Zeit nie aus ist – Entwicklungen
in der Landwirtschaft des Pinzgaus im 20. Jahrhundert**
  von Ursula J. Neumayr 53

**I. LebensLinien – Entwicklungen der
Gebirgslandwirtschaft im Überblick** 55
  I. 1. Ende der naturalwirtschaftlichen Genügsamkeit:
       Erster Weltkrieg und Folgejahre 57
  I. 2. Kaninchen und Polenta: Krisenjahre 59
  I. 3. Traktor, Dünger und Elektrozaun: Wirtschaftswunder 61
  I. 4. Überproduktion, Neuorientierung in
       Biologischer und Globaler Landwirtschaft 63

**II. LebensRäume – Flächennutzung und
Produktionsweisen im 20. Jahrhundert** 66
  II. 1. Regionale Wirtschaftsstruktur 66
  II. 2. Viehzucht und Milchwirtschaft 71
  II. 3. Bergmahd und Almwirtschaft 75
  II. 4. Getreide- und Feldbau 77
  II. 5. Obst-, Gartenbau und Waldwirtschaft 78
  II. 6. Wald und Jagd 80
  II. 7. Bäuerliche Nebeneinkünfte 82
      II. 7. 1. Arbeitswelten in Viehzucht und Milchwirtschaft 84

II. 7. 2. Arbeitswelten in Bergmahd und Almwirtschaft 94
　　　II. 7. 3. Arbeitswelten in Bauerngarten, Acker und Küche 100

III. LebensWelt – Leben am Bauernhof und im Dorf 111
　　III.1. Leben im „ganzen Haus". 111
　　III.2. Festzeiten im Dorf 134
　　III.3. Kirche im Dorf. 140
　　III.4. Wort-gewaltige Dorfbürger 144

**IV. Entwicklungsstränge des agraren Lebens
　　 im abgelaufenen 20. Jahrhundert** 148

V. Anstatt eines Ausblickes 151

Literatur und Quellen. 157

Teil 1

Peter Rathgeb, Jahrgang 1920.
Ein Arbeitsleben in der Land- und Waldwirtschaft –
Vorwort

von Ursula J. Neumayr

Den ersten Teil von Land:Leben bildet der Teil der Lebensgeschichte von Peter Rathgeb, der seine Kindheit und Jugendjahre in der Landwirtschaft beschreibt. Unehelich geboren, verliefen seine Kindheitstage bei einem benachbarten Kleinbauern, der Alltag gekennzeichnet von Arbeit, widrigen Lebensumständen, Schlägen, alles muss selber erzeugt und aus eigener Körperkraft getan werden. „So ein Leben kann keiner gehabt haben", schreibt Rathgeb an einer Stelle selber, seine unheimlich intensive Schilderung lässt den Spätergeborenen einfühlen, was es geheißen haben mag, in den 1920er Jahren im Gebirge Kind gewesen zu sein. Die Darstellung gibt aber auch detailreich den Blick frei auf die in dieser Zeit am Bauernhof erforderliche Arbeit, ein Leben, das so ganz anders war als heute: keine Maschinen, wenig arbeitserleichternde Vorrichtungen, keine elektrische Energie, kein Fließwasser in Haus oder Stall, am Berg nur schmale Gehwege, von Fahrzeugen ganz zu schweigen.

Hier nicht mehr wiedergegeben, arbeitete Peter Rathgeb später bei den Österreichischen Bundesforsten – wegzukommen von der Landwirtschaft war der Traum von Jugend auf. Unheimliche Veränderungen – von der fordernden Handarbeit über die Weiterentwicklung der Sägen bis hin zu Motorsäge, Güterwegebau und LKW-Transport – erlebt und trägt Peter Rathgeb mit, ja treibt sie durch seine Aufgeschlossenheit und Neugier, das Bestreben, die Arbeit zu beschleunigen und vereinfachen, selber voran. Die Jahre im Ruhestand bilden den Abschluss der Erinnerungen.

Woran liegt der Wert einer Betrachtung der Geschichte aus derartiger Nähe? Zugegeben, Autobiografien sind einseitig – abhängig vom Standpunkt des Verfassers und geprägt vom Zeitpunkt, zu dem sie verfasst werden. Jedoch, authentischer sind historische Entwicklungen nicht zu erforschen als über jene, die sie selber erlebt haben – *Gesellschafts*geschichte kann möglicherweise nur als eine Summe von Einzelgeschichten geschrieben werden. Selbst verfasste Erinnerungen erlauben Zugang zu Ebenen, die dem analytisch vorgehenden Historiker verschlossen bleiben – Wut, Verzweiflung, Freude über Erfolge und Momente der Überforderung lassen sich nur von dem wiedergeben, der sie verspürt hat. Mehr als akademische Sachdiskussionen provozieren Schilderungen historischer Erfahrung den kritischen Blick auf die jeweils eigene Zeit – und zwingen, in Abgrenzung oder in Fortsetzung, dem eigenen Leben Richtung zu geben. In die Lektüre mischt sich zweifellos eine Spur Ehrfurcht und Bewunderung vor der Fähigkeit, aus materiell so kärglichen und menschlich so harten Umständen doch aufrecht ins Leben zu gehen. Zur Entstehungsgeschichte: Peter Rathgeb, als wacher und kritisch reflektierender Informant für Beiträge zur Gemeindechronik Taxenbach empfohlen, entschied rasch, seinen Lebensweg selber beschreiben zu wollen. Da sich das Licht am Küchentisch als für diese Arbeit unzureichend erwies, übersiedelte die Schreibwerkstatt erst auf das Bügelbrett der verstorbenen Frau, dann auf einen etwas größeren Tisch, der nun Raum bietet für Bleistifte in allen Längen, Spitzer, Meterstab und von dem aus sich während des Schreibens das Tal einsehen und die Singvögel beobachten lassen.

Der Reinfassung gingen manchmal Notizen auf einem alten Kalender voraus, zumeist aber wird, feinsäuberlich von oben bis unten, Blatt für Blatt direkt beschrieben. Taxenbach, der Geburts- und auch Wohnort von Peter Rathgeb, liegt auf 779 m Seehöhe. Eisenbahn, Bundesstraße und der Fluss Salzach verlaufen im engen Talboden, Siedlungsraum und landwirtschaftliche Nutzfläche sind zum Teil die Hänge darüber, wie eine Aufnahme aus dem Jahr 2000 zeigt (Foto 2.2.1, S. 67). Von den heute rund 3000 Einwohnern sind 283 Personen in den 147 Landwirtschaftsbetrieben tätig. Trotz eines vergleichsweise hohen Agraranteils sind für die Taxenbacher Wohnbevölkerung andere Branchen wichtige Arbeitgeber: 350 arbeiten in der Sachgütererzeugung, 365 im Bauwesen, 312 im Handel, 218 in Verkehr und Nachrichtenübermittlung, 193 im Gaststättenwesen, jeweils rund 100 in Öffentlicher Verwaltung bzw. Gesundheitswesen (Zählung 2001). Bis 2002 Gerichtssitz für den umliegenden Gerichtsbezirk, liegt die Gemeinde nahe der Bezirkshauptstadt Zell am See und am Eingang zum Raurisertal. In seiner Grundstruktur kann der Ort als exemplarisch für Pinzgauer Gemeinden genommen werden, hierzu einige Eckdaten aus seiner historischen Entwicklung: 1890 wurde hier die erste Raiffeisenkasse des Landes gegründet, um 1900 hat der Ort neben seinen Bauern unter anderem sieben Krämereien, elf Gastwirtschaften, drei Bäcker, zwei Fleischhauer, zwei Schmiede, zwei Schlosser, vier Schneider, zwei Müller, einen Weber, einen Tischler und einen Seiler. 1902 ging das Elektrizitätswerk Kitzloch in Betrieb, 1907 erhielt Taxenbach eine Ortswasserleitung, ab 1915 wurde die Bahnstrecke zweigleisig befahrbar. 1920 erhält der Ortskern eine elektrische Beleuchtung, 1926 wurde der Postautoverkehr nach Rauris aufgenommen, 1930 die Bahnstrecke elektrifiziert, 1938 der bislang selbständige Ort Eschenau der Gemeinde eingegliedert. Die auf den beiden Fotos (Foto 2.2, 2.2.1, S. 67) unschwer zu erkennenden baulichen Veränderungen erfolgten großteils in der zweiten Hälfte des Jahrhunderts. 1958 wurde die Ortsumfahrung fertiggestellt und in den Folgejahren parallel zu einer starken Zunahme von Privathäusern entscheidende Schritte im Ausbau der dörflichen Infrastruktur gesetzt: 1966 der Bau der Hauptschule,

1977 des Kindergartens, 1982 der Polytechnischen Schule, 1985 eines Seniorenwohnheims und 1988 der Umbau des Gemeindespitals in ein Haus für die örtlichen Vereine. An dieser Stelle geht ein besonderer Dank an Herrn Erwin Wieser für die besondere Unterstützung.

Der Lebenslauf von einem ledigen Buam

von Peter Rathgeb

Ich bin am 24. September 1920 bei einem Bergbauern auf 1100 Meter geboren. Meine Mutter war nur eine arme Dienstmagd und ich konnte nicht bei ihr bleiben.

Meine Großmutter Theresia, geb. Egger, Steinerbauerntochter, geboren am 6. Juni 1862, hat am 24. Mai 1886 den damaligen Sägewerks- und Mautmühlenbesitzer Peter Lorenz Rainer in Trattenbach in Eschenau bei Taxenbach geheiratet. Aus dieser Ehe entstanden 3 Kinder, eine Tochter, Theresia, und zwei Söhne. 1896 ist Peter Rainer an Staublunge gestorben. Am 16. November 1898 hat meine Großmutter den Mühlenmacher und Zimmerer Peter Rathgeb, einen gewissen Irstoa Peter aus Goldegg-Weng, geheiratet. Aus dieser zweiten Ehe wurden zwei Mädchen geboren: am 25. Jänner 1899 meine Mutter Juliana und 1900 ihre Schwester Anna, beide geboren in Eschenau, Berg 3, Trattenbachmühle. Sie sind dann in Eschenau zur Schule gegangen. Eschenau war damals eine eigene Gemeinde. Heute gehört Eschenau zu Taxenbach. Nach ungefähr zehn bis zwölf Jahren ist auch mein Großvater Peter Rathgeb an Staublunge erkrankt. Weil jetzt niemand mehr da war, der die Familie ernähren konnte, wurde der Familienbesitz an einen Mann namens Tierager verkauft. Mit dem Erlös wurde der Hof Unterfahrenberg am Gschwandtnerberg in Taxenbach gekauft. Dann ging es halt so weiter bis zum Ersten Weltkrieg. Die Söhne aus der ersten Ehe meiner Großmutter mussten zum Militär. Sie sind beide 1917 gefallen. Bald darauf hatte mein Großvater einen Schlaganfall und blieb halbseitig gelähmt. Meine Großeltern verzagten und haben Unterfahrenberg in ihrer Verzweiflung auf Leibrente an den Großbauern Mulitzer Kasper, den damaligen Bichlbauern in Gschwandtnerberg, verkauft. Und damit hat die Not begonnen: Die beiden Mädchen, meine Mutter und ihre Schwester, wurden Dienstboten. Meine Mutter kam zum Mulitzer als Melkerin.

Die Großmutter hatte ihren Töchtern nichts als Arbeiten und Beten beigebracht und ihnen fest eingeredet, ja nichts mit Männern anzufangen. Das konnte aber nicht gut gehen: Anna hat sich Hals über Kopf in einen Mann verliebt. Weil diese Verbindung nicht geduldet wurde, ihre Liebe nicht sein durfte, wurde Anna unheilbar geisteskrank.

Mein Dasein habe ich einer Wette zu verdanken, so wurde mir von mehreren glaubwürdigen Männern berichtet, die bei der Wette dabei waren. Auch Rexeisen Elisabeth, Liesei genannt, geb. 1894, hat das Gleiche erzählt. Liesei war Sennerin beim Bichlbauern. Meine Mutter Julia und die Sennerin Liesei haben beide in derselben Kammer geschlafen. Somit haben beide in ihrer blühenden Jugend das Nachtleben mit den Buben, wie halt das damals bei den Bauern war, kennen gelernt. – Was sich in so einer Weiberleut-Kammer oft abgespielt hat, das habe ich auch selber in meinen schönsten Jahren erlebt. – Liesei hat erzählt, dass die Juli, meine Mutter, in der Kammer keinen Burschen geduldet hat, ja und schon gar nicht im Bett! Liesei hat aber auch erzählt, sie weiß von zweimal, einmal auf der Bruggn (Tenne) oben im Heu und dann später noch einmal im Kuhstall mit einem Minckl; da soll sich was abgespielt haben. Die Burschen haben gewettet, wer imstande wäre, das bildhübsche Mädchen Juli zu verführen. Tatsächlich, dem Jüngsten, dem Kleinsten mit seinen 17 Jahren, Johann Huber, ist das Kunststück gelungen!

Die Schwangerschaft von Julia konnte bald nicht mehr verheimlicht werden, u. a. auch deswegen, weil sie sich ständig übergeben musste. Es ist ihr nicht gut gegangen. Jedes Mal beim Essen am großen Tisch, an dem circa fünfzehn Leute saßen, muss es scheinbar fürchterlich zugegangen sein. Juli wurde von den Männern verspottet und verhöhnt: „Ein lediges Kind bekommen und eh so viel beten, die Schand', wie hast denn das g'macht?"

Hauptsächlich ereiferten sich dabei diejenigen, die bei ihr keine Chance hatten. Der Hoyer Franz war damals Hüter (Kuhhüter) beim Bichlbauern. Den hab ich noch kennen gelernt. Das war doch selber der größte Spitzbub. Der hat ja dauernd mit der Sennerin, also mit dem Liesei, ein Gspusi gehabt. Die Liesei hab ja ich noch gut gekannt, das war eine Schwarze, eine Fesche, ganz eine Rassige. Da ist immer erzählt worden, der Bauer soll auch dabei gewesen sein, wahrscheinlich im Sommer auf der Alm. – Der Hoyer Franz war ja ganz ein Spöttiger und Blöder, einfach nicht zum aushalten. Der hat scheinbar beim Essen einmal gesagt: „Juli, wenn du so weiter tust, wirst du es einmal spüren, du wirst eine abscheuliche Himmelfahrt kriegen." Das hat meine Mutter nicht mehr ausgehalten. Sie ist auf und davon, nach Hause ins Fahrnberg zu ihren Eltern. Die Großmutter hat vielleicht etwas mitgemacht damals mit ihren Töchtern. Anna war närrisch und die Julia schwanger. Juli bekam einen Platz als Dienstmagd beim Klausbergbauern in Hopfberg. Da ist es ihr gut gegangen und es ist Ruhe eingekehrt. Sie konnten so den Tag der Niederkunft abwarten.

Am 24. September 1920 war es dann so weit. Ich habe um neun Uhr vormittags beim Klausbergbauern das Licht der Welt erblickt. Es soll eine schwere Geburt gewesen sein, weil mein Kopf sehr groß war. Um zwei Uhr nachmittags wurde ich bereits getauft, so steht es im Taufschein. Als Taufpatin, Godn, war meine Tante Anna bestimmt. Sie musste mit mir übers Ederwegerl, das noch viele kennen, runter und wieder hinauf; das Wegerl war immer sehr schlüpfrig und schmal, sehr schlecht ausgebaut. Es wurde auch befürchtet, dass Anna wegen ihres Geisteszustandes den Buben nicht wohl und gesund heimbringen könnte. Ich denke, hier hat zum ersten Mal der Schutzengel mitgeholfen. Das war meiner Godn Annas letzte Arbeit. Sie musste bald darauf in die Nervenheilanstalt eingeliefert werden, wo sie nach etlichen Jahren noch in blühender Jugend verstorben ist. Solche und ähnliche Sachen hat es früher öfter gegeben. Das waren grobe Fehler von unseren Vorfahren. Entweder junge Leute zusammenkuppeln, was oft gar nicht gepasst hat, nur damit der Reichtum richtig zusammenkommt. Oder die Liebe verbieten! Solch ein Blödsinn! Nur die ganz große Liebe ist ein Fundament, auf dem man ein Wirtschaftsleben aufbauen kann. Ein Mensch, ob Mädchen oder Bursche, der die große Liebe nicht kennen lernt, hat in seinem Leben das Schönste versäumt.

Ich war jetzt auf der Welt. Wohin mit dem Buben? Mein leiblicher Vater, der die Wette gewonnen hatte, hat sich verdrückt, den habe ich nie gesehen, den habe ich nie kennen gelernt; der hat auch nie einen Schilling Unterhalt gezahlt. Und so bin ich halt als halbes Verdrusskind bei der Großmutter aufgewachsen, die selber außer Not und Elend nichts hatte. Es war damals nach dem ersten Krieg die schlechteste Zeit, die es bisher gab, es herrschte Hungersnot. Auch meine Mutter hat nur ums Überleben gearbeitet. So

Foto 1.1: Volksschulklasse Peter Rathgeb, Gemeindearchiv Taxenbach (Peter Rathgeb rechts vor der Lehrerin, weißer Schopf).

vergingen meine ersten fünf bis sechs Kindheitsjahre. Von dieser Zeit an habe ich mein Leben in Erinnerung. Spielzeug, Schokolade, Orangen, solche Sachen oder gar einen Christbaum, so etwas habe ich nie kennen gelernt. Was für ein Unterschied! Damals oder heute. Meine Taufgodn Anna ist im Krankenhaus gestorben, der Großvater halbseitig gelähmt zu Hause im Bett. Ich kann mich noch gut daran erinnern. Für meine Großmutter waren das ganz schreckliche Erlebnisse.

Meine Schulzeit 1926–1934 (Foto 1.1): Am 15. September 1926 war mein erster Schultag. Wir wohnten in Unterfahrnberg. Meine Großmutter schickte mich zum nächsten Nachbarn hinunter, zum Kloa Bachrein in Gschwandtnerberg. Da war damals die Hofer-Meinrad-Familie mit acht Kindern ansässig, die mich zur Schule nach Taxenbach hinunter mitgenommen haben. Meine Großmutter selbst konnte nicht mitgehen, weil sie beim kranken Großvater bleiben musste. Bevor sie mich losgeschickt hat, machte sie mir mit Weihwasser ein Kreuz auf die Stirn und sagte: „In Gottsnam', Bua, hiat's geh!" So hat mein erster Schultag begonnen. Ich war anfangs unter so vielen Kindern – wir waren 42 Schüler in der ersten Klasse – etwas schreckhaft, schüchtern und gschamig. Die Lehrerin, Frau Zweimüller, war eine ältere Frau. Ich sehe sie heute noch vor mir, mit ihren grauen Haaren. Sie war sehr streng, aber auch sehr nett. Im Mauerer Bichlerhaus, so hat das damals geheißen, waren wir mit der ersten Klasse untergebracht. Die zweite und die dritte waren im Gemeindehaus. Im eigentlichen Volksschulhaus, das war damals ziemlich neu gebaut worden, da waren dann die vierte, fünfte und sechste Klasse untergebracht. Die sechste Klasse hatte zwei Abteilungen.

Meine Großmutter hatte meine Ausrüstung zum Schulgehen selbst angefertigt. Sie hat ein rupfernes Sackl zusammengenäht, hat Träger angenäht und eine Schnur zum Zusammenziehen eingezogen. Der Inhalt bestand aus einer Tafel, an der ein kleiner Schwamm und ein Fetzen Stoff an einer Schnur angenäht waren, eine Griffelschachtel mit Griffel zum Schreibenlernen. Natürlich bekam ich auch eine kleine Jause mit, das hat ja auch sein müssen. Bei Sauwetter ist das alles nass geworden. Da könnt ihr euch vorstellen, wie das alles ausgeschaut hat. Ich habe mich an dieses Leben gewöhnt. Es vergingen die Wochen und Monate und bald war der Winter da.

Im ersten Winter ging es mir schlecht. Die ersten 800 Meter bis Bachrain war ich alleine. Und wie es halt im Winter ist, der Tag ist kurz, es ist putzfinster um sieben Uhr in der Früh, es liegt ein Haufen Schnee, man sieht überhaupt nichts bei so einem Sturmwetter, nur ein Gangsteigl, das nicht zu finden ist. Den Schnee wehts waagrecht ins Gesicht. Was da so ein kleiner Bub mitmacht, davon hat heutzutage kein Mensch eine Ahnung. Und dann kam ich in die Schule, durchgefroren und patschnass, und da sollst du noch was lernen! Beim Heimgehen, bergauf ist es dann wieder finster geworden. So ist es oft tagelang dahingegangen.

Meine Bekleidung war äußerst bescheiden. Da gab es keine Windjacke oder Anorak, was es heutzutage alles gibt an Wetterbekleidung. Meine Schuhe waren oft zu klein. Was glaubst, wie ich bei kaltem Wetter (-20°C bis -25°C) gefroren habe! Aber so erging es allen Bergbauernkindern, da ist keines verschont geblieben. Uns hingen oft die Rotzglocken runter, aber krank ist keiner geworden, das hat es nicht gegeben. Ich war nie auch nur einen Tag krank. Was ist heutzutage für ein Unterschied, da werden die Kinder bei der Haustüre abgeholt und bis zum Schulhaus gefahren, können ausgerastet die Aufgabe machen; brauchen nie frieren und werden nicht mehr nass. Dazu eine ganz andere Verpflegung. Das ganze Jahr gibt's Obst! Diesbezüglich ist's heute viel, viel besser. Aber wo bleibt die Härte, die aushaltende Gesundheit? Da beginnt schon das ganze Übel: Die Kinder werden verhätschelt, damit ja keines zu weit gehen muss oder gar etwa zu viel arbeiten, in Gottsnam, des wär' schrecklich! So beginnt heute schon beim jungen Menschen die Bequemlichkeit, anstatt einen Ehrgeiz aufzubauen fürs Leben. Mit einem gesunden Ehrgeiz ist man imstande, eine gute Leistung zu bringen, mit einer guten Leistung kann man auch einen guten Lohn verlangen. Wie ich's erlebte, hat sich Folgendes ergeben: Früher war die Leistung gut und der Lohn schwach, jetzt ist es umgekehrt!

In den ersten Schuljahren, da hab ich etwas erlebt, das werd' ich nie vergessen. Meine Großmutter hat einmal Leberknödel gekocht. Vielleicht war die Leber nicht ganz in Ordnung, das weiß ich nicht. Auf jeden Fall hatte ich einen Mordshunger, und ich hab gegessen wie ein Holzknecht. Es hat aber nicht lange gedauert, da ist mir übel geworden, das wurde immer schlimmer, bis ich endlich brechen konnte. Von da an habe ich bis heute keinen Leberknödel mehr mögen.

Im zweiten Winter ging es mir viel, viel besser, ich war schon stärker und es lag auch weniger Schnee. Mit dem Lernen ist es mir in den ersten beiden Schuljahren gut gegangen, solange ich halt bei meinen Großeltern war. Weil aber die Not im großelterlichen Haushalt immer größer wurde, ist beschlossen worden, mich zu einem Bauern, zum Winklbauern am Gschwandtnerberg, zu geben. Mitte Juli 1928 war es dann so weit: Großmutter hat meine Sachen in ein paar Taschen gepackt, ich hab in meiner Schultasche (Rucksackl) auch etwas verstaut und dann sind wir losgezogen. Mit Tränen in den Augen habe ich mich bei meinem kranken Großvater verabschiedet, den ich dann nie mehr gesehen habe.

Der schönste Teil meiner Schulzeit war vorbei; ab jetzt beginnt das Martyrium: Wie wir auf dem Bauernhof angekommen sind, hat die Bäuerin gerade Butter gerührt. Ein Rührkübel ist ein aus Holz angefertigtes Gerät, wo man den Rahmen hineingeben kann und dann so lange treibt, bis der Rahm zu Butter wird. Die Bäuerin hat gleich zu mir gesagt: „Bua, schau her, probier' gleich mal, muaßt immer gleich schnell treiben, sonst geht's nit zam." Am Anfang ging das ganz gut, aber bald haben mir die Hände weh getan und ich bin halt langsamer geworden. „Bua", sagt die Bäuerin, „muaßt alleweil gleich schnell treib'n", diesmal schon mit einem härteren Ton. Oje, habe ich mir gedacht, das fängt ja gut an. In den Ferien ist es schon gegangen, aber am 15. September hat die Schule wieder angefangen, da ist es dann von Monat zu Monat schlechter worden. Wie halt alle Jahr, wird im Herbst der Tag immer kürzer und die Nacht länger, solange noch Tag war, gab's viel Arbeit, natürlich keine Zeit zum Aufgab' machen, und nachher war's eben finster. Man muss sich vorstellen, Land auf, Land ab, war doch bei den Bergbauern nirgends ein elektrisches Licht. Bei dem Bauern, wo ich gelandet bin, das war's wohl ganz ein Elend. Der hat da neu anfangen müssen als Bauer. Kein Werkzeug, ein paar alte Kühe und ein Kalb, ja ein paar Schaf, einfach eine Not und ein Gewürg', aber viel, viel Arbeit, weil doch alles kaputt war, auf der Leiten (Hangfeld) ist nichts gewachsen, die Heustadeln waren am Zusammenfallen, die Dächer kaputt. Ja, und die Gebäude, der Stall ganz schlecht. Das Haus, das war erst eine Kaluppen, fürchterlich. Im ganzen Haus war nur ein Raum, das war die Stube, und da war ein selber gemauerter, aus gewöhnlichen Steinen ohne Ziegeln zusammengebastelter Herd drinnen und auf dem ist alles gekocht worden. Fenster ohne Winterfenster, ein einfacher Fußboden, kalt im Winter, fürchterlich, und eine Not! Fast kein Pferdegeschirr und was für Beleuchtung: in der Stuben ein silbernes Petroleumlamperl. So hat das geheißen. Im Stall, bei den Tieren, eine Sturmlaterne. Das war die ganze Beleuchtung. Und so hätt' ich, der arme, hilflose Bub, Aufgabe machen soll'n, oft etwas auswendig lernen, ja wie denn?

Ich musste das ganze Jahr mit den erwachsenen Leuten um fünf Uhr morgens aufstehen und natürlich sofort in den Kuhstall, mithelfen. Um halb sieben gab's dann das Frühstück, das war sehr gut, ein Muas und eine Schott-Suppe. Nachher hat's geheißen: „Bua, schau, dass du in d'Schul kommst." Das ist bei dem Bauern einfach gewesen, weil ein guter Fuhrweg in der Nähe war, da waren ungefähr 20 Pferdefuhrwerke den ganzen Winter unterwegs. Natürlich wär' ich gern mit einem Reit-Schlittei (Rodel) bis zum Schulhaus gefahren, das durfte nicht sein und war verboten. Noch viel weniger mit Schi. Einmal hat mir ein Bürgers Bub ein paar alte Schi geschenkt und ich wollte das Schifahren lernen. Aus war's mit dieser Freude, die Schi haben sie sofort zusammengehackt. Da hat's geheißen, des wär' nur etwas zum Füßebrechen, wer soll das bezahlen? Es wär' die Möglichkeit gewesen, von der Haustür zum Schulhaus zu fahren. Das hat nicht sein dürfen, ich musste zu Fuß und das die ganzen vier Winter.

Nach der Schule beim Heimgehen, da war's wieder kritisch: wenn ich länger gebraucht hab als zwei Stunden, da hab' ich schon nichts mehr zum Essen gekriegt. Hab sofort im Kuhstall meine Arbeit tun müssen. Wenn ich ohne Schläg' nur mit Schimpfen ausgekommen bin, dann hab' ich schon Glück gehabt. Ich hab' halt oft gesagt, ich habe in der

Schule hinten bleiben müssen, des hat etwas leichter getan. Im Winter habe ich dann müssen jeden zweiten Tag einen Korb voll Runggeln schneiden (das sind so etwas weiche Rüben) für die Milchkühe, zum Beifüttern, dann war es oft schon sieben Uhr oder halb acht bis ich fertig war. Oft hat's dann geheißen, „Bua, hast Aufgab' g'macht?". Ja, wie denn, wann denn? Und so musste ich halt wieder ohne Aufgabe am nächsten Tag in die Schule. Dann ist da der Krieg wieder losgegangen. In der Schul' geschimpft, daheim geschimpft. So waren die Schultage im Winter.

Das Übel ist immer schlechter worden, habe in der Schule nimmer mithalten können: bald einmal hat's geheißen, heut musst daheim bleiben, zu irgendeiner Arbeit ist der Bua schon gebraucht worden, und das hat dann immer öfter sein müssen. Mir hat das Schulgehen und Lernen bald überhaupt nimmer gefreut, in der Schule habe ich dann sagen müssen, ich war krank, das wurde mir nicht recht geglaubt, hab nicht krank ausgeschaut, im Gegenteil, ich war bis zum 28igsten Lebensjahr kerngesund. Gesund sein, das war mein Glück. Wer hätt' denn einen Doktor bezahlt oder gar Spitalskosten. Ich war ja bis 18 Jahr nirgends angemeldet. O' mein Gott, na da hat's g'heißen, Arbeit'n ist wichtiger als Lernen. Wortwörtlich neben mir. Gleich habe ich den Schaden noch nicht verstanden. „Zum Arbeiten wird er gescheit genug, und so Halbstudierte lauf'n ohnehin genug umanand." Ja, und so bin ich immer mehr in die Arbeit hineingewachsen, wie es sich ergibt, hätt' ich doch öfter und immer öfter sollen einen Mann ersetzen. Das ging oft nicht gut, weil ich doch viel zu schwach war. Alsbald hat's schon geheißen, ich wollte mich nicht plagen, ich wär' ein Faulenzer, ein Leerfresser oder ein Tagedieb; habe ich mich gewehrt, so habe ich sofort ein Trumm aufgelegt gekriegt. Natürlich ist es mir in der Schule nimmer gut gegangen, habe sitzen bleiben müssen, ich wollt' schon gar nimmer in die Schule, ja in der Schule keine Aufgabe, also Schimpf, daheim dasselbe Theater; habe angefangen Schule schwänzen. Aber da hat mich der Bauer gehaut wie ein Stück Vieh, mit einem Strick; hat mich geschnappt bei einem Fuß und hat mich hergedroschen, überall ausgeschlagen am Hintern und in den Füßen. Recht mehr will ich nimmer erzählen. Ich bin ihm dann mit einem Fuß ins Gesicht kommen und da hat er auslassen müssen, und ich bin sofort untern Tisch. So hab' ich mich gerettet. Hab' geweint und geschrieen, wie wenn einer eine Sau schlacht'n tät, ganz fürchterlich.

Es waren damals ganz wenige Bergbauern, die das kalte Wasser schon in der Küche gehabt haben; die meisten, wir auch, hatten nur den Brunntrog vorm Haus, und da ist das Wasser meistens mit einem Eimer oder auch viel früher noch mit einem Holzschaffel ins Haus getragen worden. Die Wasserleitung von der Quelle zum Brunntrog, das waren keine Eisenrohre, das waren Holzrohre. Diese Holzrohre haben sich oft verstopft, zugewachsen, das war ganz ekelhaft, das habe ich natürlich auch noch gut in Erinnerung. – Heute kann sich fast niemand mehr so ein Leben vorstellen, in einer Behausung ohne elektrisches Licht, ohne Wasser, geschweige denn gar warmes oder heißes Wasser, und ohne Heizung! Es wurde erzählt, bevor die Kerzen erfunden worden sind, haben sie Späne, Holzspäne, angezündet als Licht. Als die Kerzen kamen, wurde das wohl abgeschafft. Doch schrecklich gefährlich so eine Beleuchtung. Die Kerzen wurden auch zum Großteil selber erzeugt, sogar ich hab' so eine Vorrichtung noch kennen gelernt.

Auch hat keines der alten Bergbauernhäuser ein Englisches Klo gehabt, das hat vor siebzig Jahren noch gar niemand gekannt, ein Klo mit Wasserspülung! Es war einfach ein Plumpsklo und das lag außer Haus am hintersten Ende und war oft nicht einmal wetterfest. Man musste aus dem Haus auf den Balkon, den Balkon entlanggehen. Im Sommer war das Klohäusl nass vom Regen, im Winter oft mit Schnee verweht. Auch hat es nirgends ein Nachthemd gegeben oder einen Schlafrock oder einen Pyjama, so wie heute, ja nicht einmal eine Unterhose. Die Frauen haben sehr lange Kittel getragen, und das Winter und Sommer. Das war noch in meiner Schulzeit so, das ist mir alles in Erinnerung geblieben. Dieses Leben war Tatsache, heute kann sich das niemand mehr vorstellen. In der Männerkammer (für die Knechte), die kälteste Bude, meistens irgendwo im Dachboden oder gar außer Haus, haben sie irgendwo in der hölzernen Außenwand ein Stück Brunnenröhrl (Holz-Rohr) eingesetzt, das ist anstatt eines Nachttopfes verwendet worden. Ich erinnere mich bei uns in Taxenbach an einen kleinen Herrnbauern, der hat damals die Männerkammer in einer großen Wagenhütte eingebaut gehabt. Die war ungefähr so eingeteilt: vorne war ein gemauerter Gemüsekeller, noch eine große Krautsohle. Auf dem Keller drauf war dann eine große Bubenkammer mit sechs bis sieben Schlafstätten, Betten sagt man heutzutage. An deren Ostseite war halt das Röhrl eingebaut in der Wand. Gerade außen an dieser Wand ist ein Gangsteigl, ein Kirchwegerl gewesen; und wenn das Röhrl benutzt worden ist, dann ist sein Inhalt aufs Kirchwegerl tropft und das hat gestunken. Auf diesem Wegerl bin ich acht Jahre in die Schule gegangen.

Und wie es in so einer alten Bergbauernküche in der Nacht zugegangen ist! Mit dem fürchterlichen Ungeziefer. Schaben und Russen, die Schaben waren größere käferartige Viecher. Die Russen waren klein, aber sehr schnell. Beim Tag sind sie verschwunden, aber wie es ruhig war in der Nacht, da waren sie aktiv, da hat es gleich so gewurlt, es hat ja langmächtig kein Mittel gegeben zum Vernichten. Ja und die Betten, bei den alten oft Strohsäcke im Sommer, Flöh' sogar, und ab und zu gab's auch Wanzen. Ich hab das alles erlebt. Was war das alles für ein Leben, was war doch alles bestimmt, Gutes und Beinhartes, die Zeit war nie aus. Vieles erlebt, alles überlebt. Jetzt lebe ich in meinem schönen Haus, alles läuft automatisch, ein wunderschönes Leben. Bin für 84 Jahre geistig noch fähig, einen Lebenslauf zu schreiben. Hab' weit über hundert Lieder im Kopf, in Text und Melodie. Es versteht sich wohl, dass dem Herrgott ich für dieses Leben dank'!!!

Jetzt erzähl' ich euch, wie bei mir die Schultage im Sommer verlaufen sind: Sobald es irgendwie möglich war, musste ich wieder barfuß laufen. Daheim bei der Arbeit da war dies oft nicht möglich; da musste ich dann alte kaputte Schuhe von den Männern anziehen. Könnt' ihr euch vorstellen, was ich für einen patscherten Gang gekriegt hab'. Einen Sturz um den anderen, die Knie, die Ellbogen, die Händ', überall alles aufgeschlagen. Also schrecklich!

In der Heumahdzeit, wenn's ganz schön Wetter war, da hat es geheißen um drei Uhr aufstehen, „Bua, du muaßt angarm (angarben, Gras anstreuen)." Um sechs Uhr hat's Frühstück gegeben. Ein Muas und eine Schottsuppe, das war das Beste, der Hunger war auch dementsprechend. Nach dem Essen: „So, Bua, jetzt gehst in d'Schul' und zu Mittag kommst heim, heig'n (Heuernte)." Damals haben die Bauernbuben zu Mittag für die

Heuernte heimgehen dürfen. Daheim angekommen, schnell essen und sofort aufs Feld. Im ersten Sommer 1929 hab' ich müssen mit einer Kuh heuen fahren. Das war das Schlimmste in meiner Kindheit. Man kann sich vorstellen, den Haufen Bremsen und Fliegen. Die Kuh ist ganz winnig geworden. Hab' sie oft nimmer da halten können, ich hab ja schon angefangen, sie zu fürchten. Und der Bauer hat geschimpft und geschrieen: „Mit dem Leerfresser ist nichts z'machen, der kann nicht einmal die Kuh halt'n." In solchen Tagen habe ich viel geweint, das kann sich heute sowieso niemand vorstellen. Alle Tage, wenn es schön Wetter war, der gleiche Zugang (Wirbel), oft einmal bis neun Uhr abends. Ja, wie hätte ich denn dabei Aufgabe machen sollen? Ich war einfach ein hilfloses Werkzeug.

Noch so ein fürchterliches Erlebnis hat es gegeben, und das war mir einfach viel zu schwer: Wenn im Sommer so um neun Uhr oder noch etwas später ein Gewitter gekommen ist, da hat es geheißen, „Bua, hol die Keiwei (die jungen Kälber) herunter vom Moas (das war eine kleine Wiese, Auskehr)". Da hat es geheißen, „ja keines hinten lassen und in Stall musst auch Heu in die Futterkrippen hinein geben". Oje, hab' ich mir gedacht, da blüht mir wieder was! Dann bin ich wohl hinauf, mit einem Riesenverdruss. Es war nicht weit, circa 200 Meter vom Stall entfernt, aber ein recht schlechter, so ein tiefsumpfiger Weg. Das haben die Kälber absolut nicht mögen. Deswegen wollten sie lieber oben bleiben, weil die Kälber dieses Hochwetter (=Gewitter) überhaupt nicht gefürchtet haben. Meistens war es dann schon so finster, dass ich fast keines gesehen habe, nur das Kalb mit der Glocke hab' ich gehört. Nur wenn's blitzt hat, hab' ich gesehen, wo die anderen sind; es hat oft eine halbe Stunde gedauert, bis ich die Kälber zusammengebracht hab'. Natürlich hat's dann oft schon den Regen hergehaut, ich war sofort nass wie eine getaufte Maus. Könnt's euch denken, Hut verloren, greascht (geweint) und geflucht, aber es hat nichts geholfen, ich war allein. Ohne Kälber im Stall hätt' ich mich nicht ins Haus getraut. Nachher hat's geheißen: „Hast wohl allen fünf Stück Heu gegeben?" Was ich aber mitgemacht habe, eine ganze Stunde lang, von dem haben die im warmen Bett drinnen nichts gespürt. Ich hab' natürlich ausgeschaut wie eine stierige Kuh, auf und auf voll Dreck und patschnass. So, jetzt soll ich mich waschen und trocknen. Aber wie und wo, im Haus kein Licht und kein Wasser, geschweige denn warmes, oder gar ein Bad – nichts. Zwei Meter vorm Haus, da war ein kleiner Brunnen, da habe ich mich halt ein wenig gewaschen. Zum Abtrocknen habe ich nichts gehabt, es war ja stockfinster. Hauptsache einmal, hinein ins Haus, Haustürzusperren, das war gar nicht so wichtig, und hinauf über die Steige, hinein in meine Flohkiste (Bett), so eine Stunde bis eineinhalb hat das Kälberholen oft gedauert. Das hat im Sommer oft sein müssen. – Ich kann heute nicht mehr verstehen, wie das möglich gewesen ist, im Finsteren so viel arbeiten. Im Winter im Stall und auch im Haus, wie das alles möglich war, das kann sich heutzutage fast niemand mehr vorstellen. Aufstehen in der Früh um fünf Uhr, das war fast überall der Brauch, überhaupt bei den Stall-Leuten im Kuhstall. Im Rossstall (Pferdestall) natürlich viel früher, wie überhaupt beim Fuhrwerken (Holzliefern). Und besonders im Winter: putzfinster überall und eiskalt, was war das für ein Leben! Die Arbeit musste täglich verrichtet werden, im Stall, auf der Bruggn (Tenne), innerhalb und außerhalb. Meistens mit einer Sturmlaterne. Und wenn der Zylinder voll Ruß war, dann hast fast gar nichts mehr gesehen. Ja, und im Haus! Wie war es denn da?

Bei den etwas größeren Bergbauern, da war schon in der Stuben (auch Dienstbotenstuben genannt) eine Elferlampe vorhanden, ebenfalls auch in der Küche, sonst hätt' ja die Kuchldirn oder die Bäuerin zum Muaskochen nichts gesehen. – Da gibt es ein Gsangl: „Wia der Knecht gsagt hat zum Bauern! Du, dein Muas-Pfann' tuast weita sunst wird's da voll Rost! I bin do koa Fex das I bleib bei der Kost." – Bei den größeren Bergbauern, da war's schon ein bisserl besser, da war doch meistens schon ein guter Kachelofen in der Stube und in der Küche auch meistens ein guter Küchenherd. Aber elektrisches Licht, ein Bad, ein Spülklo oder gar Fließwasser, das hat es Ende der Zwanziger, anfangs der Dreißiger Jahre bei unseren Bergbauern fast nirgends gegeben. Ganz einzeln haben sie damals schon die Hausmühle (Getreidemühle) mit einem kleinen Wasserl betrieben, diejenigen haben auch bald einmal Strom erzeugt, aber sehr schwach.

Bei ganz vielen Höfen war der Brunntrog für das Wasser zum Kochen und zum täglichen Verbrauch. Von der Quelle, deren Wasser doch meistens sehr gut war, bis zum Brunnen vor dem Haus führte eine Brunn-Rohrleitung (Holzrohre aus Lärchenholz). Bei einer solchen Brunnrohrbohrarbeit war ich mit 15 Jahren auch noch dabei. Sogar beim Brunnsäulesuchen bin ich dabei gewesen, da braucht man ein stärkeres Lärchenholzstück circa 1,80 bis zwei Meter lang mit einem ganz starken Gewächs in Astform. Man muss den Stamm und das Beigewächs anbohren und zusammentreffen, das war die große Kunst. Als Wassertrog sucht man eine große Tanne, das ist scheinbar das Beste. Zum Aushöhlen braucht man einen Hoan, das ist eine schmale, hohe, eigene Hacke, und eine Hohlhacke. Heute macht man das alles mit der Motorsäge, da ist die Arbeit bald geschehen. Das fließende Wasser wurde bei der Brunnsäule mit Holzschaffel oder später auch mit Eimer aufgefangen und so ins Haus getragen.

Bei dem Bauern, wo ich zehn Jahre gewesen bin in meiner Jugend, das war eine schreckliche Kaluppen, ein großer Stall, alles zerlumpt und kaputt und verwahrlost, bei Schnee musste man Angst haben, dass die ganze Hütte zusammenfällt, beim Haus war's nicht viel besser. Viele Fenster kaputt, Winterfenster waren ein Fremdwort. Wohl eine Haustür, aber was für ein Glump, im Vorhaus wurde alle Jahr eine Sau geschlachtet, dann wurde die Sau im Vorhaus aufgehängt. Das ging ganz gut. Aber später im Winter, dann wenn es richtig kalt war, ist alles zusammengefroren, den Schnee hat man von den Schuhen verloren, er ist allmählich am Boden angefroren. Beim Schlafengehen, ich natürlich ohne Hausschuh und natürlich finster wie immer, war diese Eisstelle im Vorhaus zu queren; aber ich wusste bald, wie ich die Stiege mit Sprung übers Eis erreichen konnte.

Fleisch gab es sehr wenig. In der Herbstzeit haben sie ein paar Schafe oder, wenn vorhanden, auch ein paar Ziegen geschlachtet, vor Weihnachten dann meistens eine Sau. Es gab ja keinen Gefrierschrank oder Kühlschrank, somit wurde der Großteil eingesalzen, in einen Fleischkübel mit Salz, Knoblauch und verschiedenen Gewürzen eingelegt, einen Deckel drauf und mit Steinen zugeschwert. Nach drei Wochen kam dann dieses Fleisch in die Rauchkammer (Selch). Diese Menge sollte für ein ganzes Jahr reichen. Rinder schlachten so wie heutzutage, das hat es damals bei den kleineren Bauern überhaupt nicht gegeben. Ich hab' zum Beispiel im ganzen Aufwachsen kein Rindfleisch gekannt. Oder gar ein

Kalbfleisch, das hat es einfach nicht gegeben! Alle heiligen Zeit, ja, da hat es halt ein Brat'l abgegeben, das war alles, wenn es gut gegangen ist. Ein Schnitzel hab' ich bis zu dreißig Jahren nicht gekannt. Ja, so haben wir gelebt. Sehr wenig Fleisch. Es war überall zum Sparen in meiner Jugendzeit.

Nur beim Arbeiten, da war's nicht zum Sparen. So fürchterlich viel tragen, tragen, alles hat müssen getragen werden, und auf dem ganzen Berg, fast bei keinem Bauern hat es ein ebenes Fleckerl gegeben: Wasser vom Brunntrog vorm Haus in die Küche tragen; in keinem Kuhstall war fließendes Wasser; die Viecher, Kühe, Kalbinnen, Pferde, Schafe, alle größeren Tiere wurden zweimal im Tag zum Wassertrinken aus dem Stall getrieben. Für Jungtiere musste das Wasser ebenfalls in den Stall getragen werden. Bei dem Bauern, wo ich da aufgewachsen bin, da war der Krautgarten, so war der Name dafür, wo eben Kraut, Rüben, Runkeln, Rona (rote Rüben) so um Mitte Mai angepflanzt wurden, etwa gute hundert Meter unterhalb vom Hof. Bei einem Regenwetter wurden diese Pflanzen gesetzt. Plötzlich ist dann Schönwetter geworden. So, jetzt ist es zum Pflanzerlgießen, ansonsten alles kaputt wird. Ich wurde zum Wassertragen bestimmt, also vom Brunntrog oberhalb talwärts zum Krautgarten! Einen alten Milchkübel musste ich hernehmen, und der war nicht wasserdicht, somit ist mir natürlich das kalte Wasser über den Rücken und bis in die Füße hinunter geronnen. Dieser Kübel war ein alter Holzmilchkübel, so für ungefähr dreißig Liter Inhalt, vielleicht ein Gewicht von 45 Kilogramm und das war für mich einfach zu viel, noch dazu hat der Bauer bald auch geschrieen, weiter, weiter, wenn ich nicht schnell genug war. Das war für mich ein Martyrium, mir hat alles weh getan und dazu patschnass, mein Herz oft in aussichtsloser Verzweiflung, keinem Menschen konnte ich klagen. Diese Arbeit musste oft etliche Tage hintereinander und immer erst nach 18 Uhr abends geschehen, dazu noch fast alle Jahre wieder. Diese Arbeit ist mir unvergesslich geblieben. Es gab keinen Wasserschlauch, es war nichts vorhanden, es gab nur Umständlichkeit. Heutzutage legt man einen guten Schlauch, setzt das Wasser unter Druck, ein paar Wasserwerfer eingeschalten, in einer halben Stunde ist alles vorbei. Dazu würde wohl jeder Schüler imstande sein.

Es hat einzelne Bauern geben, die haben nicht weiter gedacht als die Nase lang ist. Die Leute (Knechte) haben oft müssen Mist tragen, Heu tragen, Garben tragen, Holz (Bloch-, Schleif-, Brennholz), auch wenn etwa der Weg über Nacht zugeweht worden ist, das hab' ich alles selber erlebt. Die Pferde sind im Stall gestanden, weil die Rösser den Besitzern erbarmt haben. Die Leute abschinden und die Rösser schonen und selbst nur anschaffen, aber nicht zu viel arbeiten, im Gasthaus toll angeben und die Arbeiter fest kritisieren. So waren manche Herrnbauern. Ein Gsangl, das einmal einer gesungen hat: „De Bauern, die Schwanz, hamb lange Rosenkranz, sie hättn gern d'Religion im Haus, rutsch' selber oft aus."

So um 1930 wurde das Anwesen vom Winklbauern erneut mit geborgtem Geld belastet. Die ganze Wirtschaft hat sich gewaltig verschlechtert. Es ging bergab. Das hat meinem Bauern sehr geschadet. Wegen jeder Kleinigkeit wurde geschimpft und geschrieen: Die Rinder keinen Preis, das Holz (Bloch) keinen Preis, und die besten Männer oft ohne Arbeit. Ein gewisser Egartner Christof war dann 1931 zu Lichtmess als Knecht gekommen. Der war damals 21 Jahre alt. Sein Monatslohn war zehn Schilling und als Jahresaustrag ein Gwandl (Anzug) und ein Paar Schuhe, das weiß ich noch ganz genau. Dieser Knecht hat sich aber bald zur Wehr gesetzt, der hat mir oft geholfen, wenn mir Unrecht getan wurde. Der Unfriede auf dem Bauernhof hat sich nicht gebessert, ich war der Leerfresser. Natürlich das schwächste Glied, ich war der Erste zum Beschimpfen, dagegen wehren war nicht möglich. Heutzutage wird kein Hund so behandelt wie ich damals.

Im Sommer war das Roan zu mähen, das ist eine sehr steile Leiten, wird nur einmal im Sommer und nur mit der Sense gemäht. Zur Heuernte hat man müssen auf einem Ziehschloapfei ein Heufüderl fassen. Das Heu war sehr kurz und schlüpfrig, der Hang sehr steil, noch dazu hat ein Gewitter gedroht, ich hätte sollen das Heu auf dem Schloapfei fest niedertreten. Es hat aber einfach nicht funktioniert. Da sind dem Bauern wieder die Nerven durchgegangen, weil ja seiner Meinung nach nur ich schuld war. Er nimmt mit der Aufschlaggabel eine größere Menge Heu, hebt sie drauf auf das Heugefährt, auf mich und schiebt so lang, bis ich hinausgefallen bin, dabei hat er noch geschimpft, „das Luder, stinkfaul, soll sich wehren!". Dabei hat er mich im Rücken mit der Gabel verletzt. Ich hab' natürlich geweint und wollte mich zur Wehr setzen. Das hätte ich nicht tun sollen. Somit hab' ich das Feuer erst richtig entfacht. Als ich wieder hinaufgeklettert war, schnappte mich der Bauer bei einem Fuß – ich war ja sowieso barfuß –, schleuderte mich in hohem Bogen übers Heugefährt drüber; wie ein halbtotes Lamperl bin ich hinuntergekugelt über das Rain. Jetzt hab' ich erst recht gejammert und geweint. In dem Moment ist dem Knecht die Geduld gerissen; er ist hin zum Bauern, hat geschimpft, das habe ich gut gehört, wie der Knecht geschrieen hat: „Ja, schämst du dich denn nit, an Buam so zurichten!" Der Knecht hat mit einer Anzeige gedroht, aber da ist der Bauer wieder ruhig geworden, ist auf und davon, hinunter in den Kuhstall. Der Knecht hat ja Christof geheißen, Doffei hat man ihn genannt. Er sagt zu mir, „Peter, kim aufa, wir zwoa mach'n des fertig". Des Hochwetter hat sich verzogen und so sind wir auch fertig worden. Am nächsten Tag haben wir zwei in Wald hinauf müssen, Holzschöpsen. Da haben wir dann sofort ein Pechpflaster aufgelegt bei meiner Schramme, die mir der Bauer mit der Gabel gemacht hat, und so ist die auch wieder gut geworden. Mai, Juni, Juli ist für jeden Baum die Saftzeit, die Entwicklung oder Wachstumszeit. Die Rinde lässt sich leicht vom Stamm oder ganz einfach vom Holz lösen. Zwischen Rinde und Holz ist der Moisaft, so sagt man dazu. Dieser Saft schmeckt süßlich, etwas bitter, ist aber, wenn man ihn sofort verwendet, das beste Heilmittel für eine Verwundung. Er brennt ganz fürchterlich, das Bluten hört aber auf und die Wunde wird ganz weiß und heilt schnell. Ja, wer hat denn in der Stadt draußen von so einem Wundermittel eine Ahnung?

Die Monate vergingen, der Doffei sagt bald einmal, „nein, da bleib ich nicht, bei dem Spinner", ist zu Lichtmess dann zu einem anderen Bauern übersiedelt. Lichtmess 1932: der Doffei, mein Beschützer, ist fort, jetzt bin ich und seine Frau mit dem Spinner allein. Das Höchste war doch das: wie der unter den fremden Leuten, ja überhaupt unter den Leuten, freundlich und nett und unschuldig tun hat können. Wie wenn er das unschuldigste Lamperl wäre, das da auf dem ganzen Berg herumläuft. In Wirklichkeit war es so, als wie wenn der Teufel bei uns auf Erholung da wär'.

Nach ein paar Monat hat der Bauer wieder einen dahergebracht, der hat noch keine Ahnung gehabt, wie es bei uns zugeht. Das war der Brugger Franzei, 16 Jahre alt, ein Blonder, aber ganz ein kräftiger, ein lustiger Bua. Mit dem hab' ich mich gleich gut verstanden. Den Franzei, den haben alle gern gehabt, ganz besonders die Mädchen. Er war bald der Hahn im Korb im ganzen Umkreis. Juchitzen und singen hat er können mit seiner gewaltigen Stimme. Da bin halt ich auch hinters Singen gekommen. Ich kann heute noch Lieder von damals. Ja, die größte Gaudi war ja, wie der Bauer wieder einmal geschimpft und geschrien hat. Der Franz hat nur gelacht, er hat den Bauern regelrecht ausgelacht. Zufällig war das die beste Wirkung. Der Bauer war machtlos, was sollte er tun? Er ist auf und davon und wir haben wieder eine Ruh' gehabt, so hat eigentlich der Franzei dem Bauern die Schneid' abgekauft und ist vier Jahre geblieben. Im ersten Jahr, beim Monatslohnaushandeln, was das für ein Theater war: Der Franz hätt' gern 15 Schilling und die Krankenkasse gehabt fürs Monat, ein Jahrgewand (einen Anzug) und ein Paar Wochentagschuhe. Da sagt der Bauer, er kann nur zehn Schilling zahlen im Monat, es geht einfach nicht. Ansonsten müsste sich der Franz doch um einen anderen Arbeitsplatz umschauen. Aber in dem Moment hat sich die Bäuerin gemeldet, auch ihr hat der Bursch gut gefallen; sagt die Bäuerin zum Bauern, „geh, gibt ihm doch wenigstens zwölf Schilling und der Franzei bleibt vielleicht doch bei uns". Es kann sich heutzutage kein Mensch vorstellen, wie schlecht damals die Zeiten waren. So viele ohne Arbeit und kein Geld! Ein Elend, so viel bettelnde Leut', Handwerksburschen hat es geheißen. Die ganzen zehn Jahre, die ich bei dem Bauern war, verging doch kein Tag, wo nicht zwei bis drei solcher armen Leut' bei der Bäuerin um etwas zum Essen gebettelt haben. Der Spruch war folgender: „A armer Roasender lässt bitt'n um etwas zum Essen." Auch um Geld wurde gebettelt. Oder: „A armer Durchreisender lässt bitten ums Übernachten." Im Winter im Kuhstall, im Sommer in einer Bruggn (Tenne oder Heuboden), Feuerzeuge oder Zündhölzer und Papiere (Ausweis) sind abgenommen worden. Ein paar alte Decken oder gar nur ein paar Pferdedecken und die Herberge, also das Nachtquartier, war fertig. Es war schon eine ganz armselige Zeit! Das waren lauter ganz fremde Leut', aus allen Bundesländern. Eigentlich war das auch ein Fremdenverkehr.

Bald einmal fällt es dem Bauern ein, wir brauchen doch einen Ochsen zum Arbeiten, aber er kann keinen kaufen, er hat doch kein Geld. Endlich doch einmal, haben wir gehofft, dass sich das ewige Tragen ein wenig aufhört. Der Bauer hat nämlich ein gescheckertes Stierkalb vom Tierarzt kastrieren lassen. Und so hat es einen gescheckerten Ochsen abgegeben. Bald hat der Ochs einen Namen bekommen. Kellner war sein Name. Aus diesem Tier wurde ein Prachtkerl, im zweiten Jahr begann er schon ein wenig arbeiten zu lernen.

Bei mir ging es in diesen Jahren auch aufwärts, ich wurde von Jahr zu Jahr stärker. Aber ich musste immer mehr daheim bleiben zu irgendeiner Arbeit. Mit zwölfeinhalb Jahren wurde ich dann am 15. April bis 15. Oktober 1933 sommerbefreit. Vom 15. Oktober bis 15. April 1934 musste ich wieder in die Schule, aber sehr oft daheim bleiben, arbeiten. Mit dem Lernen war nichts mehr, nur arbeiten. So war es bei mir tatsächlich. Dumm geboren und nichts dazugelernt. Eigentlich recht lustig: der Ochse und ich, wir sind miteinander aufgewachsen in dieser Zeit, haben auch jede Arbeit erlernt.

Im Winter 1933 hat es im Februar einen Meter ganz wässrigen Schnee hergehaut, dann war es plötzlich kalt, so bei minus 15 Grad. Da ist der Schnee an den Bäumen angefroren. Gleich einen Tag danach ist ein fürchterlicher Sturm kommen, und der schöne Wald war fast kaputt. Oft die größten Bäume in der Mitte abgerissen, mitsamt den Wurzeln aufgedreht; die ganze Seiten (bewaldeter Berghang) war ein Sauhaufen. Im Frühjahr wurde beschlossen, dass jeder Bauer einen gewissen Teil aufarbeiten muss. Anfang Mai 1933 war der erste Tag dafür. Das war der erste Tag, wo ich hätte schneiden sollen mit den Bauern. Natürlich mit der Zugsäge. Für den heutigen Begriff ein unmögliches Glump! Keine Schneide, unregelmäßiger Schrank und kein Abschrauber. Das ist halt nicht gegangen, keine Schneide, sofort hat es uns eingeklemmt. Der Bauer hat gemeint, wie gescheit er ist, aber er hat vom Herrichten einer Zugsäge überhaupt nichts verstanden. Allein das hat er gekonnt, mir, dem Buam, die Schuld geben, ich war nur zu faul zum Ziehen. Ich wollte mich wehren, da hat er gleich einen Knüppel in den Händen gehabt, dann bin ich davon, der Bauer hat geschrieen, „Franz, musst du her. Der Faulenzer soll Taxach zusammenzieh'n." Der Franzei ist wohl hin und hat gelacht. Das war für den Franzei die beste Waffe. Jetzt haben sie wohl geschnitten, stundenlang oft bei einem größeren Baum. Bald einmal ist das dem Franzei auch zu dumm geworden, das Gewürg'. Sagt der Franzei, „Bauer, wenn du nicht um eine bessere Säge umschaust, müß' ma ja dahungern, da mach' ich nimmer mit" und geht auch Tax'n zusammenziehen und zusammenhacken. Das Taxach (Fichtenreisig) zusammentun muss ich ein wenig erklären: zur damaligen Notzeit, da hat es noch kein Stroh gegeben zum Einstreuen für die Viecher (Rinder, Kälber, Schweine usw.). Damals wurde überall bis hinauf zu den höchsten Bergbauern bis 1300 Höhenmeter Getreide, Winterroggen – da gab es das beste Schwarzbrot –, Gerste, Hafer, sogar Weizen angebaut, in den tieferen Lagen ist er oft sehr schön geworden. Dieses Stroh von dem eigenen Getreide wurde fast alles verfüttert. Somit ist zum Einstreuen nichts übrig geblieben. Daher als Notlösung Taxach-Fichtenreisig zusammenhacken, auf einen viereckigen Haufen zusammentreten, mit Rinden zudecken und abbrennen lassen, so sagt man dazu. Das grüne Taxach wurde ganz braun und war eine schön trockene Streu für den Kuhstall. Es hat natürlich alles sauber zusammenkommen müssen, irgendwo etwas liegen lassen, das hat es nicht gegeben. Ja, da sind oft zwei oder drei, damals gar vier solcher Haufen, Taxaloast hat man die genannt, zusammengekommen. Meistens war das so: Der Bauer hat gehackt mit einem Laubhacken und ich hab zusammengezogen. Ja, und das bei jedem Sauwetter. Er hat einen Mantel gehabt, ist nicht viel nass geworden, es war für ihn eine stehende Arbeit. Ich hab' ja nur ein Röckerl (Jacke) gehabt, habe müssen herumschlüpfen. Oft einmal hat es geregnet und halb geschneit, in den Händen viel zu kalt – Handschuh hat es nicht gegeben –, nichts mehr halten können, einfach noch zu schwach, patschnass und verzagt. Hab natürlich nichts mehr ausgerichtet (keine Leistung mehr) und der Bauer hat geschimpft und geschrieen, ich soll mehr arbeiten, damit mir nicht so kalt sei. Wenn mir dann oft das Wasser hinten in den Knien hinuntergeronnen ist, da war ich dann so verzweifelt, dass ich mir gedacht hab', wär' besser sterben, als so ein aussichtsloses Leben. So ist das wochenlang dahingegangen. Beim Schönwetter hab' ich mich seelisch wieder erholt, damals bald einmal gespürt, der Wald ist eigentlich doch wunderbar! Das ist hängen geblieben und so bin ich später ein staatlich geprüfter Forstfacharbeiter geworden. – Zurück zu den Taxahaufen: ja so ein Haufen hat ungefähr so ausgeschaut: vier Meter lang, drei Meter breit, oft zwei bis drei Meter hoch, mit Rinden hat man gut zugedeckt, das war das Wichtigste, wenn irgendwo ein Wasser hineingeronnen ist, dann ist im Winter alles zusammengefroren. Wer es nicht erlebt hat, kann sich heutzutage kaum etwas vorstellen von solchen Arbeiten.

Der Bauer hat damals einen Holzknecht eingestellt, der gleich selber zwei Zugsägen mitgebracht hat, eine längere für große Stämme und eine kürzere für das schwächere Holz. Diese Sägen sind für den damaligen Begriff sehr gut gegangen. Der war ein richtiger Berufsholzknecht, ein ganz netter Mann, der hat gleich gesagt zum Bauern, „lass' mir den Buam zum Schneiden, des ist ein kräftiger Bua, den richt' ich mir ab, wie ich ihn brauchen kann. Du redest nichts drein und er wird von Tag zu Tag besser." Wir zwei haben einen großen Fleck geschnitten, oft hab' ich mir gedacht, wie geht wohl das? Wie tut er jetzt, damit wir die Kreuzgurgl auflösen. Der Holzknecht, Hans war sein Name, hat mit mir jede Situation besprochen, wie man das macht und wie man da wieder tut. Von dem Mann hab' ich sehr viel gelernt, fürs ganze Leben, viel Vorteil', auch viele Gefahrenerkenntnisse erlernt, der hat nie geschimpft, im Gegenteil, er war vollauf zufrieden mit mir. Einmal hat er mich gefragt, ob ich nicht ein Holzknecht werden möchte? „O mei", hab' ich gesagt, „schau, ich hab' ja koa Hoamat, wo hin? Hab' ja keine Eltern. Jetzt bin ich noch zu jung. I' woaß net, was aus mir werden wird", das war meine Antwort. „O mei, bist du a armer Bua", hat er gesagt! Bei dem Spinner (den Bauern hat er gemeint) wirst wohl nimmer lang bleiben. Wie wir mit dem Schneiden fertig waren, hat der Hans zusammenpackt und war fort, später hab' ich ihn noch ein paar Mal getroffen, den Krieg hat der Hans aber nicht überlebt, ist in Russland gefallen.

Ich bin durch dieses Schneiden mit dem Holzknecht vom Taxenziehen erlöst worden, das hat hauptsächlich der Franzei machen müssen. Aber die waren mit der Arbeit auch ziemlich fertig. Jetzt haben wir das Holz erst putzen müssen, mit der Hacke die Äste sauber zuputzen. Das ist eigentlich ganz gut gegangen. Aber das Schöpsen (Entrinden), das war schlecht, weil doch schon viel von der Rinde eingetrocknet war. Natürlich war hauptsächlich das die Arbeit, die mich getroffen hat. Eine eingetrocknete Rinde schöpsen, das war das Schlechteste von der ganzen Holzschlägerei, einfach zum Verhungern. Da nutzt keine Schneid' und auch fast keine Kraft. Nur mit Geduld und Gefühl. Aber schön langsam ist das auch zu Ende gegangen. Da hab' ich dann gedacht, Holzknecht wird' ich keiner. Nach Allerheiligen war es dann zum Holzpirschen, circa 300 Meter zum Fuhrweg, das war schon interessant für mich. Nachher hat es geheißen, das ganze Holz wär' beieinand', das wird verkauft. Jetzt warten wir auf den Schnee zum Taxstreuliefern.

Der Jänner 1934 hat wohl einen Haufen Schnee gebracht; so jetzt ist es zum Taxenliefern, so hat es geheißen. Und so sind wir halt hinauf, zweieinhalb Stund' haben wir braucht, bald ist der Knecht, der Franz, vorangegangen und dann wieder der Bauer, ich bin hinten nachgegangen mit einem Jausensackerl. Man hat ja allerhand zum Tragen gehabt. Eine Schneehaue, eine Gabel, zwölf Budenseile, wo jedes circa eineinhalb Kilogramm wiegt. Das war alles zu tragen, und das bei einem Meter tiefen, patschnassen Schnee. Im

Oberkörper haben wir geschwitzt und in den Füßen bis über die Knie waren wir vom Schnee patschnass. So sind wir hinaufgekommen zu unserem Taxenloaßt, so hat man dazu gesagt. Das Erste war, mit der Schneehaue einen Fassplatz herrichten. Wer kennt heute noch eine Schneehaue? Eine Schneehaue war ein Werkzeug anstatt einer Schneeschaufel. Mit einer Schneehaue ging es viel, viel schneller. Bei den Holzknechten, bei den Fuhrleuten und bei den Bergbauern, da war nur eine Schneehaue in Gebrauch. Schneeschaufeln haben nur die Eisenbahner verwendet, weil da die Zeit keine Rolle spielt. So habe ich das in Erinnerung, so ist das oft ausgerichtet worden.

So, einen Fassplatz haben wir, der sollte doch einigermaßen eben sein. Den Schnee vom Rindendach entfernt und das Rindendach abgerissen. Jetzt ist es zum Budenfassen. Ein Buden war circa zwei Meter lang, ein Meter zwanzig breit und ein Meter hoch. Man hat es auch etwas kleiner gemacht, hauptsächlich beim Taxach. Zum Festbinden hat man ein Budenseil gebraucht. Das war ein Hanfseil, circa 18 bis zwanzig Meter lang. An einem Ende ein Holzkloben und zwei Holztascherl. Dieses Seil wurde am Fassplatz so ausgelegt, dass es am Boden mit dreimal überkreuzt war, dann hat man das Taxach darauf gefasst, schön viereckig, gut zusammentreten war die Hauptsache. Dann mit dem Seil ganz fest zusammenziehen (binden). Das war der größte Kraftaufwand. Ein richtiger Dschach für mich damals!

Bei den ersten zwei Buden hat der Franz dem Bauern geholfen. Nachher hat für mich das Martyrium angefangen. Wie ich hätt' sollen dem Bauern ein Taxach in die Hand geben, ist bei den Taxahaufen ganz eine gefrorene Stelle hergegangen, „da is ja nix ganga", schreit der Bauer, „was is, geht des net besser". Oje, das fängt gut an, hab ich mir gedacht. Wie wir dann doch des Budei gefasst gehabt haben, so, jetzt ist es zum Binden, ich doch noch zu schwach, viel zu wenig Kraft, alles fremd, nirgends ein Vorteil. Der Bauer stand auf der Buden und ich musste ziehen und es ging halt nicht, der Bauer hat geschrien und geschimpft, was ich für faules Luder wär', bald einmal hat er schon einen Knüppel in den Händen gehabt. Beim ersten Mal hat er mich nicht getroffen, da hat er nur meine Hand erwischt. Ich kann euch nur sagen, was ich da geschlagen worden bin, das war für mich die schrecklichste Zeit, das Budenbinden. Nur Schimpfen und Schlagen, stundenlang. Heutzutage würde so einer auf der Stelle angezeigt. In den ersten Tagen da haben wir nur vielleicht sechs kleinere Buden gefasst. Weil wir noch keine Budenrieser (Weg zum Ziehen) hatten; man muss sich vorstellen, es war ein Meter Schnee! Da musste man hinunter durch das Windwurfgelände. Eigentlich war der tiefe Schnee ein großer Vorteil, es war alles zugedeckt, man musste nur imstande sein, das erste Mal drüberzufahren. Der Erste voraus, der hat am meisten draufgezahlt, bis zum Bauch im Tiefschnee. Da mussten wir wohl öfters mithelfen. Es hat in dem Zustand jeder nur eine Buden liefern brauchen zum Weg (Riesen) aufmachen. Bis zum Fuhrweg hinunter waren es circa 300 Meter, da haben wir wohl zwei Stunden braucht. Wir patschnass, und es war genug für den ersten Tag.

Über Nacht ist es kalt worden und alles ist zusammengefroren, die Ries'n war hart, man ist nirgends mehr durchgebrochen. Der eigentliche Brauch war ja, zwei Buden zusammenhängen für einen Mann. Wir haben bald drei und vier zusammengehängt. Zum Schluss ist die Ries'n so eisig worden, dass wir es fast nimmer halten haben können. Eine Zeit hab' ich wohl noch Budenfassen müssen, bis der Bauer doch einsehen musste, dass für Budenbinden der Bua einfach noch zu schwach war. Es ist dann halt auch so geworden, dass Franz hat fassen (Budenbinden) müssen und ich bin abgefahren; und das ist von Tag zu Tag leichter gegangen. Einfach zwei Buden zusammengehängt, bald ist es schon von selber gegangen; wie das am besten geht, den Vorteil beim Fahren, wenn es immer schneller wird und mir doch nichts passieren kann, das hat mir alles der Franz angesagt und gelernt. Beim Zurückhinaufgehen, da war ja ich der Schnellste.

Bei dem Taxahacken (Schnoaten), da sind die etwas stärkeren Äst' (Knitteln) alle zur Brennholzverwendung aufbewahrt worden. Bei jedem Taxahaufen war natürlich ein großer Haufen solcher Knittel. Diese Knittel waren doch weitaus das beste Heizmaterial, besser als Hartholz. Ja, da hab ich bei jeder Roas (Abfahrt) einen schneidigen Pack solcher Knitteln bei der zweiten Buden hinten hinaufgebunden. Das ist gut gegangen, so ist alles heimgekommen. In diesem Winter, da waren 119 solche Buden, also für zwei Jahre genug Streu. Außerdem war da noch so eine Farnleiten, drei Hektar groß. Dieser Farn musste alle Jahre im Herbst gemäht werden – schon wegen dem Sauberhalten der Weidefläche ganz wichtig. Außerdem hat es da 3000 Kilogramm Farnstreu abgegeben, für den Kuhstall.

Gerade denke ich noch auf, was im Jagamoas innen damals, Ende Juli, beim Schwarzbeerriffl'n zugegangen ist: Am 25. Juli 1934, ich glaub', dass das Datum stimmt, da hat doch a so ein deutscher Nazi unseren damaligen Bundeskanzler Dr. Dollfuß erschossen. Das wäre ein guter Mann gewesen für Arbeitsbeschaffung. Der hat damals den Großglockner Straßenbau angefangen. So ein Mann wurde nicht geduldet. Ich will mich schon überhaupt in die Politik nicht hineinsteigern. – Ich tu' wieder Schwarzbeerriffl'n in Jagamoas innen. Das war ein großer Kahlschlag mitten im Hochwald, ja und da war es einfach ganz blau mit Heidelbeeren, so viel wie damals hab' ich mein Leben lang nie mehr gesehen. Bald hat es geheißen, da müssen wir hinein, Beeren riffln, und ich eine Freude, weil ich das gut können habe. Diese Arbeit hab' ich mit jeder Frau oder Mädchen aufgenommen. Ich war in dieser Arbeit damals ungeheuer schnell. Im Durchschnitt in fünfzig Minuten sechs Liter – ohne Übertreibung! Davon hat der Bauer und der Franz keine Ahnung gehabt. Die Bäuerin hat gewusst, dass ich das gut kann. Der Bauer und der Franz haben ein jeder ein Körbel genommen und mir hat der Bauer den alten hölzernen Milchkübel gegeben, mit dem ich sonst Wasser getragen habe. Sagt da Bauer, „die paar Beer'l, was der Bua zambringt, da tut der Kübel auch leicht"; und ich schon Angst, wie soll ich den Kübel voll Beeren, 35 Kilogramm, heimtragen. Dass ich den voll machen will, das wusste ich schon. Ein bisserl nach acht Uhr sind wir hinaufgekommen in den Jagamoas. Tatsächlich, alles blau mit Beeren und ich den Eifer, bald einmal habe ich meinen Zoan (das ist ein geflochtenes Gefäß, Zistel sagt man auch dazu) voll gehabt. „Das gibt es nicht", sagt der Bauer, „lass schauen, ob ich doch nicht vielleicht viel Graffl in meiner Zoan drinnen hätt'." Da hat er dumm geschaut, die schönsten Beeren! „Ja wie tuast du, dass des so schnell geht?" Da hat mich der Bauer das erste Mal richtig gefopt (gelobt). Um zwölf Uhr hat es geheißen, jetzt tun wir jausnen. Bei mir war der Kübel schon voll. Ich war allein fast schneller als wie die zwei Männer miteinander. Das war Gefühlsarbeit, keine Kraftarbeit. So um halb fünf Uhr nachmittags war dann alles voll, an das Heimtragen hat keiner gedacht. Ich hab' ja nachmittags nochmals fünf mal sechs Liter zusammenbracht. So, jetzt müssen wir heim zu, ein jeder so schwer beladen, einfach an der Grenze des Möglichen. Am Anfang habe ich mir gedacht, es wird schon gehen, aber bald hab' ich gemerkt, meine Schuhe sind so schlecht, ich hab' einfach keinen festen Stand, wir müssen aber circa zwei Kilometer steil talwärts, durch einen Hochwald, das Steigerl oft sehr schmal, umseitig (uneben), von den Fichtennadeln derart schlüpfrig. Ja, und ich mit meinem Kübel, mir hat es dauernd einen Reifen ins Kreuz hineingedrückt, bei jedem tiefen Trappen (Stufe) hat es einen Achezer (Stöhner) gegeben. Wie es der Teufel haben will, plötzlich hab' ich es übersehen, bin dagelegen, aber gleich schon unterm Steig ein Baum hat mich aufgehalten, ist weiters nichts passiert, der Deckel auf meinem Kübel hat gut gehalten, ist nicht aufgegangen. Das einzige Gute war, dass der Bauer ausnahmsweise nicht geschimpft hat, weil es ihm selber viel zu letz (schwer) gewesen ist. Ich hab' mir geschworen, mit dem Kübelluder geh ich nie mehr aus dem Haus. Mir hat niemand helfen können, ich war allein mit meinem Kübel. Die zwei Männer haben ein wenig rasten können, bis ich wieder auf der Höh' war, zum Glück ist mir mein Zoan (Zistel) mit der Beerenriffel nicht ausgekommen, die haben wir ja müssen in der Hand tragen. Diese Erschwernis hat dazugepasst, zu dem fürchterlich schlechten Steig. So sind wir wohl talwärts, bald einmal bin ich wieder gesessen auf dem Hintern, ich weiß es heute nimmer, wie oft; die Last ist für mich immer schwerer geworden. Innerlich in meinem Herzen in Verzweiflung, äußerlich wollte ich mir nichts anmerken lassen. – Wenn ich heut' dieses Erlebnis niederschreibe, ich mich hineindenke in diese Stunden, so kommt mir immer wieder in Sinn, was ich doch für ein armer Bua war! – Jetzt geht es wieder weiter auf unserem Jagasteig. Mit etlichen Mal Rasten haben wir wohl den Fuhrweg im Tal drunten erreicht. Die zwei Männer sind auch ziemlich fertig gewesen, da hat auch ein jeder gut sechzig Kilogramm zu tragen gehabt. Ab jetzt haben wir noch einen Kilometer, circa 800 Meter fast auf ebenem Fuhrweg, aber die letzten 200 Meter ging es ein bisserl bergauf. Ich hab heimlich gehofft, wenn wir den Fuhrweg erreichen, werden wir wohl abstellen und ein Fuhrwerk mit unserem Ochsen einspannen und wir wären von diesen Qualen erlöst. Aber nichts ist draus geworden. Der Bauer hat gesagt, der Ochs ist heut nicht daheim. Wir probieren es noch einmal, es geht schon, da auf dem Fuhrweg ist es doch besser zum Tragen. Ja, und so haben wir halt noch einmal aufgesattelt und sind gegangen, 200 Meter vor dem Hof, wie es dann aufwärts gegangen ist, haben wir noch einmal zum Rasten niedergestellt. Zum Abschluss noch aufwärtsgehen und schwertragen, da konnte ich einfach nicht mehr mit den Männern Schritt halten. Der Franzei hatte das bemerkt und ist auf mich zugelaufen, hatte mich von dieser Quälerei erlöst.

Beim Heimgehen habe ich mir schon gedacht, was geschieht etwa mit so viel Beeren? – Einen Schnaps machen draus! Hätt' ich keine Ahnung gehabt! Sagt da der Bauer zur Bäuerin, sie soll schnell den großen Wasserkessel voll mit Wasser erhitzen. Er schaut um einen guten 200-Liter-Banzen, den tun wir mit heißem Wasser ausbrennen, so dass das Fassl wasserdicht wird. „Ihr zwei", sagt er zum Franz, „tuts die Putzmühle aufstellen, da lassen wir die Beeren durch. Die Beeren sind jetzt schon trocken, so das des bisserl Laub, was halt doch dabei ist, der Wind von der Getreide-Putzmühle davonbläst." Während wir da die Beeren verarbeitet haben, hat der Bauer erzählt, beim Schaflsuchen, vorgestern, hat er den Schwarzbeermoas gefunden. Ja, bald einmal, sagt er dann, da gehen wir noch ein paar Mal hinein. Aber so schwer tragen, das machen wir anders, wir bleiben nur einen guten halben Tag. Nur eine kleine Brotzeit, sodass wir um vier Uhr wieder daheim sind. „Mit dem Kübel", habe ich gesagt, „geh' ich nimmer." – „Ja was hätten wir denn für dich?" – „Ich weiß schon", hab' ich gesagt, „was ich tue!! Ich leih' mir bei der Nachbarin des Körbei aus, des legt sich schön zu meinem Buckel, hat so nette Träger und darüber hat sie so ein Tuch zum Abdecken, wenn ich auch ein bisserl stolpere oder gar auf den Hintern falle, kann nicht viel passieren. Für den Inhalt auch noch gute 20 Liter, das ist genug für mich." So sind wir dann noch drei Tage Beerenriffeln gegangen. Das Wetter hat gehalten und so ist es uns eigentlich nachher recht gut gegangen. Das war das Heidelbeererlebnis!

28. August 1934, Firmung in Taxenbach: Bald einmal, anfangs August, sind die Bauersleut' verständigt worden, dass ich in der sechsten Klasse Volksschule an einem Montag, das Datum weiß ich nicht mehr, um acht Uhr zu erscheinen habe, wegen Firmunterricht. Wir waren ja mehrere Schüler, die zu dem Firmunterricht bestimmt waren. Vorerst eine langmächtige Belehrung, wie wichtig so eine Firmung fürs Leben für einen jungen Menschen ist. Wir sollen halt fleißig lernen; da haben sie uns vier Strophen im Katechismus zum Auswendiglernen aufgegeben. Oje, hab' ich mir denkt, das wird was werden, schon wieder lernen. Und es ist auch nichts geworden, durchgelesen hab' ich es, aber nichts gelernt. In der Woche zweimal mussten wir erscheinen, das erste Mal war natürlich die Prüfung. Gott sei Dank war ich nicht der Einzige, der nichts gelernt hat. Der damalige Dechant in Taxenbach hatte den Namen Süß und hatte eine sehr laute Stimme und so hat er halt geschimpft und geschrieen, das hab' ich schon gar nicht vertragen und so bin ich recht gleichgültig geworden. Ich hab' mir gedacht, für was brauch' ich so eine Firmung für mein Leben, wenn nichts besser wird, wenn überall geschimpft und geschrieen wird, da pfeif' ich auf alles. Haben sie mir erklärt, wenn du nicht lernen willst, kannst nicht zur Firmung! Das war mir ganz egal. Aber mich gar nicht zur Firmung zu bringen, das war doch eine Schand', das hätt' nicht sein dürfen. So haben sie angefangen, mir gut zuzureden, dass ich doch soll zum Unterricht gehen. Der Dechant hat den Spieß umgedreht und war wieder freundlich. Er hat mir gesagt, ich soll wenigstens jede Strophe dreimal abschreiben, das hab' ich wohl gemacht und so ist es halt doch zum Firmen gekommen. Und es hat dann geheißen, zum Firmen da brauchst du einen Gödn (Firmpaten), ich sollte mir um einen umschauen, ganz einfach jemand fragen, so war die Meinung. Das war für mich nicht möglich, um einen Firmgöden betteln. Wer würde denn mir einen Anzug, Schuhe usw. geben, ich habe doch nichts, bin ein armer Bua. Wenn mich der Bischof ohne Gödn nicht mag, soll er es bleiben lassen! – So verbittert und gleichgültig und minderwertig war meine Einstellung damals. So wird ein junger Mensch, wenn man andauernd mit Schimpfen und Schlagen und als Leerfresser behandelt wird.

Es ist nichts anderes übrig geblieben für den Bauern, als wie dass er selber muss mit mir zur Firmung gehen, weil die Bauersleut' waren ja selber streng katholisch. Ja, jetzt hat es geheißen, müssen wir doch ein Gwandl (Anzug) machen lassen, sagt er zur Bäuerin,

„geh' du zum Schneider mit dem Buam". „Was soll es denn für ein Stoff sein", fragt der Schneider. „Ein ganz einfacher, ein graues Lodengwandl (Anzug) soll es werden", so war der Auftrag für den Schneider. Ein Hemd braucht man auch, das hat die Bäuerin selber zusammengeschneidert, aus einem selber erzeugten Leinen, vorn bei der Brust, da hat sie so ein halbseidenes Stück eingesetzt, ein Umlegkragei, so war es damals Brauch, das ist der Bäuerin gut gelungen. Meine Mutter hat mir einen Hut besorgt, das war ein schwarzer Hut, wahrscheinlich war der um ein paar Nummern zu groß, weil's gar so weit gefehlt hat. Weil ich stark im Wachsen bin, sagte die Mutter, sollte der Hut groß genug sein, damit ich doch länger was Gescheites auf dem Kopf habe. Jetzt hat sie wohl einen Haufen Papier eingelegt, hinten im Schwitzband. In den Hut bin ich nie hineingewachsen. Wie ich ausgeschaut hab'! Ein kleines Gesicht und ein großer schwarzer Hut oben drauf. Fürchterlich. So zur Firmung! Anfang der 1930er Jahre, da sind doch so viel Bettler und auch Hausierer von Haus zu Haus gegangen und das alle Tage. Da hat so ein Hausierer ein paar schwarze hohe Schuhe zum Verkauf angeboten, ganz, ganz billig, ja eigentlich deshalb so billig, weil die Schuhe wohl schwarz waren, aber ungleiches Leder und auf der Kappe vorn ungleiches Muster, bei der Arbeit ist das egal, überhaupt im Stall, hat sich der Bauer denkt, die Schuhe kauft er wohl. Das war lang vor meiner Firmung, als der Bauer die Schuhe gekauft hat. Weil aber die Zeit zum Schuhmachen bei unserem Schuster in der Gemeinde zu knapp geworden ist auf die Firmung für mich – fertige zum Kaufen hat es vielleicht nur in den großen Gemeinden gegeben, bei uns nicht –, so ist einfach beschlossen worden, doch die Umtragerschuhe zu probieren. Oje, die sind mir ja zu groß. Die tun leicht, da wächst der Bua hinein. Gescheiter zu groß als zu klein. Wie der Firmtag gekommen ist, da hab' ich mich halt zusammengerichtet, der Anzug war gut, das Hemd auch in Ordnung, Socken habe ich auch gefunden, vielleicht waren es die vom Franz, weil ich im Sommer immer Fußfetzen tragen habe müssen, nur im Winter Socken, so war mein Leben. Also habe ich sie halt doch angelegt, die ungleichen Schuhe, meinen Hut aufgesetzt und so sind wir gegangen, um acht Uhr hat es geheißen, müssen wir in der Kirche sein. Ein Luderwetter, geregnet, als wenn der Himmel ein Loch hätt'. Straßen hat es ja sowieso keine gegeben. Der Fuhrweg, eine lehmige Drecksuppe, so sind wir angekommen unten bei der Kirch', patschnass und voll Dreck. Ausgeschaut wie eine taufte Maus. Schaut mich der Bauer ein wenig an. Ihr habt recht, er hat sich selber ein bisserl geniert mit sein Firmling, wie ich beieinand' war. In der Kirch' drinnen war es schon zum Aushalten, da waren viele Leut' und ich hab' ja meinen Hut nimmer aufgehabt und meine Schuhe hat ja niemand gesehen. Nach der Firmung hat es geheißen, jetzt essen wir beim Metzgerwirt eine heiße Würstelsuppe, nachher müssen wir schnell heim, daheim haben wir eine kranke Kuh. So war es auch: Würstelsuppeessen und abhauen. Wie es in Embach zwölf geläutet hat, bin ich schon oben gewesen bei den Kühen. Das war wahrscheinlich mein Firmausflug! – ... oder gar eine Firmungsuhr, so wie es heute Brauch ist?

Heute ist Maria Empfängnis, 8. Dezember 2004. Ich sitze in meiner warmen Küche, beim Tisch, ober mir ein gutes Licht, links von mir außen beim Fenster circa zwanzig bis 25 Vögei, Spiegelmeisen, die haben eine Freud', weil sie genug zum Fressen haben. Das hat es in meiner Jugend alles nicht geben, sogar ein Vogelfutter, das habe ich nie gesehen. Ich bin da beim Lebenslaufschreiben, wie es mir da geht. Wenn ich mich an mein junges Leben zurückerinnere und so richtig hineinversetzte in Gedanken, da kommt mir ein Gefühl, ich sehe und höre noch die Menschen und auch die Tiere, wie sie damals waren. Überhaupt, wenn es mir schlecht ging, oftmals kommt dann der Gedanke, ich hör wieder auf zum Schreiben. Weil so ein Leben niemand gehabt haben kann. Aber es war genau so!! Hinter mir spüre ich allerhand Menschen, Frauen und Kameraden, die ehrlich zu mir stehen, die mir zureden, Peter, mach' weiter! Das gibt mir auch die Kraft zum Weitermachen. Ob ich mit dieser Aufgabe, meinen Lebenslauf zu schreiben, einmal fertig werde, das weiß ich heute noch nicht! Vielleicht schenkt mir unser Herrgott noch ein paar Jahre das Leben. Mein Schutzengel, welcher mich das ganze Leben begleitet hat, damit die Zeit nie aus war, den bitt' ich, dass er mich an alles erinnert, was für mich bestimmt war …

Es war in den letzten Oktoberwochen 1934. Die Kühe waren schon im Stall, das Jungvieh noch auf den Feldern. Im Stall war ein Schaf mit drei Lämmern, das Schaf hatte eine Fußverletzung, deswegen musste es im Stall bleiben und natürlich gefüttert werden. Sagt der Bauer, ich soll noch dem Schaf einen Sechta (das war so ein hölzernes Gefäß mit nur einem Griff) voll Wasser vom Wassertrog (Brunntrog) in den Stall heruntertragen, damit das Schaf auch ein Wasser hat. Der Sechta voll Wasser war aber ganz lästig zum Tragen. Der Bauer hat inzwischen schon angefangen Melken bei der ersten Kuh, gleich neben der Stalltür. Wie halt ich zur Stalltür komm', musste ich doch mit einer Hand die Stalltür öffnen und auch wieder zumachen. Wie es halt schon leicht passieren kann, ist mir ein Plantsch Wasser auskommen, natürlich bei mir über die Knie. Jetzt fängt der Bauer an zu schimpfen. Mich hat das ja auch geärgert und ich hab' mich wehren wollen. In dem Moment springt der Bauer weg von der Kuh, ich habe es ganz übersehen, gibt mir mit dem Melkstuhl eine gewaltige Tetschen. Die Tür ist wieder aufgegangen, das Wasser war alles beim Teufel und ich bin dagelegen, die Füß' innen beim Stalltürstock, den Oberkörper und das Gesicht außerhalb im Dreck drinnen. Außerhalb vom Türstock da war der Dreck zwanzig bis 25 Zentimeter hoch. Ist ja ganz logisch, eine jede Kuh steigt da hinein. Ich bin da zum Liegen gekommen. Nebenbei beim Türstock, da waren auch drei oder vier Kuhtreibstecken. Der Bauer erwischt so einen Stecken und schlägt mich her wie einen jungen Hund. Ein jedes Mal, wenn er mich am Hinterkopf erwischt hat, hat es gekleckt, das ist mir viel zu viel gewesen. Wollt' ich mit den Händen meinen Hinterkopf schützen, so bin ich wieder mit dem Gesicht im Dreck drin gewesen. Geschrieen habe ich dabei, wie wenn's einen Saubären abstechen täten. In dem Moment muss die Bäuerin etwas gehört haben. Sie ist über dem Stall herübergekommen, das war meine Rettung, „was fällt dir denn ein mit dem Buam, den Wehrlosen, so zuzurichten", hat sie geschimpft. Sie hat ein bisserl trösten wollen und hat mich mitgenommen, hinauf zum Brunntrog, ein bisserl waschen, ich hab' ja fürchterlich ausgeschaut, und hinauf ins Haus, zum Essen hab' ich an dem Tag nichts mehr braucht, nur bald ins Bett. – Wie soll man so einen Menschen nennen, wenn man Schwein nicht sagen soll?

Vielleicht drei Wochen später war es dann zum Laubheuen. Etwa 300 Meter oberhalb vom Stall, da war so eine sehr schlechte, unproduktive, felsige, sehr steile Fläche, so ein gutes Hektar. In dieser Gegend standen viele Ahorne, da gab es viel Laub für den Kuhstall, zum Einstreuen bei den Viechern. Ja, da haben wir ganz oben angefangen, die ganze Ludergegend samt Steinen und Knüppel und Graffel, alles ist leicht bergabwärts gegangen. Das ist ja gut gegangen. Aber jetzt müssen wir das ganze Laub talwärts tragen zu unserem Kuhstall. Zu dem Laubzusammentragen, da waren zwei sehr große Körbe. Die Körbe waren riesengroß, für erwachsene Männer gebaut, fesche, starke Träger, nur für mich etwas zu groß, zu weit, ungeschickt. So ein Korb hat überhaupt, wenn er nass geworden ist, sofort zehn Kilo gehabt. Jetzt sind wir wohl hinauf, haben die Körbe voll Laub angestopft. Oje, das Gewicht, fast nicht zum Aufstehen. Das war für mich erst wieder eine Qual, der Korb ist hinten viel zu weit hinuntergehängt, die Knie voraus, die Achsel eingedrückt und den Hals hat es mir herausgedrückt, für mein Alter und für meine Größe nicht zum Aushalten. Aber die Arbeit hat mehrere Tage gedauert. So eine sture Leutschinderei! Der Ochs ist im Stall gestanden. Was wär' dabei gewesen? Den Barfußschlitten hernehmen, aus leichten Latteln eine Kisten zusammenrichten, hätten bald vier bis fünf solche Körbe voll Platz, hätten wir mit der Gabel aufgeladen und einer niedergetreten. Hätt' nichts gekostet, nur ein bisserl denken, wie es leichter und natürlich viel schneller gehen kann. Aber es hat fast keinen Tag gegeben ohne Tragen.

Nach dem Laubheuen ist der Getreide-Roggen zur Mühle getragen worden. Die Mühle war einen Kilometer ganz unten im Graben. Das letzte Stück bei dem Steig zur Mühle war sehr steil und schlüpfrig. Hat der Bauer gesagt, wir sollen fünf Metzen (so ein Metzen war ein bestimmtes Maß mit einem Gewicht von dreißig Kilogramm beim Roggen), der Bauer und der Knecht, der Franz, tragen ein jeder zwei solche Metzen, also sechzig Kilogramm, und der Bua musste ein Metzen tragen, also dreißig Kilogramm! Wenn ich dazu ein Kraxei, so eine Trägerkraxe, hätte, da könnte man einen Sack draufbinden und die Hände wären frei für einen Stock oder, wo es sehr steil ist, zum Festhalten. Aber nein. Das war nicht vorhanden, den Sack auf die Schulter und ab die Post. Wie wir dann so 200 Meter oberhalb von dieser Mühle ankamen, da war damals ein Hochwald, finster, sehr steil und derart schlüpfrig von den Fichtennadeln; ich mit meinen schlechten Schuhen, nur eine Ledersohle, fast kein Nagel drin – Gummisohle hat es noch nicht gegeben damals. – Es hat nicht lang gedauert, patsch, bin ich schon dagelegen, bin ich schon weggerutscht, hin zu einem Baum. Aber Gott sei Dank, der Sack ist noch ganz. Wenn der Sack ein Loch hätt', da tät' ja alles ausrinnen. Das war meine größte Angst. In Wirklichkeit alles Blödsinn, lauter Sturheit mit dem ewigen Tragen, hätte nicht sein müssen. Hätte man die drei Säcke auf einen kleinen Karren oder auf ein Schlittei aufgelegt, den Ochs eingespannt und bis zur Mühltür hingefahren, das hätt' ein Mann, ja vielleicht sogar ich, verrichtet. Diese Mühle, es waren ja drei hintereinander, stammte noch von meinen Großeltern, wie ich später durch Nachforschen erfahren habe. Dieses Getreidemahlen musste noch schnell geschehen, bevor der Frost kommt, das ging nur mit Wasserantrieb. Bei Frosteinfall eist alles auf und gefriert zusammen.

Das Jahr 1934 ging zu Ende, die Wirtschaftszeit wurde immer schlechter, die besten Männer wurden arbeitslos. Zu Lichtmessen, ich weiß es noch genau, da kamen zwei Männer im besten Alter um Arbeit fragen. Die Männer sagten, sie würden eine Woche gratis arbeiten, damit der Bauer sieht, dass sie auch arbeiten können. Das war alles nicht möglich!

Die Bäuerin, die mir doch hin und wieder zu Hilfe kam, ist mit dreißig Jahren geisteskrank geworden. Das hatte langsam begonnen, kein Mensch hatte eine Ahnung. Sie wurde immer schlechter. Ihre Nerven wurden vom Bauern total zerstört. So sehe ich das heute. Damals konnte ich das freilich nicht verstehen. Ich habe diesen Winter noch genau in Erinnerung. Wie immer mussten wir um fünf Uhr aufstehen, ich musste mit dem Bauern in den Stall gehen. Während der Zeit, als wir uns angezogen haben, wurde gestritten, sogar oft zu Mittag, vor dem Essenbeten und auch nachher, das ging Monate lang so ähnlich dahin, es wurde sogar immer schlimmer. Kein Mensch hatte eine Ahnung, wie diese Frau in ihrem Herzen gelitten hatte. Der Bauer am allerwenigsten. Der glaubte wohl, mit seiner Gewalt müsste alles zu erreichen sein. So wurde bei dieser Frau der letzte Funken Liebe und die Bereitschaft, mit ihm die Lebensaufgabe zu teilen, zerstört. So sehe ich es heute, damals als junger Bursch konnte ich es nicht verstehen. Wenn eine Frau andauernd so niederträchtig gekränkt wird, geht doch jedes Gefühl verloren, und jede Annäherung wird abgewiesen. Das wird der Bauer nicht begriffen haben, und so wurde es immer schlimmer, von Woche zu Woche. Diese Bäuerin war in gesundem Zustand ganz eine lustige, fesche, starke Frau. In ihrem kranken Geisteswahn ist sie das Gegenteil geworden. Plötzlich hat diese Frau kein Wort mehr gesprochen. Anfangs hat sie noch etwas gekocht, aber bald schon nichts mehr gegessen. Dann ging es schnell. Sie hatte sich ganz einfach eingesperrt und nicht mehr aufgemacht. Dem Bauern ist nichts anderes übrig geblieben, er ist auf den Balkon gegangen, hatte das Fenster eingeschlagen und wollte hineinsteigen. Währenddessen ist die Bäuerin bei der Zimmertür hinaus und hat wieder zugesperrt, so war der Bauer im Zimmer eingesperrt. Der Bauer hat wieder beim Fenster hinaussteigen müssen. Inzwischen ist die Bäuerin bei der oberen Ausgangstür hinaus und spurlos verschwunden. Wir zwei, der Franz und ich, wir haben gar nicht gewusst, was der Bauer mit seiner Frau für Theater hat. Wir sind beim Feuermachen gewesen, weil ja alles eiskalt war, nachher wollten wir eine Milchsuppe richten als Nachtmahl. In dem Moment kommt der Bauer daher, schlägt einen Mordswirbel, er hat seine Frau verloren, sie soll bei der oberen Tür hinaus sein, er hätte die Tür quigzen gehört. Das war das erste Mal, dass diese Frau verschwunden ist, und dann immer öfter. Jetzt haben wir wohl angefangen zu suchen, putzfinster, der Bauer mit der Sturmlaterne und wir zwei haben auch so ein kleines Kerzenlichtlaternei gehabt. „Ah", sagt der Franz, „mit derer Beleuchtung, des tut nicht, des ist ja gerade so viel, dass wir selber nicht verloren gehen", da haben wir lachen müssen, obwohl es eigentlich nicht zum Lachen war. Es geht eine Stund', eine zweite Stund' herum, wir finden nichts, wo kann sie stecken? Wir wussten nimmer, wo noch suchen. Dann sagt der Bauer, er schaut noch einmal in der Bruggen, vielleicht hat sie sich im tiefen Dreschstroh vergraben? Wäre möglich! „Wir zwei", sagt der Franz, „schauen zu dem Heustadei aufi, circa achtzig Meter obern Haus. Da geht an Nachbarn sein Kirchwegerl aufi, bei dem Stadei vorbei, vielleicht haben wir ein Glück!" Dass die Bäuerin in ihrem Wahn mit den Patschen auf und davon ist, dass wussten wir nicht. Als wir hinkamen zu dem Stadei, tatsächlich, da sitzt sie drin. Sie spricht kein Wort. Ihr ist wohl fürchterlich kalt. Sie zittert auf und auf. Wir haben ihr gut zugeredet und sie ist wohl mit uns gegangen. Wir haben die Frau heimgeführt. Sie hat kein Wort gesprochen, hinein in ihre Schlafkammer. Natürlich eiskalt und putzfinster, wir haben das kaputte Fenster sofort zugehängt mit einem alten Deckenfetzen. Inzwischen hat sich die Bäuerin ohne Ausziehen mitsamt ihrer Kleidung in ihr Bett verkrochen, ihre Tuchent weit über den Kopf gezogen, wahrscheinlich hat sie geweint. Zumindest ihr Herz und ihr Lebensmut war damals, und später öfter noch, dem Ende ganz nahe. Für uns beiden jungen Burschen, der Franz war 19 und ich 15 Jahre alt, war so ein Erlebnis ganz unwahrscheinlich, aber wir waren froh! Wir haben sie gefunden, sie liegt in ihrem Bett, somit ist unsere Aufgabe für heute erfüllt. Der Franz hat noch schnell den Bauern verständigt, inzwischen ist es Mitternacht geworden und wir sind halt diesmal ohne Abendessen schlafen gegangen. Wie es dem Bauern mit seiner Frau ergangen ist, das wissen wir nicht. Am nächsten Tag sagt der Bauer, wir sollten die Stallarbeit machen und er tut ein Muas kochen als Frühstück. In der nächsten Zeit war es freilich schlecht, zum Kochen und beim Essen keine geregelte Ordnung. Oftmals nur ein bisserl jausnen. Der Franz wollte eigentlich abhauen, aber wohin? Keine Arbeit, nirgends war ein Platz frei und ich hab' ihm immer zugesprochen, er soll noch dableiben, ansonsten bin ich allein bei diesem Zustand. Wie es halt schon gewesen ist: Die Bäuerin ist öfter verschwunden, aber Gott sei Dank, beim helllichten Tag. In den verschiedensten Winkel hat sie sich versteckt, es ist öfters geschehen, dass sie vielleicht unterm Stall gewesen ist, wenn einer beim Suchen in die Nähe kam, ist sie abgewichen, es kam sogar vor, dass sie um Haus und Hof herum immer ausgewichen ist; so dass es ausgeschaut hatte, sie ist nirgends zu finden. Bald haben wir beschlossen, einer geht auf die eine Seite, der andere auf die andere Seite, und so haben wir die geisteskranke Frau oft eingekreist. Das Seltsame war noch dazu, wenn sie der Bauer gefunden hat, da war es ganz aus, mit dem ist sie ja keinen Meter gegangen und tragen konnte er sie nicht, sie hätte sofort zugehaut. Diese Frau war so verbittert in ihrem Krankheitswahn, ab und zu unberechenbar, so geschreckt und wild, hatte auch keine Körperpflege mehr angenommen. Sie hatte lange schwarze Haare, keine Zöpfe mehr, ihre schönen Haare kreuz und quer übers Gesicht. Durch das so wenig Essen ist ihr Körper auch zusammengefallen. Im gesunden Zustand war sie ja eine stämmige, starke Frau, etwa mit siebzig Kilogramm gewesen. Schrecklich war das damals, wie diese Frau in ihrer Krankheit ausgeschaut hat. Abgemagert, nur Haut und Knochen, die Händ', die Füß' natürlich immer ohne Strümpf' und ihr Gesicht ganz blau. Ihre Augen ganz tief drin und ganz dunkel, fast nicht mehr zum Erkennen. In einem solchen Zustand konnte es nicht weitergehen. Es kam dem Bauern seine Ziehmutter zu Hilfe, das war eine Frau mit Gefühl. Diese Mutter konnte bald mit der Bäuerin wieder sprechen, sie hat die kranke Frau getröstet, hat ihr gut zugeredet, so ist es ihr gelungen, dass die Bäuerin auch vom Arzt Medikamente angenommen hat und wieder mehr gegessen hat. Es ist wieder Ruhe eingekehrt, aber sie ist in ihrem Zimmer geblieben. So ging es von Woche zu Woche langsam aufwärts. Auch für uns ist es wieder besser geworden, weil uns diese Mutter mit ihren Kochkenntnissen sehr gut versorgt hat. Die Bäuerin ist dann doch wieder aufgestanden und hat bald der Mutter bei der Hausarbeit geholfen.

Im Frühjahr beginnt überall die Feldarbeit, so auch bei diesem Bauern. Da sagt der Bauer, „heut' tun wir Misttragen (düngen) droben in der kleinen Leit'n, mit Seilzug". Dem Franz hat er eine andere Arbeit angeschafft. So musste ich Misttragen helfen. Das sollte ungefähr so funktionieren: ein dazu geeignetes Hanfseil, 120 Meter lang, wurde ausgelegt, der Hang (die Leiten) war sehr steil. Ganz oben wurde ein hölzernes Taschl (Umlenkrolle) bei einem Baum eingehängt. Dieses Taschl war ein richtiges Glump, ohne Schmiere, ein Öl wie heutzutage, das hat es nicht geben. Also hat der Bauer eine Wagenschmiere hergenommen, ein bisserl besser als nichts. „So", sagt der Bauer, „jetzt ziehst das Seil hinunter, legst einen Korb voll Mist auf und ich zieh' dich herauf. Heroben musst den Mist aus dem Korb heraus verteilen, in dieser Zeit leg' ich", so sagt er, „den Mist auf und du ziehst mich herauf." Gesagt, getan! Er konnte mich leicht ziehen; das geht gut, dachte ich mir. Aber jetzt beginnt die große Qual: Ich war zu gering und hatte nicht die Kraft, ich konnte ihn einfach nicht hinaufziehen. Der Bauer steht in der Leiten und ist fast im Umfallen, hat geschimpft und geflucht und geschrieen, was ich nur so ein faules Luder wär', nicht einmal zu dem ist der Faulenzer zu gebrauchen. Aber es war nicht möglich, bei dem Gewichtsunterschied: der Bauer mitsamt der Ladung, circa 130 Kilogramm und ich vielleicht achtzig bis neunzig Kilogramm, also fünfzig Kilogramm Unterschied. Außerdem wurde ich durch meine schlechten Träger auf beiden Achseln sofort offen (wundgescheuert). Wer so eine Arbeit nie gemacht hat, der kann auch keine Ahnung haben, was da so ein Bua erlebt und mitgemacht hat. Also, das geht nicht und so hat dann doch der Franz hermüssen. Ich musste dann den Mist ausbreiten, gleichmäßig verteilen, das hat ganz gut funktioniert. Aber warum so umständlich und saudumm arbeiten! Den Ochsen einspannen, zwei Schlitten und einen Seilzug machen, braucht sich niemand plagen und würde viel schneller gehen. So sagt man heute. Am nächsten Tag hat es geheißen, wir müssen die Leiten umbauen und den Hafer ansäen, also Hafer anbauen. Wir werden zum Ochsen eine Kuh einspannen, der Bua, das war ich, der muss baufahren, und der Bauer tut den Pflug halten, den Pflug lenken, ja das haben wir angefangen. Dass aber die zwei Viecher nicht zugleich angezogen haben – die haben das ja nicht gekannt, der Ochs wär' schon gegangen, aber die Kuh hat überhaupt nicht wollen –, mit dem unregelmäßigen Zustand konnte der Bauer freilich den Pflug nicht auf der steilen Leiten halten. Bei jedem Stadel war der Pflug aus der Furche und für alles sollte ich die Schuld tragen. Als wir das dritte Mal über den Rand draußen waren, hat der Bauer schon wieder fürchterlich geschimpft, ich aber fühlte mich unschuldig und setzte mich zur Wehr. Plötzlich lässt der Bauer den Pflug aus und rennt zu mir nach vorn. Ich bin auf und davon, ich wollte mich nicht schlagen lassen, bin geflüchtet bis hinunter Richtung Stall, der Bauer mir nach, beim ersten Törl bin ich drüber gesprungen, hat er mich nicht erreicht, der Bauer ist ins Törl hineingeflogen, aber das Törl ist gebrochen, fünfzig Meter vorn bin ich dann noch über ein Geländer gehüpft, aber in einem Sumpf gelandet, da hat er mich erwischt. Daneben war ein alter Zaun gewesen, da hat das Schwein sofort einen Stecken gehabt und hat mich hergeschlagen, ganz fürchterlich, ich konnte nicht mehr flüchten, habe natürlich schrecklich geschrien. In dem Moment kam mir noch einmal die Bäuerin zur Hilfe. Das war mein Glück, dass es dieser Frau wieder so halbwegs gut ging, dass sie die Kraft hatte, mir zu helfen. Aber das war das letzte Mal. Denn sie wurde nach diesem Jahr wieder krank.

Ich bin liegen geblieben, überall voll Bingeln (Beulen), überall aufgeschlagen und geblutet, alles hat schmerzlich weh getan. Die Bäuerin hat mich geholt, haben wir halt gewaschen, so gut es gegangen ist, und hinauf ins Bett. Hab' dann noch eine Zeit geweint. Innerlich ist schon Hass und Wut entstanden. Stellt euch vor, ganz egal, wer dieses Erlebnis einmal zu lesen bekommt: Der Bauer rennt von seinen Tieren davon, nur um mich, den unschuldigen Buam, zu schlagen. Die Kuh und der Ochs sind ganz ruhig stehen geblieben, oben in der steilen Leiten. Wenn sich eines rührt, geht der Pflug oben über, könnte ganz leicht passieren, dass beide Tiere abstürzen. Gott sei Dank waren die Viecher gescheiter als der Bauer. Der Bauer hatte die Viecher danach ausgespannt, in den Stall geben, den Pflug geholt und so ist es geblieben.

Eigentlich hätt' ja der Bauer ins Narrenhaus gehört, oder überhaupt eingesperrt. Der war nicht nur mit den Leuten so grob, auch mit den Tieren. Der war ganz unberechenbar. Der Franz hat mir oft erzählt, er hat es gesehen, der Bauer hat auch seine eigene kranke Frau geschlagen. Es kann leicht möglich sein, hab es nicht gesehen. Dass der Bauer allerhand Küchengeschirr und alles, was in seiner Nähe war, in seinem Wutanfall kaputtgeschlagen hat, das weiß ich und das wissen wir, ich bin in so einem Fall immer geflüchtet.

In dem Jahr hat es in unserer Gegend fürchterlich viele Kirschen gegeben. Da hat ein Bauer drunten im Tal zu unserem Bauern gesagt, er kann Kirschen brocken, so viel er will, die kosten nichts. Am nächsten Tag war es dann schon so weit: also heut' gehen wir Kirschen brocken. Es waren tatsächlich ungeheuer viel und so wunderschöne Kirschen und das fast an jedem Baum. Das Körbl, das der Bauer mitgehabt hat, ist vormittags schon voll geworden. „Was machen wir jetzt", sagt der Bauer. Vielleicht kriegen wir ein Körbl zum Ausleihen. Ohne weiteres, ein Körbl wohl, aber was für ein Luder, an das Tragen haben wir noch nicht gedacht, nur an das Brocken. Vor lauter Geiz haben wir dann viel zu viel gebrockt. Jetzt müssen wir heimgehen, vier Kilometer den Berg hinauf und der Weg ist auch sehr schlecht. Oje, der Korb, die Träger viel zu lang, das ganze Gewicht hängt hinten unten, viel zu schwer für mich, vielleicht fünfzig Kilogramm und es wurde immer schwerer. Da hat der Bauer ausnahmsweise nicht geschimpft, im Gegenteil, weil ich beim Brocken so schnell war, viel schneller als er, da hat er mich gelobt. Er sagte zu mir, ich soll mir Zeit lassen, ich soll ab und zu rasten. Er geht voraus und schickt mir den Franzei entgegen zum Tragenhelfen. Der Franz ist gekommen, hat ein Körbl mitgehabt, wir haben das Gewicht verteilt, nachher sind wir ganz flott heimgegangen. Die Bäuerin und die alte Mutter haben eine Freude gehabt. Das war für mich ausnahmsweise einmal ein schöneres Erlebnis.

Foto 1.2: Holzarbeit am Hoferberg 1930, Anton Hartl, Stadtarchiv Saalfelden.

Was sich im Herbst 1935 zugetragen hat: Damals hat ja der Wald, also das Holz, keinen Wert gehabt. In unserer Gegend sind große Staatsforste (Bundesforste). Ganz große Flächen von diesen Wäldern waren unberührt. Es waren keine Forstwege, ganz schlechte, oft ganz verkommene Jägersteige. Es wurde nirgends eine Säuberung gemacht. Hie und da, ist halt doch irgendwo wieder ein Bäumchen verschwunden. Das war nicht tragisch, es war ja weit und breit nur ein Förster. Der war die meiste Zeit in die Gasthäuser mit den Bauern beim Kartenspielen und Saufen, anstatt im Wald beim Holzmessen. Die Jagd war überall verpachtet. Somit ist genug Schadholz entstanden, liegende und abgestandene Stämme. Wenn ein Bauer um so ein Schadholz angesucht hat, hat das dieser Förster ohne weiteres erlaubt, meistens hat der selber nicht nachgeschaut. So war es auch bei unserem Bauern und seinem Nachbarn. Die zwei haben um ein Brennholz angesucht, es wurde erlaubt. Was haben die zwei gemacht? Der Franz hat dem Nachbarn helfen müssen. Die schönsten Lärchen haben sie umgeschnitten, etwa zwölf Stämme. Ja, ein paar Käferbäume waren wohl auch dabei. Aber jetzt kommt das stärkste Stück. Fünfzig Meter neben der Jägerhütte, neben dem Steig, im tiefen Hochwald drinnen, auf einem schönen Platz, da ist ein wunderschöner, ohne Äste, Dachbaum, etwa 35 Meter hoch, der hat müssen umfallen. Das erste Bloch vier Meter lang, hat eineinhalb Festmeter gehabt. Neben dem großen Block war eine drei Meter tiefe Mulde. Ich weiß nicht, wie dumm die umgewurstelt haben, beim ersten Blockabschneiden ist das Bloch in das Loch hinuntergerutscht. Ist ja ein Malheur! Wie sollen wir den schweren Baum heraufbringen? Der Ochs muss her. Der Ochs war gut, der war stärker wie jedes Pferd. Haben sie den Baum wohl angeschlagen mit drei Schlepphacken. Ich musste fahren, sofort die Schlepphacken heraus. Nochmals, aber sicherer angemacht. Der Baum hat sich gerührt, der Ochs hat natürlich noch mehr angezogen, ein Kracher, das Zugscheit kaputt. Was machen wir jetzt? Da haben wir einen Lärchenstumpfen, circa einen Meter lang, zusammenbastelt zu einem Zugscheit und so haben wir den Ochs wohl wieder eingespannt. So, jetzt probieren wir wieder, der Ochs zieht an, der Baum rührt sich, der Ochs zieht ganz gewaltig an, der Baum schon eineinhalb Meter heroben, der Baum sticht ein bisserl, in dem Moment brechen beide Jochzapfen, das Joch ist kaputt, dem Bauern gehen wieder die Nerven durch und er gibt mir eine solche Watschen, gerade aufs Ohr, ich bin in das Loch hinuntergepurzelt und hab' nichts mehr gehört, nur geschrieen. Der Nachbar hat den Bauern einmal schneidig geschimpft. Ich hätte die Schuld gehabt, weil ich nicht richtig gefahren wär'. – Und halt wieder einmal: so saudumm und unbeholfen und ohne Vaschtl (Vorteil) ist gearbeitet worden. Alles kaputt! So haben wir heimfahren müssen, aus dem besten Eschenholz wieder neue Jochzapfen gemacht, ein gutes Zugscheit, etliche Reserveketten. So sind wir am nächsten Tag wieder hinauf in den Wald. Angehängt, eingespannt, wie der Ochs gespürt hat, dass nichts bricht, da tat er einen gewaltigen Ruck und der Baum war heroben.

Inzwischen ist der Winter kommen, 1935 auf 1936, das schöne, also das Nutzholz, der große schöne Dachbaum, die besten Lärchen sind heimgekommen. – Es ist doch eine Schweinerei: unerlaubte Bäume umschneiden. Wie soll man denn sagen, wenn man stehlen nicht sagen soll? Und dabei den Buam halb bewusstlos schlagen. Solche Erlebnisse bleiben eben bis zum Sterben in Erinnerung! – Monatelang haben wir Dachschindeln gemacht, aus den Lärchen Zaunstecken. Bäume für ein solches Vorhaben kann man nur in einem schattseitigen Wald, womöglich in einer Mulde, und mit einem Kugelwipfel finden. Diese Kenntnisse habe ich in meinem späteren Leben als Forstfacharbeiter genau erworben.

Im Frühjahr 1936, als der Schnee wegging, da wurde es dem Bauern doch etwas unheimlich. Irgendein Hahnpfalzjäger (Auerhahn) muss die neuen Lärchenstöcke gesehen haben. In dem Lärchengebiet war ja der Haupthahnpfalzplatz. Jetzt hat der Bauer uns, den Franz und mich, in den Wald hinaufgeschickt, die Lärchenstöcke zugrasen, mit Ästen bedecken, hauptsächlich herunten beim Steig alles saubermachen, den großen Stock schön verdecken, so dass nichts auffallen soll. Wir haben das sorgfältig gemacht und es ist dann alles bei der Ruh' geblieben. Der Sommer ist verlaufen, ab und zu haben wir bei den Nachbarn ausgeholfen. Bald einmal hat es geheißen, „Bauer, da hast einen guaten Buam", also großes Lob für mich. Aber kein Mensch hat mir dafür etwas gegeben, ich wurde nur als Werkzeug benützt.

Damals, als junger Mensch, habe ich das alles nicht verstanden. Aber das habe ich auch noch in Erinnerung. Ich hätte gern einen Beruf gelernt, Zimmerer oder Metzger oder wenigstens auf eine Alm, als Hüterbua. Dieser Wunsch war absolut nicht möglich, das aus zwei Gründen: erstens hätte der Bauer eine Arbeitskraft verloren, die nichts kostet, und zweitens, wer hätte für mich die Lehrzeit bezahlt? Damals musste für einen Lehrling etwas bezahlt werden. Heutzutage hat jeder Lehrling vom ersten Tag an seinen Lohn.

Was sich der Bauer dann im Herbst 1936 erlaubt hat: Wahrscheinlich deshalb, weil das Brennholzschlägern im Vorjahr so gut gegangen ist, haben sich die zwei Bauern gedacht, das machen wir heuer wieder, aber in einer ganz anderen Gegend. Hoch oben, in einem unberührten Wald auf 1680 Meter. Wahrscheinlich haben sie gar nicht angesucht um

Brennholz, weil der Förster etwa gesagt hätte, die Lieferung ist fast nicht möglich. Der Nachbar und der Franz haben hinauf müssen. Es war weit mächtig, nirgends eine Hütte oder Unterkunft. In einem halb zusammengefallenen Heustadel haben sie schlafen müssen und ich hab jeden zweiten Tag Essen tragen müssen. Hinauf habe ich fast zwei Stunden gebraucht. Jeweils am nächsten Tag hat dem Nachbarn seine Dirn (Dienstmagd) Essen tragen müssen. Der Franz hat dann erzählt, die schönsten Bäume haben sie ausgesucht, wenn sie aber einen Baum gehabt haben, aber braune Sägespäne herausgekommen sind, haben sie zu schneiden aufgehört und einen besseren gesucht und so sind allerhand angeschnittene Bäume stehen geblieben. Als ich 1953, also nach 17 Jahren, das erste Jahr als Forstarbeiter bei den Bundesforsten auf demselben Platz eine Säuberung zu machen hatte, sind uns diese Stämme, die meisten abgestorbene Dürrlinge, wieder untergekommen. Der Partieführer von meiner Partie hatte das dem damaligen Revierförster erzählt. Das Rätselraten hat begonnen – ich hätte es gewusst! Natürlich habe ich geschwiegen. Somit ist alles bei der Ruhe geblieben.

Der Franz und der Nachbarbauer haben damals so zwischen siebzig und achtzig Festmeter, die schönsten Bäume geschlägert, so hat es der Franz immer erzählt. Jetzt ist es zum Pirschen gewesen, mindestens drei Kilometer ins Tal. Ungefähr auf der halben Strecke war ein großer Felsen, ein ganz ungünstiger Wasserfall. Da sind die Bloche oben in die Luft hinaus und unten mitten auf eine Felskante gefallen und schon sind zwei Trümmer dagelegen. Der Franz hat müssen unterhalb des Felsens immer schnell wieder freimachen. Oje, wie unser Bauer gesehen hat, dass es da die schönsten Bloch zusammenhaut, sind bei ihm wieder einmal die Nerven durchgegangen. Hat geschimpft und geschrieen, so quasi der Franz wär' schuld, weil so viel Holz kaputt geht. Was kann doch ich dafür, so hat der Franz sein Recht verteidigen wollen. In dem Moment hat's der Franz übersehen, hat er eine Watschen gekriegt und ist ein Stück hinabgekugelt. Ich war oben auf dem Felsen und hab' zugeschaut, wie es da unten zugeht. Der Franz steht auf und schreit, jetzt bin ich dahin, ich weiß schon, wo ich hinzugehen haben. Er schreit dann noch zurück, „Holz stehlen helfen sollt' ich für Euch, als Lohn gibt's Schläg'. So geht das net!!!" Der Franz lässt den Zapie liegen und ist dahin. Ich hab' mir denkt und denk' mir das heute noch, recht hat er gehabt, der Franzei: das spinnernde Luder bildet sich ein, er kann sich alles erlauben. Aber der Nachbar hat gleich aufdreht und hat halt geschimpft, „was bist denn du für Hirsch! Wenn der Franz das anzeigt, sitz' ma alle zwoa in da Tint'n."

Plötzlich ist doch dem Bauern ein wenig Angst worden. Sagt er zum Nachbarn, „geh, hol'n zrück!". Der Nachbar sagt: „Wegen dir ist der Franz davon, geh' nur selber und schau, dass er zurückgeht." Alsbald haben sie beschlossen, sie gehen doch beide und schauen, dass sie den Franz wieder zurückbringen. Ich mir wieder gedacht, Hauptsache, dass ich dieses Mal verschont geblieben bin. Den Franz haben sie wohl wieder erreicht, aber er wollte nichts mehr wissen und hören. Dem Nachbarbauern hat der Franz dann doch zugehorcht, zu dem hat er gesagt, um nur zehn Schilling Monatslohn geht er nie mehr zurück. Das bekomm' ich überall. Es ist nichts anderes übrig blieben, der Bauer hat dem Franz um fünf Schilling mehr Monatslohn zahlen müssen. Ja, sie haben ihm schön tun müssen, dass er noch einmal zurückgegangen ist. Nachher haben wir wieder weiter gepirscht, 300 Meter

Foto 1.3: Holzziehen auf der March um 1955, Gemeindearchiv Taxenbach.

vorm Ziel hat es einen halben Meter Schnee gemacht, genau wo der Graben schon ganz flach geworden ist. Wir haben müssen alles ausschaufeln, es ist nichts anderes möglich gewesen. Nachher ist es richtig kalt geworden, somit ist alles zusammengefroren, Schnee und Holz. Eine fürchterliche Arbeit: mit Ach und Krach fertig geworden sind wir aber erst im Dezember. Zu Lichtmessen 1937 ist der Franz weg, zu einem anderen Bauern.

So, jetzt bin ich mit dem spinnenden Bauern wieder allein! Wie wird es mir wohl gehen? Was werd' ich wohl alles erleben? Die Bäuerin wieder krank. Die alte Mutter ist auch ganz verzagt, nicht gut beieinander. Sie sagt, sie hält den Zugang da einfach nicht aus, der Bauer hat ja mit dieser Mutter auch immer geschimpft und geschrieen. Zum größten Glück – ich hatte keine Ahnung – haben sie eine Dirn aufgetrieben. Anna war ihr Name. Das war ganz eine tüchtige, fesche, junge Frau mit 21 Jahren, ja eigentlich sagt man Fräulein. Diese Anna war überall brauchbar und verlässlich, im Stall, bei den Kühen, auf dem Feld und in der Küche bei der Bäuerin. Die Anna ist von auswärts gekommen. Sie hatte keine Ahnung, wie es bei dem Bauern zugeht. Ich habe mich mit der Anna bald sehr gut verstanden. Dass wir zwei zusammenhalten müssen, das kam automatisch. Aber als bald dann über mich wieder so ein Gewitter hereinbrach, wo ich aber absolut unschuldig war, da war die Anna wohl ziemlich verwundert und enttäuscht. Diesen Fall muss ich doch etwas erklären, so gut es mir gelingt. Obwohl sich so eine Arbeit heutzutage kein Mensch mehr vorstellen kann. Wenn man so etwas erzählt, heißt es ja bald einmal, warum seid's denn so dumm gewesen! – Wir hatten aber keine andere Wahl!

Damals gab es außer der Bundesstraße noch keine Nebenstraße oder gar Güterweg zu den Bergbauern hinauf. Es gab nur Fuhrwege, Gangsteige, vielleicht im Winter einen Ziehweg. Die meisten Bauern waren auf der Sonnseite, ich war ganz hinten oben auf circa

Foto 1.4: In der Gschwandtstube 1937, Gemeindearchiv Taxenbach (Peter Rathgeb ganz links mit Hut).

1200 Meter Seehöhe unterm Wald. Der Fuhrweg war sehr schlecht. Es ging oft ein paar hundert Meter sehr, sehr steil abwärts, dann wieder ein kleiner Gegenzug. Bei schönem Wetter ist nachmittags schon bald das Wasser geronnen. In der Nacht war es kalt und am nächsten Morgen schrecklich eisig. Auf diesem Weg musste das ganze Holz von dem großen dahinterliegenden Tal transportiert werden. Das war nur im Winter mit Schnee möglich. Langholz, Bloch und Schleifholz und Brett, das war für Pferdefuhrwerk bestimmt (Foto 1.3). Brennholz wurde meterlang abgeschnitten und zu Scheiterholz und zu Raummeter umgewandelt. Mein Bauer hatte meistens dreißig bis vierzig solches Scheiterholz zusammengebracht. Das musste drei Kilometer, das war die Strecke von diesem Berg ins Tal, gezogen werden. Dazu brauchte man einen circa zwei Meter langen Bogenschlitten, zwei sichere Tatzen zum Bremsen, und wo es ganz gefährlich war, hatte man noch eine Kette unterhalb der Kufe eingehängt. Man sollte ja eineinhalb bis zwei solche Raummeter aufladen und viermal am Tag diese Strecke hinunterfahren. Dazu braucht man genug Kraft und keine Angst. Im Jänner 1937 war noch der Franz, da haben wir bei den Aufwärtszügen immer zusammengeholfen, das ging ganz gut. Angst beim Fahren kannte ich überhaupt nicht, die Kraft zum Bremsen war auch schon da. Wir sind auf Lichtmessen nicht fertig geworden. Somit musste ich nachher allein fertig machen. Oje, in der Früh alles Eis, bei diesen Gegenzügen war ich allein, ich wusste genau, wenn ich zum Stehen komme, dann geht es überhaupt nimmer. Ich hatte einfach keinen Stand, habe mich so geplagt, dass mir das Blut aus der Nase tropfte. Was mach' ich jetzt, es geht nimmer. Zum Bergaufgehen hatte man Eisen, Stelzeisen. Diese Fußeisen waren zum Bergaufgehen mit dem leeren Schlitten unter der Ferse eine Stütze, sodass der Fuß immer ganz eben auftreten konnte. Diese Eisen habe ich angezogen, dann ging es wieder, aber nicht lange, dann sind die Eisen gebrochen. Als ich abends nach Hause kam, musste ich ja erzählen, dass mir die Stelzeisen gebrochen sind. Was für ein Malheur, wie wenn die Welt untergehen würde, so hat der Bauer geschimpft und geschrieen.

Da schreit der Bauer, was er für einen Faulenzer aufgezügelt (auferzogen) hat, der wegen jeder Kleinigkeit schon Eisen braucht. Er hat nämlich gedacht, jetzt muss er wieder neue Eisen kaufen. Dass es möglich wäre, diese Eisen zusammenzuschweißen, davon hatte er keine Ahnung. Es gab damals ganz selten schon ein elektrisches Schweißgerät, ein autogenes überhaupt nicht.

Währenddem der Bauer so geschimpft hat, meldete sich die Dirn (die Anna), sie sagte: „Er sollte sich doch nicht so künstlich aufregen. Sei doch froh, dass sonst nichts passiert ist." Sie erzählte, ihre Brüder müssten auch jeden Winter, ob es gut oder schlecht geht, das ganze Holz zu Tal bringen, da bricht auch oft etwas. Aber so einen Wirbel hat es nie geben.

Plötzlich ist mir wieder so eine Wut aufgestiegen, habe mir gedacht: hab' mich so fürchterlich geplagt, aber keine Anerkennung, im Gegenteil, bin auf und davon, hinauf zum Nachbarn, der hat mich gut leiden mögen, dem hab' ich mein Erlebnis erzählt: hab ihn gebeten, ob er mir seine Stelzeisen für ein paar Tag leihen könnte. Er sagte: „Morgen zu Mittag bin ich fertig, dann kannst du auch meinen Schlitten mit meiner ganzen Ausrüstung nehmen. Für den Vormittag nimmst einfach Gliedereisen, mit denen fährst runter und gehst auch aufwärts." Er erzählte mir, „ich mach' es oft so, zum Aufwärtsgehen Stelzeisen, zum Hinunterfahren und hauptsächlich zum Ziehen, wo es dann ansteigt, da brauchst Gliedereisen". Er sagte zu mir, er macht sich um mich Sorgen, „Peter, die Tatzen, die du da hast, des is a Glump (die sind nichts wert). Die Tatzstiele vorm Brechen nicht sicher, die Tatz selber ganz stumpf. Wenn da was bricht, wenn du stehen bleiben musst, weil ein Fuhrwerk entgegenkommt." Dann sagt er noch zu mir, „Peter, du bist jetzt schon ganz ein kräftiger, ehrgeiziger Bursch, nimm' her mein Zeug. Du wirst sehen, du fühlst dich bald sicher." „Aber", sagte der erfahrene Nachbar, „fahre mit Gefühl, immer langsam, merke dir das fürs ganze Leben." Ich habe es mir ernsthaft gemerkt. Ja, ich eine Freud', zu meinem Bauern hab' ich natürlich nichts gesagt. Da hab' ich erst so richtig kennen gelernt, was ein fesches, gutes, sicheres Werkzeug für einen Wert hat. Ich habe dann bei jeder Fuhr ein bisserl mehr aufgeladen, am dritten Tag habe ich schon zwei Meter aufgeladen, tadellos gefahren, da ist mein Stolz zum ersten Mal gewachsen. Ich habe es gespürt, die Kraft ist schon da, es geht nur ums Können. Das war eigentlich schon ein Holzknechterlebnis.

Die Zeit ist verlaufen, Heuernte bald vorbei, das Wetter immer noch gut. Im Juli hat es geheißen, im Schattwald wird Holz geschlägert, da sollen wir helfen. Am Montag, das war Mitte Juli, das genaue Datum weiß ich nicht mehr, da probieren wir es halt einmal: Um 5.45 sollen wir bei der Hütte drinn' sein. Wir müssen um dreiviertel fünf daheim fort. Drinnen ist es von sechs Uhr bis 18 Uhr zum Arbeiten. Das war damals überall so Brauch. Dann kamen wir so um halb acht Uhr abends wieder heim. Diese Arbeit dauerte drei Wochen lang. Dass wir damals 15 Stunden unterwegs waren, an das dachte ich damals nicht! Bei der Holzknechtpartie waren drei Mann. Ich musste mit dem Partieführer schneiden, also umschneiden und die Stämme vier Meter lang abschneiden. Er konnte die Arbeit so weit gut führen. Aber die Zugsägen, die waren dasselbe Glump' wie überall. Bloß, damals kannte ich noch nichts Besseres. Der Mann hat's kennt, aus dem Burschen wird etwas; die Holzknecht haben gesagt: „Bleib' da bei uns, du kriegst am Tag sechs Schilling, da geht es dir besser wie bei dein' Bauern." Das hätt' mir gut gefallen, aber wo geh' ich am Wochenende hin? Ich bin nirgends daheim, habe ja keine Eltern und keine Heimat. Für mich waren das schöne drei Wochen, kein Mensch hat mich geschimpft! Im Gegenteil, die Manda (Männer) haben mir auch eine Ehre gelassen, da habe ich auch eine Geltung erfahren. Stellt euch vor, nach derer Holzarbeit kommt sofort wieder das Gegenteil! Wir waren wieder beim Mähen und Heuzusammentragen und auch Ziehen mit einem Ziachschloapfei. Ich fahr' mit einem Fuderl übern Roan hinunter, hat's mich mit dem Schloapfei in einen Sumpf gesteckt und ich hab's allein einfach nicht herausgerissen. Wie der Bauer gemerkt hat, wie ich da umwurschtl, hat er schon wieder geschimpft, was ich für ein faules Luder wär', nicht einmal für so ein Ziachschloapfei wär' ich zu gebrauchen. „Was hab' ich denn da für'n Leerfresser aufzügelt!" Ich hab mir heimlich gedacht, für die Holzarbeit werd' ich vielleicht doch ein bisserl mehr Monatslohn kriegen, mein Monatslohn waren fünf Schilling. Aber nein, nix wars: für mich hatte er am Tag sechs Schilling erhalten und mir hat er fürs ganze Monat nur fünf Schilling gegeben. Für das alles bin ich noch als Leerfresser beschimpft worden. Die Dirn, die Anna, hat halt wieder gesagt: „Peter, da hauen wir ab." Außerdem, die Bäuerin ist auch schon wieder schlechter geworden. Wie des Abhauen lauter geworden ist, hätt' mich ja ein jeder mögen. Bei einem hab' ich mich verheißen, der hat mir zehn Schilling Vorschuss (oder Drohngeld) gegeben, sodass ich ja bestimmt zu Lichtmessen zu ihm komme. Wie der Bauer erfragt hat, dass ich bei ihm nimmer bleib, da ist der Krieg richtig losgegangen: „Aufzügeln kannst die Fraz'n, wenn's für etwas wären, dann sind's dahin." Natürlich ist das Klima noch schlechter worden. Dann hätten sie probiert, mir schön zu tun (also gut zureden). Aber ich habe nimmer aufgehorcht. Habe schon gespürt, mir geht es überall anders besser.

Im Herbst hat mich der Bauer zum Nachbarn ausgeliehen, zum Getreidedreschen, also die Dreschmaschine antreiben. Dieses Maschinentreiben war mir nicht fremd, das hab' ich öfters schon gemacht. Einmal mit sechs Mann, das ging ganz gut: fünf Minuten treiben, dann zehn Minuten etwas Leichteres, also rasten. Ein anderes Mal waren wir nur vier Mann, das ging auch noch. Da musste man halt fünf Minuten treiben und dann fünf Minuten etwas anderes tun. Aber der Nachbarbauer, das war auch ein Leuteschinder. Da waren wir nur drei Mann, da hast müssen zehn Minuten treiben und fünf Minuten Stroh passen. Also eine schreckliche Schinderei, das kann sich heute kein Mensch vorstellen. Das hat den ganzen Tag gedauert. Fertig sind wir geworden. Ein jeder von uns dreien hat das Letzte vom Letzten hergegeben. So müde war ich fast das ganze Leben nie mehr. Jetzt kommt das Schönste: Ein Hollerkoch zum Nachtmahl, keinen Groschen, geschweige etwa einen Schilling als Lohn. „Bist ein guater Bua", hat der Bauer gesagt: das war alles, kein Dank. Solche Erlebnisse kann man nie vergessen. Das war die gute, alte Zeit, so sagen gewisse, meistens die größeren, Bauern heute noch.

Das letzte Erlebnis bei dem Bauern: Die Mauer beim Haus war sehr schlecht; überall lauter Klüfte, fast beim Umfallen. Die Mauer soll nächstes Jahr neu gemacht werden. Es war ja nur eine billige Steinmauer. Da ist dem Bauern eingefallen, wenn wir im Herbst im Graben drinnen einen Haufen zusammenschlichten, dann im Winter auf einem Schlitten mit dem Ochsen heimführen, als Mauer oder Bausteine für diese Mauer. Wie wir da die Steine heimgeführt haben, ist es halt passiert, dass mir beim Abladen so ein schwerer Stein, voll Eis und Schnee, ausgekommen ist. Wir mussten die Steine unterm Haus zur Mauer aufschlichten. Warum so umständlich? Wären wir oberhalb zum Haus gefahren, hätten wir die Steine talwärts an der Hausfront in die große Mulde hineinkippen können! In dem Moment hat es schon gekleschet auf meinem Kopf. Schreit auch schon, „du faules Luder", und haut mir einen Klobenstrick genau schräg übern Kopf drüber (Kloben, das ist ein Hartholzstück zum Binden), der Kloben hat genau mein rechtes Ohr erwischt, bin in dem Moment ganz damisch gewesen, bin wohl wieder aufgestanden, der ganze Kopf hat nur so gesaust. Von wegen Tränen, hat es da schon keine mehr gegeben. Im Gegenteil, das Blut ist mir vor Wut in den Adern stehen geblieben. Wenn ich irgendetwas, ein Werkzeug oder ein anderes Trum erreicht hätte, in meiner halb-damischen Wut, ich hätt' ihn zusammengehaut. Gott sei Dank ist nix erreichbar gewesen. Da hat er noch geschrieen, er ist neugierig, wie bald sich der neue Bauer bei ihm beschwert, so quasi, was er da fürs Faulenzen aufzügelt hat. Die eigentliche Schuld war ja nur, dass ich mit meiner Meinung Recht gehabt hätte, das hat er nicht vertragen. Das war die letzte Watschen fürs ganze Leben.

Ich habe allerhand geschrieben und trotzdem viel auslassen. Aber wie der Franzei die Bäuerin vom Todessprung über die Auerkessel-Felswand gerade noch gerettet hat, muss ich noch berichten: Damals haben wir ja ziemlich oft die Bäuerin gesucht, und wir haben sie halt nirgends gefunden, nicht mehr gewusst, wo suchen. Plötzlich sieht da weit unten beim Nachbarn seinem Feld der Franz etwas Blaues, der Franz ist weg wie ein Hund, der Franzei war schnell und er hat auch genau gewusst, dass er sie unbemerkt überraschen muss, sonst erreicht er sie nicht, der Graben da unten, in dem Felsengebiet, das ist eine gefährliche Gegend. Genauso wär's auch gekommen, weil der Franz gar so schnell war, so hat er die Bäuerin ganz am äußersten Rand vor der Felswand bei ihren Kleidern am Rücken noch erwischt, er selber konnte sich mit der zweiten Hand bei einer Stauden anhalten. Das war auch ein Erlebnis beim Franzei! Der Franz hat im Krieg einen Fuß verloren, ich habe ihn im späteren Leben noch öfters getroffen; habe ihm erzählt, wie es mir das letzte Jahr ergangen ist: Im Sommer, als Tagelöhner, drei Wochen bei einer Holzknechtpartie, hat der Bauer sechs Schilling erhalten am Tag für mich. Mir hat er fünf Schilling Monatslohn gegeben, keine Schuhe, kein Gewand, keinen einzigen Fetzen! Viel später bin ich erst draufgekommen, dass ich auch keine Krankenkasse hatte. Ich war nicht angemeldet. So waren meine zehn Jugendjahre. Der Bauer hatte alles verflucht. Somit ist der Fluch drauf: kein Glück, die Landwirtschaft kaputt, nur noch ein halbausgebautes Haus mit Schulden.

Ich bin am 2. Februar 1938 beim neuen Bauern gelandet. Alles war ruhig, mir hat es sofort gut gefallen. Der Bauer war ganz ein netter, ein grundehrlicher, mit dem hab' ich mich glänzend verstanden. Die Bäuerin hat ein Kind erwartet, diese Frau war nicht immer in bester Laune. Bei ihr hat man sofort gemerkt, dass man nur ein Dienstbote ist. In dieser Familie waren schon fünf Kinder, das sechste war unterwegs, eine Stalldirn (Magd) und ich als junger Knecht. Ich hatte 15 Schilling Monatslohn, ein Paar Arbeitsschuhe, einen Anzug, zwei Hemden, Socken fürs ganze Jahr. Ich war zufrieden. Das Essen war gut und niemand hat geschimpft. Im Gegenteil, ich wurde gelobt.

Mir geht es gut, es ist für mich seltsam, ich fühle mich wie im Himmel. Die Zeit verging schnell. Am 13. März sind die Deutschen in Österreich einmarschiert. Und die Hitleranhänger haben sofort regiert. Zugegangen ist's im Markt drunten, fürchterlich: Fackelzug, Musik, gekracht hat's, da haben sie Pöller geschossen; es hat ein neues Leben begonnen, aber wohl nur für etliche Jahre. Dann haben wir die Kehrseite kennen gelernt, aber mit vollem Ernst. Aus war es mit der goldenen Freiheit. Ein jeder musste gehorchen, sogar der gewöhnlichste Gruß musste mit „Heil Hitler" ausgesprochen werden. Der Geldwert von drei zu zwei umgewertet. Anstatt 15 Schilling habe ich dann zehn Mark Monatslohn erhalten. Der Hitler hat einen gewaltigen Umsturz gebracht, seither verändert sich laufend vieles, und doch meistens zum Besseren. Vorher hatte sich etliche Jahrhunderte nichts verbessert. Da hat es bald einmal geheißen, es hat immer getan, warum anders. Solche dummen Ideen sind bald verschwunden. Wenn man sich vorstellt, es hat in der ganzen Gemeinde kein Radio gegeben in meiner Schulzeit. Wie der Hitler gekommen ist, hat der Penninghofbauer, das war damals der wohlhabendste Bauer in Gschwandtnerberg, das erste Radio gekauft, alle Leut' vom Berg sind da Radiolosen gegangen. Das war ja des Allerneueste. Und die Hitler(-Anhänger) haben Propaganda gemacht. Sieg Heil, sieg Heil haben sie geschrieen im Radio, wahrscheinlich war das schon eine Propagandamaschine.

Der damalige Rückstand hat so ausgesehen: Es gab auf der Bundesstraße noch keinen Asphalt. Also, es war eine Schotterstraße. Es gab noch keinen Wagen mit Gummirädern. Es gab keinen Schneepflug, natürlich kein Sandstreufahrzeug, noch viel weniger Streusalz. Strom gab es nur im Markt und im Bahnhof, sonst in fast der ganzen Gemeinde nirgends. Sogar die Eisenbahn ging noch mit Dampfbetrieb. Es gab noch keine Nebenstraßen und schon überhaupt keinen Güterweg, nicht einmal einen Zugweg in den Wald hinauf, zum Holzziehen. Die Wälder waren zum Teil unberührt, eine Säuberung hat es nirgends gegeben. Das Schadholz ist einfach an Ort und Stelle verfault. So habe ich das als junger Mensch erlebt. Wenn man sich vorstellt, weit und breit kein Strom, keine Waschmaschine, kein Kühlschrank, keine Gefriertruhe, keine Kreissäge, keine Melkmaschine, keine Elektromotoren, keine elektrischen Handwerkszeuge, Bohrmaschinen, keine Motorsäge, keine Mischmaschinen, keine Zentralheizung, keinen Telefon oder gar einen Fernseher! Auto, Motorrad haben wir nicht gekannt, wir hätten es ja gefürchtet. Ganz einfache Postautos sind in meiner Schulzeit aufgekommen. Von den ganz ersten Rauriser Postautos ist eines abgestürzt, oberhalb von Schattseitlehen, wir Schüler haben es gesehen. Der alte Pützl, das war ein großer Sägewerksbesitzer, das war der Mann mit dem ersten Auto in unserer Gemeinde. Wir waren arm, wir hatten nichts wie nur einen Haufen Arbeitslose und viele,

viele Bettler. Der Hitler einmarschiert, in binnen drei Tagen war kein einziger Bettler mehr auf der Straße. Es kam sofort Bewegung in die Wirtschaft, die ganze Organisation war gewaltig. Die 19-Jährigen mussten zum Arbeitsdienst. Die zwanzigjährigen und älteren Burschen wurden zum Militär eingezogen. Im Bundesforstewald wurde eine Arbeiterhütte gebaut, Säuberung und ein Kahlschlag wurde gemacht, ein Zugweg zum Holzliefern im Winter. Sofort schon wieder 20 Mann eine Arbeit. Noch etwas, die Bauern haben die meisten Schulden gehabt. Der Hitler hat da geholfen, der hat die schlimmsten Schulden gezahlt, somit haben ja alle fest „Heil Hitler" geschrieen, dabei sind sie noch vom Einrücken verschont geblieben. Aber hinaus haben wir alle müssen.

Ansonst ist es mir gut gegangen, nur der Monatslohn wurde mir zu klein. Der Franzei ist bei den Bundesforsten als Holzknecht eingestellt worden und erzählte mir über seinen Lohn. Er verdient im Tag mit geregelter Arbeitszeit von sechs Uhr bis 18 Uhr, Mittag eine Stunde frei, das war uns allen ganz fremd, also elf Stunden arbeiten, sechs Mark, später im Akkord noch mehr. Ich habe nicht gewusst, soll ich abhauen. Ich wusste, diese Arbeit wär' mein Leben, frei sein, und endlich einmal Geld verdienen. Aber wo geh' ich am Wochenende hin? Außerdem, wenn ich jetzt im Sommer abhau', muss ich auf Schuhe und Bekleidung verzichten. Bei ernsthafter Überlegung bin ich dann doch bei meinem Bauern geblieben. Die Zeit ist schnell vergangen, eine Woche um die andere mit der Heumahd waren wir schon weit fortgeschritten. Bald hat's geheißen, am Samstag ist's zum Sonnwendfeuerbrennen. Das ist was für die jungen Leut'. Ich natürlich mit dabei, ich war das erste Mal bei einer solchen Veranstaltung. Etliche Ältere waren auch da, ansonsten halt ein Haufen Burschen und Dirndln; allerhand Spiele sind da gemacht worden. Der Franzei, mein Jugendkamerad, war auch gekommen. Eine Bäuerin hat einen Schnaps dabei gehabt. Der Franz, der war bald das Schwungrad, hauptsächlich bei den Dirndln. Bald ist's zum Singen geworden bei uns zwei. Wir haben gut zusammengepasst, wir sind ja vier Jahre durch dick und dünn gegangen, haben dabei aber den Kopf nicht hängen lassen, natürlich bald auch wieder gesungen. Wie wir halt da so gesessen sind neben dem Feuer, wie ein Bienenschwarm, einen Haufen Dirndln um uns herum, hat eine angefangen, Witze zu erzählen, ja das Dirnei hat der Franz bald einmal auf seinem Schoß sitzen gehabt. Der Bäuerin ist der Schnaps nie gar worden. I weiß nicht, wie das gegangen ist: Hat diese Frau heimlich noch einen Schnaps holen lassen? – Auf alle Fälle, die Gaudi ist immer größer geworden. Es hat nicht viel gebraucht, haben wir angefangen, Gstanzln zu singen und dazu zu jodeln. Des war ja dem Franzei sein Wetter (das Liebste), wie wir grad dieses Gstanzei gesungen haben:

Des Gamsei in Gwand, hat an Schuß in ona Horn,
für oan Dianei alloa, is no nie a Bua aufzügli worn!

In dem Moment hat sich da eine zuacha gsch'teckt zu mir (ist herangerückt) und hat sogar ein bisserl mitgesungen, zumindest erlebt, was da vor sich geht. „Hoppala", habe ich gesagt, „was hab'm ma denn da für a liab's Dianei, für a netts?" Ob sie schön ist, das hab' ich in der Halbfinsternis nicht gesehen. Auf alle Fälle ganz sympathisch und angenehm nett; ein bisserl jünger wie ich, das habe ich fast erkannt. Aber wo ist denn die her? Wo gehört sie hin? Habe mich mit ihr köstlich unterhalten, nebenbei bald wieder eins gesungen, so ist die halbe Nacht vergangen. „Jetzt weiß i noch nie, was' eigentlich für'n Namen hat", sag' ich zu ihr. „Wie hoaßt denn, Dirnei? An Nam' hast ja do'." Nach langem hin und her sagt sie dann doch, „ich bin die Kathi, komme aus Rauris, bin in Penninghof derzeit als Aushilfe beschäftigt". Ohne etwas dabei zu denken, sage ich dann, „Kathi, Kathi, wenn ich heut nicht mit dir hoam gehen derf, was tat i'?". Sagt sie gleich drauf: „Das soll nicht das Problem sein." Wie sich dann alles aufgelöst hat, haben wir uns gegenseitig verabschiedet und sind heimgegangen. Ohne eine Absicht hat es sich ergeben und ich war mit dieser Kathi unterwegs. Nur ein paar hundert Meter. Sie erzählte mir, sie tut beim Schlachter (das war das große Zulehen beim Penninghof) als Köchin während der Heumahdzeit aushelfen. Sie ist übers Wochenend' ganz allein in dem alten Haus, es ist oft unheimlich, wenn das alte Holzhaus kracht. Wie wir angekommen sind bei dem Zulehen, hat sie schon zur Vorsicht ein Taschenlampei versteckt gehabt, damit sie etwas sieht, es war ja putzfinster. Sie sperrt auf, geht hinein, sie sagt nichts, ob ich heimgehen soll oder ob ich mit ihr gehen soll. Ja, sie hat ja da noch keine Ahnung gehabt, dass sie ganz einen g'schamigen, unschuldigen Buam bei ihr hat. Genau dasselbe war auch wahrscheinlich bei ihr der Fall. Aber sie hatte die Schneid' und hat mich mitgenommen in ihr Zimmer, vielleicht mit dem kleinen, wohl von der Natur gegebenen Hintergedanken, die Liebe kennen zu lernen. Damals gab's nirgends eine Aufklärung. Von Liebe und Sex zu sprechen oder gar eine Aufklärung, das war ja Sünde und wurde nicht geduldet. Ich selbst hab' nichts anderes gehört wie Schimpfen und von der Arbeit. Ich war sowieso total verstockt und die Gefühle eiskalt. Wir haben uns ausgezogen und sind hinein in ihr Bett, von Schmetterlingen im Bauch war diesmal noch keine Rede. Das wäre für uns damals sowieso alles ein neues Erlebnis gewesen. Auch beim ersten Körperkontakt im Bett kein Funke. Normal ist das wie beim Strom, plus und minus, diese wunderbaren starken Gefühle, die man da erlebt. Wir haben uns mündlich unterhalten, sehr nett unterhalten, aber mehr ist nicht daraus geworden. Die Natur hat nicht mitgeholfen, die Natur wollte nicht, dass wir beide unsere Unschuld verlieren. Es wollte nicht sein, dass wir die große Liebe finden. Wer weiß, wofür es vielleicht gut gewesen ist. Zwei so unerfahrene junge Leute, da wäre die Gefahr groß. Ich habe dieses Mädchen nie mehr getroffen, habe es eine Zeit lang im Kopf gehabt. Ihr nettes Wesen, ihre Sympathie und ihr Anstand hat mich an ihr festgehalten.

Das war mein erstes Erlebnis dieser Art, auch das gehört zur Natur. Der Sommer ist schnell vergangen, bei der Arbeit hat alles gepasst, ich hab' mir leicht getan. Ende August ist die Stalldirn fort: die Bäuerin hat ein bisserl geeifert, aber ohne Grund, das hat die Dirn nicht mehr ausgehalten und ist eben fort. Nachher waren wir etliche Wochen allein. Anfang Oktober haben sie plötzlich wieder eine auf unbestimmte Zeit als Aushilfe aufgetrieben. Das war ganz eine flotte, 27 Jahre alt. Ihr Verlobter oder ihr Liebhaber, das wusste man nicht, war schon beim Militär, hat sie uns erzählt. Wie es halt bei einem Bauern so ist, gibt's allerhand verschiedene Arbeiten. Sagt der Bauer: jetzt müssen wir Streu mähen in Freiberg oben. Das war Farn, es hat da eine große Weidefläche, die müssen wir sauber halten, damit nicht alles zuwächst. Am nächsten Tag sind wir halt hinauf, der Bauer, die Aushilfsdirn, Lenei war ihr Name, und ich. Er hat uns genau erklärt, wie das gemacht gehört. „Da sind noch die alten Triststangen", es waren drei, „wenn ihr nicht auskommt, müsst ihr halt noch eine machen". So hat es sich ergeben, dass wir zwei da eben eine ganze Woche allein waren. Am Anfang war unser Hoagascht (Plauderei) ganz harmlos, nur so von der Arbeit usw. Aber das hat sich bald geändert. Diese junge Frau hat bald gemerkt, dass ich noch ein ganz unschuldiger, schüchterner, unaufgeklärter, aber eigentlich doch ein kräftiger, fescher Bua bin. Das hat sie mir später gesagt. Es sollte fast nicht möglich sein, aber es ist die Wahrheit. Ich war damals noch so dumm. Ich hatte keine Ahnung, dass die Frauen Monatsregeln haben, wovon und wie Schwangerwerden passiert. Was glaubst du wohl, wie neugierig ich geworden bin! Wie die Frau, ja eigentlich Fräulein, mir allerhand erzählt hat. Am Anfang hab' ich mich gar nicht recht nachfragen getraut, ich hab' nicht recht gewusst wie. Aber das hat sich bald verändert. Sie erklärte mir, dass Liebe etwas Schönes sei zu erleben. Aber du kannst es nicht bei oder von der Arbeit erleben. Sondern im Bett. Die ganz große Liebe nur beim Sex. Sie schaut mich so an und bemerkt, wie ich rot wurde. Dann lachte sie und sagte, „Peter, das hast du alles noch vor dir, das wirst du alles noch kennen lernen und erleben". Dabei hatte sie so eine selbstbewusste Ausstrahlung, als wollte sie es mir beweisen. Vielleicht schwebten in ihr heimlich schon solche Gedanken. Unsere Arbeit verlief reibungslos, wir haben gut zusammengearbeitet. Sie hat alles gekannt, es war ihr nichts fremd. Wir haben alles gemäht, zusammengeheut, zusammentragen und aufgetristet. Das Wetter war noch immer schön. Wie wir heimgekommen sind am Abend, hat der Bauer gefragt, wie weit wir schon sind. Ich sagte, wir haben schon drei Tristen, morgen werden wir fertig. Eine neue machen wir noch. Am nächsten Tag sind wir wieder hinauf, da haben wir gemerkt, das Wetter wird anders, wir müssen uns tummeln. Sie war natürlich auch einverstanden. Beim Mittagessen haben wir uns wie immer auf einen Haufen Farnstreu gesetzt. Mir ist's schon aufgefallen, dass sie jedes Mal etwas näher hersitzt, aber das letzte Mal halt ganz nah. Ja, und halt wieder der Hoagascht. Als wenn sie sagen wollt', und heut' muass' amal sein. Denkt, glaubte ich, hat sie sich, „Bua, heut' kimmst um dei' Unschuld". Mich um den Hals nehmen und aufs Ganze gehen, das hat sie sich als Frau doch nicht recht getraut. So ist halt nichts entstanden an diesem Tag. Dass diese Leni ganz eine rassige, mit Leidenschaft aufgeladene Frau war, das habe ich erst in der kommenden Nacht erfahren. Was hat diese Frau mit ihrer Leidenschaft neben dem jungen, starken, eigentlich auch flotten Burschen und noch dazu ganz allein mit so viel Gelegenheit aushalten müssen! Das ist mir erst in der Nacht und am nächsten Tag bewusst geworden. Ich hab schon in den letzten Tagen ein bisserl angefangen, sie zu necken und zu seggieren. Sie hat es wahrscheinlich auch gemerkt, dass mich ihr Benehmen und ihre Ausstrahlung ziemlich berührt.

Es ist in dem Tag etwas später geworden, aber wir waren fertig. Das Werkzeug aufgepackt und heim. Der Bauer eine Freud' gehabt, „seid's tüchtig gwen". Ich habe das ganze Werkzeug aufbewahrt, wie es sich gehört, nach jeder Arbeit. Die Leni hat der Bäuerin geholfen, dann war Feierabend. Nachtmahl gegessen, ein bisserl sitzen geblieben, mit dem Bauern ein wenig geplaudert über die nächste Arbeit. „Vielleicht, wenn's Wetter tuat, in

Grab'm drin Laub heugen." Bei dem ist es geblieben. Ich bin dann bald schlafen gegangen. Ich war allein in meiner Kammer (Zimmer). Die Leni war auch allein in ihrem Zimmer. Zufällig war dieses genau neben meiner, es war nur eine Holzwand dazwischen. Ich legte mich zur Ruhe, dachte an gar nichts, werde wohl bald eingeschlafen haben. Plötzlich in meinem besten Schlaf kitzelt mich etwas beim rechten Ohr, bald darauf beim Kinn, was ist denn das, dachte ich mir. „Sei still, sei still", sagte eine Stimme ganz leise, „ich bin's, die Leni." Momentan aus meinem tiefen Schlaf war ich ein bisserl nervös. Sie sagt mir ganz leise ins Ohr: „Peter, du hast mich zu Mittag nicht verstanden. Wie mir da schon zumute war. Aber jetzt bin ich noch näher bei dir." In dem Moment ist sie schon herinnen bei mir im Bett. Ein ganz kurzes Hemdei und ohne Hösei, ja und der mächtige Busen, dabei hatte sie mich um den Hals genommen und ganz eng an sie gekuschelt. Da war der Körperkontakt perfekt. Das waren nicht nur Funken, sondern ein in mir unlöschbares Feuer. Ich dachte: „Das ist der Generalangriff auf meine Unschuld." Das war für mich eine ungeheuerliche Überraschung: so viel überstürzende neue Erlebnisse auf einmal. Ich war doch so rückständig in Bezug auf Liebe, nicht einmal herzlich schmusen mit diesen herrlichen Gefühlen. Alles, jede Bewegung, alles war mir ganz was Neues. Nach all diesen Vorspielen hatte dann sie den Höhepunkt angesteuert. Das war für mich das erste und das unvergesslichste Erlebnis. Sie flüsterte mir ins Ohr, „ein wunderbarer Volltreffer mit dir". Was sie damit meinte, wusste ich noch nicht. Aber sie hat mich aufgeklärt, und noch vieles, vieles mehr in dieser Nacht. Ihr Rausch war noch nicht zu Ende und es ging bald wieder weiter. Sie hat wahrscheinlich gemerkt, der Bursch hat eine Ausdauer, der kann schon was vertragen. Bei mir war es damals einfach so. Noch ganz verschont und noch nicht verbraucht und in den schönsten Jahren. Sie ging dann wieder in ihr Zimmer zurück und niemand hatte eine Ahnung von unserem Erlebnis.

Am nächsten Morgen, als ich aufgestanden war, ging ich in die Stube zum Schuheanziehen, da war die Leni gerade beim Frühstückstisch herrichten, wir waren ja ganz allein. Sie dreht sich um, schaut mich an, lacht ein bisserl, hat ein bisserl gezwinkert mit einem Aug', sagt schön gefroren: „Guten Morgen Peter." Das Wort „Peter" hat sie so zweischneidig betont, in dem Moment gab es in meinem Herzen einen Stich und es ist das für mich neue Erlebnis mit ihr in der vergangenen Nacht wie ein Blitz durch meinen Kopf geschossen. Ich lachte natürlich auch ein wenig und sagte, „ja, guten Morgen!". Das Wort Leni bekam eine andere Bedeutung, das war für mich das nächste neue Erlebnis. Von dem Tag an bekam mein geltungs- und ehrloses Leben einen neuen Inhalt. Ich konnte bei diesem Bauern Zufriedenheit, Freude und auch Liebe erfahren. Nicht, wie im ganzen Aufwachsen, als Leerfresser beschimpft zu werden, dazu Schläge, keinen Lohn und keine Krankenkasse.

Der Bauer sagt, „wir gehen in Wald aufi, Stämmdurchschneiden, die Leni soll heut in Graben (so heißt diese Gegend) drinn anfangen, Laub zusammenheugen und morgen schauen wir, dass wir es heimbringen". Gesagt, getan.

Am übernächsten Tag, die Leni sagt, sie hat schon einen Haufen Laub beieinand'. „Ja", sagt der Bauer zu ihr, „der Peter kommt heraustragen. Ich muss mit dem Roß in Bahnhof etwas abholen." Sagt die Leni, sie will auch tragen helfen. „Wir haben keinen geeigneten

Korb für dich, tu du noch zamheigen." Ich hab' mich wohl getummelt, fest getragen, es ist ganz gut gegangen. Plötzlich kommt ein Unwetter, Schneestöbern hat es angefangen, bald ist es in Regen übergangen. Was machen wir? Wo ist ein Unterstand? Vielleicht unterm Korb. Ich hab probiert, wie es mit dem Platz ausgeht. In dem Moment ist die Leni schon da, ich bin in dem Laubhaufen untergegangen. Sie auf mich drauf, und den Korb oben drüber. Ich sagte noch, wenn uns der Bauer sieht. Sagt sie gleich, „woaßt es nit, der is ja in Markt gefahren". Das war die Leni, ja, „a gmat's Wiesl", dass sich das mit dem Wetter so ergibt. Sie wird sich gedacht haben, wir sind da ganz sicher, das nützen wir aus. Man kann sich leicht vorstellen, das Feuer, das wir vor ein paar Tagen in meinem Bett drinnen nicht ganz gelöscht haben, hat sofort wieder lichterloh aufgebrannt. Nur diesmal in einer anderen Lage oder Stellung, passt besser. Sie war in dieser Situation absolut nicht schwerfällig. Hoppala, dachte ich mir! Schon wieder was Neues. Dann sagt sie noch von Aufpassen heut, weil für sie die sicheren Tage zu Ende gehen. Ich dachte, was ist denn das wieder. Ich konnte es nicht wissen, habe das noch nie gehört. Es ist halt nachher auch so weitergegangen, das Laub hat gerauscht, der Korb hat kracht, weil zu wenig Platz war, und natürlich gewackelt. Sie in ihrem Rausch hat auf alles vergessen, auch ihre Tage. Ich konnte mich sowieso nicht rühren, für mich gab es kein Zurück. Es hat schon lange nicht mehr geregnet, da waren wir noch immer unter dem Korb. Eine Zeit später, während unserer Arbeit, haben wir wieder über unser Erlebnis plaudert, sie sagt dann, sie hätte gedacht, wenn nur der die Stellung aushält. Ich hab' falsch verstanden, ich dachte, sie meint, wenn nur der Korb nicht umfällt. Sie lachte plötzlich und sagte, „nicht so Peter!". Und sie erklärte mir ihre Gedanken. Dann wusste ich wieder, wie arm so ein Bua ohne Erfahrung ist, wenn man so weit hinten nachhinkt, um alles zu erleben. – Heute in meinem Alter, 84 Jahre, mit meiner Lebenserfahrung sehe ich alles mit anderen Augen, mit anderen Gedanken. Ich schäme mich nicht, auch über diese schönen Erlebnisse zu schreiben, es ist die schöne Natur, wer das nicht erleben kann, versäumt vieles – von meinen traurigen Erlebnissen habe ich auch erzählt.

Unsere Arbeit ging dann wieder flott weiter, und wir haben fast alles unters Dach gebracht. Am nächsten Tag musste ich wieder in den Wald zum Holz. Während des Tages schmiedete ich den Plan, dass auch ich einen Überraschungsbesuch wagen könnte. Aber es kam anders. Als ich abends vom Wald nach Hause kam, wurde mir erzählt, es ist ein Mann gekommen und hat die Leni abgeholt. Vielleicht war es ihr Verlobter. Recht viel mehr wusste man nicht. Aus war für mich das süße Leben, ich habe von dieser Leni nie wieder etwas erfahren.

Während des Sommers hatte sich eine Schuhplattlergruppe gebildet, da bin ich natürlich auch gelandet (Foto 1.5). Der Franzei war die Triebfeder. Diese Gaudi hat nur bis in Spätherbst gedauert, dann kam schon die erste Störung in die Gruppe. Drei Mann mussten einrücken, der Franzei musste zum Militär, die beiden anderen zum Arbeitsdienst. Der Franzei sagte, wir sollten noch schnell ein paar Fotos machen, dass wir wenigstens eine Erinnerung haben. Es ist wahrscheinlich nicht aufzuhalten, es fällt alles auseinander. Er sagt, schnell die nächstbesten Dirndln her. In Penninghof oben, da war oft unsere Probe,

Foto 1.5: Heimatgruppe Taxenbach 1938, Gemeindearchiv Taxenbach (Peter Rathgeb hintere Reihe ganz links außen).

vor dem Haus ist ein fescher Platz, da machen wir ein paar Fotos. Das haben wir dann gemacht, ich habe heute noch ein paar solche Erinnerungen. Das Platteln ist wohl noch ein Jahr weitergangen, aber der Kopf davon, die Besten waren fort. Es haben ab und zu wieder ein paar angefangen, meistens zwei Männer einzeln, ist aber nicht beständig gewesen. Es ist ja ganz eine andere Zeit gekommen, ein jeder hat Geld verdient. Nur ich musste bis Lichtmessen 1939 mit meinen zehn Mark Monatslohn auskommen. Wir haben damals meistens samstags bei einem kleinen Wirtshäusl unsere Plattlerproben abhalten. Weil ja zufällig zwei Dirndeln mit 17 und 18 Jahren vorhanden waren zum Tanzenhelfen. Eine hat eine Stimme zum Singen gehabt. Natürlich, ein bisserl zum Narren halten ist auch nicht ausblieben. Ich hatte oft kein Geld, aber daheim bleiben, das war nicht möglich. Ich habe oft nachschauen müssen, ob ich noch 50 Pfennige hab', für ein Seidel Most, damit ich bei dem Wirtshäusl zukehren kann. Wie das halt so war, ein jeder, der da zugekehrt ist, war ja neugierig, wie es bei den Schuhplattlern zugeht. Das war ja das Neueste nach der notleidenden Zeit. Grad bald einmal hat wieder einer einen Liter Bier springen lassen, und wir die Gaudi. Ein Bier trinken, das war bei uns ja ganz was Neues! Unter der Woche hat es so was überhaupt nicht gegeben. Und so sind wir dann halt bald ein wenig würflig (gut angeheitert) geworden. Beim Tanzen das Kittei auffigerissen und juchez, na, und halt die Gaudi, es war keine beleidigt, sie haben uns schon gekannt. Die jungen oder jüngeren Frauen haben damals doch schon Schlüpfer getragen. Bei den älteren Frauen war das nicht ganz sicher. Ja, einmal, da hat sich etwas zugetragen. Das war das Allerhöchste. Da ist eine ältere Frau gekommen, hat jemand gesucht. Dass die gut tanzen kann, das war bekannt, und sie hat auch gern getanzt. Der Martin, so hat er geheißen, ganz ein Lustiger, sagt zu ihr, „aber hiaz tanz' ma a Radei, mir zwoa". Der Hansei mit seiner Zugen (Ziehharmonika) spielt gleich einen Landler, die waren uns damals am liebsten. Jetzt ist's aufgegangen! Wir haben damals bald recht getanzt und gejauchzt und oft auch gesungen, wenn eine Melodie bekannt war. Weil's beim Mascht gar rund gegangen ist, er mit seinem Übermut reißt ihr Kittei hinauf bis zum Kopf und juchzt, und sie hat kein Hosei an. Könnt euch denken, diese Gaudi!! Die Frau war wohl beleidigt, hat geschimpft, dass die Plattler so gschert sind, und ist auf und davon. Das waren lustige Erlebnisse meiner Jugend.

Mit der Arbeit bei meinem neuen Bauern ist es gut gegangen. Als der Schnee kam, im Dezember, hatte mich der Bauer zum Nachbarn ausgeliehen. Da haben wir müssen das Bergmahdheu und etliche Tristen Streu, das war Heidekraut und Farnkraut von der Alm, in den bekannten Buden fassen, so sagt man dazu, und heimliefern. Dieser Nachbar hat einen guten Knecht gehabt, wir haben wunderbar miteinander können. Wir sind alle Tage um fünf Uhr abgegangen und ums Tagwerden, halb acht Uhr auf der Alm oben angekommen. So um 16.30 Uhr waren wir daheim. Es war eine schöne Arbeit und hat drei Wochen gedauert. Da war bei dem Nachbarn ein Sohn gewesen, der war nur um ein Jahr jünger als ich. Ich sagte einmal zu dem Knecht: „Warum könnte dieser Herr Sohn dir nicht helfen?" – „O' mein Gott, dem ist diese Arbeit viel zu letz' (anstrengend)", sagte der Knecht, „der will nicht recht und kann auch diese Arbeit nicht. Peter, ich habe gewusst, du kannst das ausgezeichnet, wir zwei machen das. Der jüngste Sohn von dem großen Bauern, der muss doch verschont werden", sagt der Knecht und lacht ein bisserl. Einmal am Abend kam der Bauer und sagte, oben bei der Almhütte im Tret (das ist der Stall für die Kühe), da ist der ganze Tretboden mit Schollen zugedeckt, und diese Schollen sollen wir in den Almanger (das ist die Wiese zum Mähen), eineinhalb Hektar groß, hinunterziehen. „Oje", sagt der Knecht, „bei dem steilen, schlechten Weg, dazu viel zu wenig Schnee." Wir hatten keine Ahnung, was „Schollen" eigentlich sind, es ist gefrorener Mist. Dann wurde aus Brettern eine Kiste gemacht, einen Meter lang, dreißig Zentimeter breit, dreißig hoch, unten enger, oben weiter, hinten und vorn zugemacht, zum Tragen für zwei Leute, hinten und vorn ein paar Griffe. Im ganzen Sommer, da gibt es einen Haufen Schargmist. Diese Kiste stellt man hin, füllt sie mit Mist an, tritt ihn fest und trägt diese Menge in Tret. Damit der Mist nicht zu viel am Tretboden angefriert, gibt man ein bisserl Streu, wenn vorhanden, auf den Boden. Man stellt die Kiste mit dem Mist auf den Boden und kippt sie sorgfältig um, hebt die Kiste hoch und der Miststock steht da. Dann wartet man, bis der Frost kommt. So wurde der ganze Tretboden mit solchen Schollen für den Abtransport im Winter vorbereitet. Ein solcher Mistklotz wiegt so um die 70 Kilogramm. Es war der ganze Tret voll, ein paar hundert. Der Almanger war einen schwachen Kilometer rechts unter der Hütte entfernt. Ein jeder hat sein Langschlittei gehabt, mit dem wir vorher Heu gezogen haben. Wir haben beraten, wie viel wir aufladen dürfen, das Zeug ist schwer, der Weg ist schlecht und steil. Vielleicht vier Stück? Der Knecht legt vier Stück auf seinen Schlitten. Ich dachte, vier sind auf dem Schlitten zu viel, ich nehm' nur drei auf den Schlitten und ein Stück häng' ich hinten an, zum Bremsen. Genau das war richtig! Jetzt fahren wir los, er voraus und ich hinten nach, plötzlich geht es bei ihm immer schneller. Er kann's fast nicht halten. Auf einmal schert sein Gefährt hinten aus, er war machtlos, er musste es auslassen, konnte nur noch trachten, dass es ihn nicht mitreißt: das Schlittei mitsamt den Schollen hinunter in Graben! Mir ist es geglückt, mir hat nichts gedroht. „Da brauchst nimmer nachschauen, da ist alles kaputt", hab' ich gesagt und bin weitergefahren. Als ich wieder zurückkam, hatte er wohl ein paar Schlittentrümmer in Händen mit den Sperrketten, die wir ja sowieso gebraucht haben. Was machen wir jetzt? „Jetzt gehen wir heim. Du kannst allein nicht weitermachen", sagt er zu mir. Am nächsten Tag sind wir wieder hinauf auf die Alm, ein anderes Schlittei bei uns. Ich hab' ihm erklärt: „Es wird besser sein, wenn wir nur drei auflegen, dafür zwei anhängen, zwei Stück hint' rutschen nebeneinander besser als einer. Wenn es einmal nicht geht, dann helfen wir halt zusammen und haben doch zehn Stück bei uns." Der Vorschlag hat ihm gefallen, so haben wir es gemacht und so wurde auch diese Arbeit beendet. Als wir beim Nachbarn fertig waren, hat mein Bauer gesagt: „Jetzt muss der Nachbarknecht auch uns helfen. Wir haben noch die ganze Streu, das sind vier Tristen in Freiberg oben, die müss' ma hoambringa. Wie machen wir denn das? Mach' ma Buden oder gemma mit an Schlittei aufi und wir machen kloane Füaderl?" „Woast, Bauer, wie wir des machen: wir nehmen zwei Schlittei und zwei Budenseile. Wir fassen ein Fuaderl, da hängen wir eine Buden an. Dasselbe beim zweiten Mann. Von ganz oben bis herunter zum Graben, das sind ungefähr zwei Kilometer, da ist es gleich gut, wenn wir hint' einen Buden anhängen. So eine Trist' hat schwache tausend Kilogramm, des bringen wir leicht am Tag, und in drei bis vier Tag' ist alles daheim." Wie wir jetzt halt die Tristen so abgerissen haben, hab' ich wieder an die Leni denken müssen, wie sie mir geholfen hat, damals beim Auftristen, mit ihren stechenden Augen. An diese Leni hab' ich noch oft gedacht.

So, jetzt ist Lichtmessen 1939 vor der Tür, mein Dienstjahr geht zu Ende. Vorläufig einmal Schluss mit der Landwirtschaft. Ich will mich selbständig machen, mein großes Ziel ist der Wald. Als Holzknecht: endlich auch einmal etwas verdienen! – Das war meine Jugend.

Teil 2

Weil die Zeit nie aus ist – Entwicklungen in der Landwirtschaft des Pinzgaus im 20. Jahrhundert

von Ursula J. Neumayr

Prolog: Von der Härte der guten alten Zeit – und ihren menschlichen Seiten

Die Forschung hat zur Frage der Geschichte des Lebens am Land eine Vielzahl an hervorragenden Beiträgen hervorgebracht, hat viele faszinierende Einzelstudien entstehen lassen, wobei nur auf wenige verwiesen sei. Zum einen, die Reihe „Damit es nicht verloren geht", die in lebensbiografischen Aufzeichnungen Einblicke erlaubt in individuelle Lebenszusammenhänge (MITTERAUER 1983ff.). 2006 erschienen in dieser die Kindheitserinnerungen der 1941 geborenen Taxenbacher Bäuerin Theresia Oblasser, die den weiblichen Blick auf das Landleben freigeben (OBLASSER 2006). Zum anderen sind die Bände der „Geschichte der Land- und Forstwirtschaft in Österreich" zu nennen, die facettenreich und regionalspezifisch den Blick auf den Wirtschaftsfaktor Land- und Forstwirtschaft richten (BRUCKMÜLLER 2002).

Der vorliegende Beitrag „Weil die Zeit nie aus ist" baut auf meine Studie „Unter schneebedeckten Bergen" (NEUMAYR 2001) und entwirft aus dem Blickwinkel der Landwirtschaft ein Bild vom Landleben im 20. Jahrhundert. Der erste Abschnitt, „LebensLinien", gibt einen groben Überblick über die Entwicklungen des genannten Zeitraums mit der zentralen Frage, in welche Zeit, in welche Veränderungsströme die Landwirtschaft und die darin arbeitende Bevölkerung gestellt war. Der zweite, „LebensRäume", frägt, welche produktionstechnischen Schritte das Jahrhundert kennzeichnen. Beschrieben wird die Pinzgauer Vieh- und Almwirtschaft, der regionale Getreide- und Obstbau, die bäuerlichen Nebenerwerbe in ihrer historischen Sicht. „LebensWelt" schließlich reflektiert auf das Netz von sozialem, kulturellem, religiösem, wirtschaftlichem und politischem Handeln, welches „Leben" ausmacht. Dass für die Untersuchung der Gebirgslandwirtschaft der Salzburger Pinzgau und der Beginn mit den frühen Jahrzehnten des 20. Jahrhunderts gewählt wurden, erklärt sich aus den Vorgaben der im Zentrum stehenden Biografie von Peter Rathgeb (RATHGEB 2006, Teil 1 des Buches). Das Schlusskapitel mit einem Blick auf Entwicklungen im frühen 21. Jahrhundert verlässt das grundeigene Tätigkeitsfeld des Historikers und ist ein „Über-den-Zaun-Spähen" in die Fachgebiete der Agrarfachleute, der Soziologen und Trendforscher.

Im Titel des Bandes „Land:Leben" steckt eine Fülle von Aussagen. Zum Ersten, Landleben im Sinne von Leben auf dem Land, damit Abgrenzung zum städtischen Raum und eine starke Verzahnung des Menschen mit der Natur. Jedoch, so einfach ist diese Einschätzung genau genommen gar nicht, zu vielfältig sind die Verbindungen von Land und Stadt, denn: wo endet „Land", wo beginnt „Stadt", und: ist das eine ohne das andere möglich? Landleben findet – und das in jeder historischen Periode – irgendwo im Mischungs- bzw. Grenzbereich dieser beiden statt und muss auch in diesem Beitrag mit einer fließenden Definition auskommen: Ländlich als ein Gebiet mit geringer Bevölkerungsdichte, einer stärkeren Abhängigkeit von natürlichen Ressourcen, einem schlechterem Angebot an Basisinfrastruktur und öffentlichen Dienstleistungen, mit schwachen und unvollkommenen Märkten, dem Fortbestehen traditioneller Normen und Wertsystem, politischer Marginalisierung und häufig einer Schwächerstellung von Frauen (DAX 2003, 11–18).

Relativ rasch meint Landleben dann: Landwirtschaft – und dies in seiner wirtschaftlichen, kulturellen und auch politischen Dimension. Für die erste Hälfte des 20. Jahrhunderts mit einem hohen Agraranteil der österreichischen Gesellschaft ist diese Verbindung verständlich. Jedoch auch am Beginn des 21. Jahrhunderts ist das Leben am Land ohne den Beitrag und die Dienstleistungen der Landwirtschaft nicht denkbar. Diese Verzahnung macht es der historischen Analyse unmöglich, den Blick ausschließlich auf eine „landwirtschaftliche Bevölkerung" zu richten, genauer genommen geht es um „ländliche Bevölkerung" und um Landwirtschaft in all den Verzahnungen mit Forstwirtschaft, Gewerbe und den Dienstleistungssektoren. Land:Leben legt dann auch die hoffnungsvolle Gleichung „Land = Leben" nahe. Das trifft sich mit den gegenwärtigen volkswirtschaftlichen und politischen Zielsetzungen der „ländlichen Entwicklung", eines Programmes, in dessen Mittelpunkt die nachhaltige, multifunktionale Landwirtschaft zum Wohle der Gesamtbevölkerung steht.

Im globalen Kontext, in dem ländliche Entwicklung insbesondere in Schwellenländern auf Überlebenssicherung breiter Bevölkerungsteile und Stabilisierung des Land-Stadt-Gefüges zielt, hat diese Bedeutung von Landleben eine vermutlich noch gewichtigere Dimension, als es gegenwärtig in Zentraleuropa offenkundig ist. Am Ende der „einfachen Moderne", wo das Entweder-Oder, das Gut-oder-Böse, der unverblümte Fortschrittsoptimismus hinterfragt werden und Menschen lieber dem Traum der Vielfalt folgen und die Zeit, anstatt ständig Neues zu realisieren, offen ist für die Dinge, die erprobt sind und funktionieren, erhält Land:Leben eine weitere Dimension – die der Lebendigkeit, Buntheit, Verschiedenheit, der Aktualität. Damit liegt der Reiz der Rückschau auf vergangenes Leben darin, herauszufinden, ob in einer früheren Phase der Modernisierung das „einfache" Leben neben seiner Härte nicht manchmal komplexer, menschennaher und nuancenreicher war, als es gegenwärtige Arbeitsalltage und Lebenspläne sind. Allzu schnell glauben wir, unser jetziges Leben sei die Norm, die Spitze praktisch zu allem Vorangegangenen. Doch erfordert, um Beispiele zu nennen, die Herstellung eines verwendungsfähigen Heurechens, das Setzen eines Zaunpfostens, der die Schneeschmelze überdauert, oder die Herstellung eines Leinentuches mitunter mehr Geschick und Fingerfertigkeit als etwa die Erstellung einer Massensendung am Computer oder das Bedienen einer vollautomatischen Waschmaschine.

Relativ schnell ist Land:Leben gefüllt mit Schlimmem, Unmodernem, Verzicht, Rückschrittlichkeit und Irrwegen, Mangel, Verderben. *Arsen im Mohnknödel* (STEINMASSL

1992) beschreibt die Geschichte der Kriminalität des frühen 20. Jahrhunderts im Mühlviertel, die trostlose Welt des Franz Innerhofer in *Schöne Tage*, die sprachlos-verzweifelnde Kindheit des Holl inmitten schreiender, eiskalter Menschen, ist ein Dokument, welches die Diskussion im Pinzgau färbt (INNERHOFER 1974). Aus geschichtswissenschaftlicher Sicht fällt es jedoch schwer, die Innerhofer'sche Welt als die Beschreibung einer historischen Gesellschaft zu sehen. Naheliegender scheint, das Werk als literarisch verarbeitete Autobiografie, als die Auseinandersetzung mit einem Lebenslauf, dem tragischerweise auch die kleinsten Menschlichkeiten der ohnedies materiell kargen Agrargesellschaft verwehrt waren, und als gesellschaftskritischen Entwicklungsroman mit durchaus Gegenwartsrelevanz einzustufen. Die Unmenschlichkeit der bäuerlichen Dienstbotenhierarchien ist aus unserem Blickfeld verschwunden – es gibt die agrare Dienstbotenstruktur in Westeuropa schlicht nicht mehr –, das Mobbing zwischen einzelnen Büroabteilungen heute ist jedoch damit vergleichbar. Unehelichkeit bedeutet zeitgenössisch nicht zwangsläufig gesellschaftliche Ausgrenzung, doch wachsen selbst heute nicht alle Kinder glücklich auf und die Sprachlosigkeit der Holl'schen Kindheit ist der Überforderung durch die multimediale Kommunikationswelt gewichen.

Und damit zu den Zielen – hinter dem Nachfragen über die Härten der guten alten Zeit und ihrer Menschlichkeit bis herauf zum Leben inmitten des Wettbewerbs in einer globalen Welt und dem Rückkehren zum Leben in den Regionen steht in erster Linie der Wunsch, Bausteine für eine kritische Auseinandersetzung mit dem ländlichen Raum und hier insbesondere den Erfahrungen der Landwirtschaft zu liefern. Das Engagement, um auf und vom Land zu leben, erfordert Identifikation mit demselben, dies wiederum läuft über die Auseinandersetzung mit den jeweils vorgefundenen Lebensumständen. Das Material für diese Auseinandersetzung zu liefern, ist der nicht unwesentliche Beitrag, den die Geschichtsforschung zum Programm einer ländlichen Entwicklung leisten kann.

Der Titel „weil die Zeit nit aus ist" schließlich ist ein wiederkehrendes Zitat in den Erinnerungen von Peter Rathgeb, es ist – auch ein klares Bekenntnis zu einer kritisch-hinterfragten Sicht der Moderne – nicht ein eindimensionaler, auf einen „modernen" Zustand abzielender Verlauf, sondern ein Wiederkehren, ein Sich-Abändern, ein Verwerfen und Wiederaufgreifen, ein Wiederbeginnen und Neugestalten von Geschehen kennzeichnet menschliche Gesellschaften. Material für absichtslose Freude am Lesen über vergangene Lebenszusammenhänge, über alternative Wege zur eigenen Lebenssituation, zu unerwartetem Staunen über bisher Unbekanntes oder Freude beim Wiedererkennen von Vertrautem zu bieten, ist ein weiteres durchaus beabsichtigtes Ziel der nachfolgenden Zusammenstellungen.

I. LebensLinien –
Entwicklungen der Gebirgslandwirtschaft im Überblick

Der Pinzgau ist der westlichste der fünf Salzburger Bezirke und hat mit über 2600 qkm etwa die Größe des Bundeslandes Vorarlberg. Er teilt sich landschaftlich in den Oberpinzgau – die Gemeinden von Wald bis Uttendorf, den Mittelpinzgau – das Saalachtal,

Foto 2.1: Pferd und Traktor 2003, Gemeindearchiv Taxenbach.

das Becken um Saalfelden und die Bezirkshauptstadt Zell am See, und schließlich den Unterpinzgau ab der Gemeinde Bruck an der Glocknerstraße ostwärts. Von den 84000 Einwohnern des Pinzgaus und den davon 36000 Berufstätigen waren im Jahr 2002 rund 11800 im Sekundärsektor, knapp 22000 im Tertiärsektor und 2368 in der Landwirtschaft tätig. Der Großteil der 2562 landwirtschaftlichen Betriebe der Region, genau 1548, wurde zu diesem Zeitpunkt im Nebenerwerb geführt.

Der Rückgang der in der Landwirtschaft beschäftigten Personen bzw. der Anzahl der Betriebe, der Übergang zum Nebenerwerbsbetrieb sowie die Abkehr von einer fast ausschließlichen Selbstversorgung hin zu einem hohen Grad an Spezialisierung, hier vorwiegend auf die Milchwirtschaft, sind die augenscheinlichsten Entwicklungen in der regionalen Landwirtschaft im Verlauf des 20. Jahrhunderts. Auch österreichweit gab es Ende des 20. Jahrhunderts nur mehr wenige Bezirke mit einem Agraranteil von mehr als 10% (BRUCKMÜLLER 2002, 430f.). Grundlegend gewandelt hat sich damit auch der Lebensbereich Landwirtschaft (Foto 2.1). Es sind, wie Roman Sandgruber bemerkt, neue Töne und Gerüche, andere Farben und andere Ansichten, die die Dörfer prägen: Traktoren- und Motorengeräusche, weniger unterschiedliche Tierstimmen, nicht mehr der Duft der Heublumen, sondern der Geruch der Silage, nicht mehr die Hiefler und Heuschober, sondern die bunten Plastikkugeln der Feldsilage, nicht mehr die Kornmandeln, sondern Strohballen (SANDGRUBER 2002, 208). Dennoch, mit ihrem Schwerpunkt auf der Viehhaltung ist Landwirtschaft im Gebirge noch weitgehend so, wie man sie sich vorstellt. Landwirtschaftsbetriebe ohne Vieh hingegen haben einen zentralen Teil ihrer Identität verloren.

I. 1. Ende der naturalwirtschaftlichen Genügsamkeit: Erster Weltkrieg und Folgejahre

Dem Agrarsektor des Pinzgaus wurden durch den schleichenden Wegfall des Bergbaues im auslaufenden 19. Jahrhundert entscheidende Absatz- und Nebenerwerbsmöglichkeiten entzogen.

Durch die geografische Abgeschnittenheit war zudem der überregionale Waren- und Kenntnisaustausch eingeschränkt geblieben – Erfahrungen und Produkte, die man in anderen Teilen der Monarchie erfolgreich einsetzte, waren innergebirg noch unbekannt. Einsicht in agrares Dorfgeschehen an der Wende zum 20. Jahrhundert gibt das Gedenkbuch der Landgemeinde Saalfelden aus der Feder des damaligen Schusterbauern, Alois Rieder. Der Ausbau des dörflichen Sozial- und Schulwesens, die Sicherung des Alltagslebens, die Fragmentierung des Dorfes durch zunehmende politische Parteienbildung, das offensichtliche Abflauen des religiösen Lebens stellten sich als zentrale Herausforderung für den zeitgenössischen Kommentator (NEUMAYR 2001, 104–131).

Die Einbindung in die Kriegswirtschaft ab 1914 schuf für die Landwirtschaft erneut andere Entwicklungsbedingungen, wie landesweit konnte auch im Pinzgau die Versorgung der Bevölkerung nicht ausreichend sichergestellt werden. Bereits 1915 mussten Brotrationen erheblich gekürzt werden und die Bevölkerung mit Surrogaten ihr Auslangen finden. Der kriegsbedingte Mangel an Arbeitskräften und Sachkapital, insbesondere an Düngemittel und Treibstoff, bewirkte einschneidende Produktionsrückgänge. Wiederum geben Auszüge aus der Chronik Saalfeldens ein Bild der Lebensbedingungen: „Tag für Tag wurde alles weniger und bedeutend teuerer, (…) Ausgabe der ersten Brotkarten, ohne welche niemand mehr Brot oder Mehl beziehen konnte; Kopfquote per Woche und Person 1300 Gramm Brot und Mehl zusammen. (…) Ausbleiben von Weizen- und Roggenmehl, zum Kochen nur noch Gerste und Polentamehl. (…). Pferden zur Ablieferung an das Militär gegen Bezahlung, (…) an Dienstag und Freitag ist der Fleischgenuss sowie dessen Verkauf bei den Metzgern bei Strafe verboten, nur Gersten- und Polentamehl erhältlich. (…) Beginn der Heumahd, wegen männlichem Arbeiter-Mangel müssen auch Frauenzimmer mähen, alle Unterkunftshäuser (…) geschlossen. (…) Mit Tränen in den Augen stehen die Arbeitenden auf dem Felde, die Sterbeglocke ertönt (…) Erntedankfest, Verkauf von Metallähren zu Gunsten der Verwundeten, Einrückung der Achtzehnjährigen (…). Wollsammlung durch die Schulkinder sowie alter Kleider zum Stoffmachen für das Militär, Ankunft von 56 russischen Kriegsgefangenen, Abgabe derselben an die Landwirte (…) Seelengottesdienste für die Brüder Christian und Konrad Holzer, Bacherbauernsöhne, in Italien gefallen, von Josef als dritten Sohn Todesnachricht erhalten, der vierte Sohn in russischer Gefangenschaft. (…) Am seit zweihundert Jahren bestehende Pferdemarkt, welcher drei Tage dauerte, zum ersten Mal kein Pferd mehr (…) Der jährliche Viehmarkt wegen Viehmangel nicht mehr abgehalten, da Ausfuhrverbot (…). Verbot des Kerzenbrennens auf den Gräbern zu Allerheiligen, (…) das letzte Mal mit allen Glocken geläutet, danach Abnahme derselben (…) Brotausgabe nach abgelaufenen vier brotlosen Wochen (…)." (MARKTGEMEINDE 1992, 348–353)

Staatliche Regulierungsversuche scheiterten in der praktischen Umsetzung, so die Berichte der Schulchronik des Saalfeldner Weilers Gerling: „(…) Zucker und Kaffee sind seit zwei Wochen in der Gemeinde Saalfelden und in den Nachbargemeinden ein unerreichbarer Artikel. Mehl, schwarz wie Schwerpolenta, ist nur zeitweise vorhanden. Die Höchstpreise bleiben vollständig wirkungslos, da es an der Einführung des Zwangsverkaufes fehlt und sich die Gendarmerie um die Preisbildung nicht kümmert. Die Käufer selbst können keine Anzeige erstatten, da ihnen sonst einfach nichts mehr verabfolgt wird. Die Bauern verlangen für 1 kg Butter 6 bis 10 Kronen, für Eier 30 Heller pro Stück etc. Die Kaufleute kümmern sich ebenfalls nicht um den Höchstpreis. Obwohl der Höchstpreis für Kaffee z. B. auf 8 K festgesetzt ist, wird er allgemein für 13 bis 15 K pro kg verkauft (…)." (MARKTGEMEINDE 1992, 344)

Die ungenügende Versorgungslage blieb auch in der Nachkriegszeit ein vorrangiges Problem, das die Fortführung der staatlichen Bewirtschaftung landwirtschaftlicher Erzeugnisse noch in den ersten zwanziger Jahren erzwang. Die ungewöhnlich rasante Preisentwicklung belegen Berichte aus Saalbach vom Frühling und Herbst 1922. Am 12. April 1922: „Es herrscht Futternot, und der Meterzentner Heu kostet 15000 Kr., Stroh 10000 Kr. Die Viehpreise werden unerschwinglich, ein Pferd kostet 1,000.000 Kr., eine Kälberkuh 70000 Kr., eine Ziege 1300 Kr., eine Henne 100 Kr., ein Kilogramm Weizen 420 Kr., ein Kilogramm Roggen 400 Kr., (…) ½ l Bier 180 Kr., ¼ l Wein 300 Kr. – lauter Kunstwein, ein Stamperl Schnaps 100 Kr. Ein Knecht hat einen Monatslohn von 7000 bis 14000 Kr., eine Dirn 4000 bis 8000 Kr. Die Bauern, besonders die Kleinbauern, haben einen sehr schweren Daseinskampf zu führen, weil die Einnahmen die Auslagen nicht mehr decken. Ein Anzug kostet 100000 Kr., ein Hemd 7000 bis 10000 Kr., ein Paar Schuhe 20000 bis 25000 Kr." Am 21. Oktober 1922: „Der Sommer war ziemlich verregnet, doch die Ernte war sehr gut. Die Pferde- und Viehpreise, die über den Sommer ungeheuer anzogen, fallen mit beginnendem Herbst sehr tief, und es erleiden jene Besitzer, die mit dem Abverkauf zu lange warteten, großen Schaden. Die Pferdepreise sinken von 25.000.000 Kr. auf zehn Millionen, die Rössl von 14 Millionen auf fünf Millionen, die Kühe von zwölf auf drei Millionen, das Jungvieh von sechs auf eine Million." (WEITLANER 1982, 133f.)

Die Jahre danach boten für bäuerliche Betriebe leicht bessere Entwicklungsmöglichkeiten: bestehende Schulden konnten zum Teil abgebaut werden, die Auflösung der Monarchie schaltete die Konkurrenz der ungarischen Landwirtschaft aus, Mechanisierungs- und Spezialisierungsschritte zeigten erste Auswirkungen. Für die Landwirtschaft der frühen zwanziger Jahre wurde die Produktionssteigerung zur zentralen Aufgabe. Eine Herausforderung, die beachtliche Erfolge verzeichnen konnte – die Jahre 1925–1929 entwickelten sich zu einer Zeit des landwirtschaftlichen Aufschwunges. In der Gebirgslandwirtschaft ging es vorrangig um bessere Bodenbearbeitung, um ausgeglichenere Düngung, effizientere Stallfütterung, um die Durchführung wirksamer Schädlingsbekämpfung, den Anbau ertragreicherer Getreidesorten sowie die Verbesserungen des Futterbaus – landwirtschaftliche Ausstellungen stellten stolz zur Schau, was auf dem Gebiet von Produktion und Mechanisierung erreicht worden war.

I. 2. Kaninchen und Polenta: Krisenjahre

Entscheidend in den Jahren fortschrittlicher Entwicklung blieben allerdings das Rentabilitätsproblem und die zunehmende Verschuldung der landwirtschaftlichen Betriebe. Der starke Verfall der Vieh- und Holzpreise ab 1928 verschärfte die wirtschaftliche Situation und zog die Zwangsversteigerung zahlreicher bergbäuerlicher Betriebe nach sich. 1933 befanden sich in Salzburg beinahe eintausend land- und forstwirtschaftliche Betriebe im Konkurs, 766 davon in den Gebirgsgauen. „Wir waren arm, wir hatten nichts wie nur einen Haufen Arbeitslose und viel, viel Bettler", schreibt Peter Rathgeb, „so um 1930 hat sich die Wirtschaft gewaltig verschlechtert. Es ging bergab. Die Rinder keinen Preis, das Holz keinen Preis, und die besten Männer oft ohne Arbeit!" (RATHGEB 2006, siehe Teil 1). Fremde Leute, Leute aus allen Bundesländern, so die Berichte der Zeitgenossen, bettelten am Hof um Essen, um Geld, gegen Ablieferung von Ausweis und, als Sicherheitsmaßnahme, von Zündhölzern wurde ihnen erlaubt, am Heuboden zu übernachten. Bundesweite Maßnahmen zur Lenkung des Agrarmarktes zeigten nur geringe Erfolge, stark eingeschränkte Exportmöglichkeiten im Zuge der 1000-Mark-Sperre trafen die auf Viehabsatz angewiesenen Gebirgsbauern besonders empfindlich, und erst mit erneutem Ansteigen der Agrarpreise ab 1934 trat eine Beruhigung der Situation ein. In den Jahren des Mangels verwendete die bäuerliche Küche in den Gebirgsgauen Viehsalz, Brot wurde aus Kleie gebacken und Polenta war mancherorts zur Hauptnahrung geworden.

Von der Begeisterung der Hitleranhänger im Dorf, vom technischen Fortschritt und den zusätzlichen Arbeitsplätzen berichtet Peter Rathgeb über das Jahr 1938 und die Eingliederung Österreichs ins Deutsche Reich. Doch rasch tauchten die Erinnerungen an die Entbehrungen des Ersten Weltkrieges wieder auf, und – die Kehrseiten waren hart. Aus seiner Heimatgemeinde mit einer männlichen Bevölkerung von leicht mehr als 1000 Personen im Jahr 1939 kamen 107 nicht mehr vom Krieg zurück. Von seinen 23 männlichen Mitschülern in der Volksschule überlebten sieben den Krieg nicht.

Der Winter 1938/39 sah die zunehmende Einbindung der Salzburger Landwirtschaft in das kriegsorientierte NS-Bewirtschaftungssystem. Das kriegsbedingte Ziel der Produktionssteigerung machte die Modernisierung der im Vergleich zu Deutschland noch wenig spezialisierten österreichischen Landwirtschaftsbetriebe nötig: 1939 kommentierte der Geograf Rudolf Preuss über die Region der Hohen Tauern: „Die echt konservative Wirtschaftsgesinnung der Bergbauern ist noch weitgehend mittelalterlich und vorkapitalistisch (...).‟ (PREUSS 1939, 188) Die vom NS-Regime auch im Gebirge gesetzten Maßnahmen – Einbindung in größere Absatzmärkte, Kapitalbeschaffung, verstärkte Beratungstätigkeit, Verbesserung der Infrastruktur, Verbilligung von Investitionsgütern – förderten, so zumindest in den ersten Kriegsmonaten, die bäuerliche Investitionstätigkeit. Zu einer nachhaltigen Besserung der Lage der Landwirtschaft konnte es aufgrund des Krieges und der kriegsbedingten Einschränkungen nicht kommen. Die Landwirtschaft im NS-Alpenland erfuhr in zentralen Bereichen bald einschneidende Produktionsrückgänge, so etwa fiel im Pinzgau die jährliche Milchliefermenge zwischen 1938 und 1946 von 13 Millionen Liter auf 8 Millionen Liter ab. Eine Ausdehnung erfuhr die vom Regime nur schwer kontrollierbare Kleintierhaltung sowie der Zwischenfruchtbau – beides wohl Reaktionen auf den zunehmenden Nahrungsmittelmangel. Eine Auswertung von Unterlagen zur Umsetzung des NS-Reichserbhofgesetzes – das ab 1938 auch in Österreich geltende Gesetz zielte auf die Stabilisierung der Agrarwirtschaft – hinterlässt für den Pinzgau den Eindruck, dass sich die betroffene Bevölkerung, solange die Maßnahmen nicht entschieden gegen das bäuerliche Gerechtigkeitsgefühl bzw. die bäuerliche Tradition standen, mit den Maßnahmen arrangieren konnte. Ein Pinzgauer Jungbauer erhoffte sich, schneller die Übernahme des väterlichen Hofes erwirken zu können, eine Schwiegertochter versuchte, den „wetterwendischen" Schwiegervater zu einer für sie günstigen Entscheidung bewegen zu können, eine Hofübergeberin sah hierin die Möglichkeit, die aus ihrer Sicht ungeeignete Braut des Sohnes als ihre Nachfolgerin am Hof zu verhindern. Stärkere Widerstände ergaben sich, wenn die Regelung dem traditionellen Rechtsempfinden entgegenstand: Hofübergeber wollten sich den eigenen Übergaberegelungen nicht oder nur ungern vorgreifen lassen. (NEUMAYR 2001, 150–163)

Prägend für weibliche Lebensläufe wurden die Erfahrungen im Reichsarbeitsdienst und die Möglichkeit, in wirtschaftlich mitunter recht anderen Regionen das Landwirtschafts- und Arbeiterleben kennen zu lernen. In Saalfelden wurde 1940 ein Lager für die weibliche Jugend eingerichtet; die ehemalige Lagerführerin erinnert sich: „Die Mädchen kamen aus allen ‚deutschen Gauen', von der Schule sowie aus Fabriken und Büros, und hatten nun in ihren einheitlichen blauen Arbeitskleidern und den roten Kopftüchern bei kinderreichen Familien im Markt Saalfelden sowie den Bäuerinnen (...) zu helfen. In drei Wochen Vorbereitungszeit im Lager – manche hatten ja keine Ahnung vom Kochen, Waschen und Putzen! – wurden sie in Hauswirtschaft und Gartenarbeit unterrichtet. So konnten sie den Frauen, deren Männer an der Front waren, und den Bäuerinnen eine echte Hilfe sein. Nach der Rückkehr von den Außendienststellen am frühen Nachmittag und einer Stunde Ruhe wurde im Lager hauswirtschaftlicher und sonstiger Unterricht erteilt (...)." (MARKTGEMEINDE 1992, 377)

Wie bereits im Ersten Weltkrieg wurden ab 1939 zivile Zwangsarbeiter und Kriegsgefangene in der Pinzgauer Landwirtschaft eingesetzt. Während die Behörden daraufhin abzielten, all zu enge Verbindungen mit der Bevölkerung zu verhindern, gelang dies aufgrund der gemeinsamen Arbeit nur wenig. Im katholischen Pinzgau fand man zudem Gefallen an der Gläubigkeit polnischer Zwangsarbeiter (RUGGENTHALER 2004, 333). Intime Beziehungen mit „Deutschen" standen für sie aber unter Todesstrafe – die Polizeichronik Saalfelden belegt für 1941 die Erhängung des polnischen Landarbeiters Alesky Jagla. Zwei Landsmänner mussten die Exekution ausführen, andere Polen zur Abschreckung zusehen; die involvierte Frau wurde in ein Konzentrationslager eingewiesen. Valentin Bilch erfuhr 1943 das gleiche Schicksal (MARKTGEMEINDE 1992, 750–758). Die Rückkehr der in den Pinzgau Verschleppten in ihre Heimatländer war wiederum keine einfache – die Schwierigkeiten der Reise, die vielen Toten daheim, verwüstete Heimatdörfer, Probleme der Wiedereingliederung, die Erfahrungen des kommunistischen Regimes. Nur wenige Personen blieben im Pinzgau, manche wanderten nach Westeuropa oder Amerika weiter (RUGGENTHALER 2004, 544–549).

I. 3. Traktor, Dünger und Elektrozaun: Wirtschaftswunder

In der Pinzgauer Landwirtschaft wurde bei Kriegsende schlagartig klar, was durch die Mangelsituation der Kriegszeit überdeckt geblieben war – es gab keine Landarbeiter mehr. Waren bislang überlange Arbeitszeiten, geringer sozialer Status und schlechte Wohnverhältnisse die Ursachen, die Dienstboten aus der Landwirtschaft getrieben hatten, so kamen nun Entfremdung durch die Kriegserfahrungen sowie die Möglichkeiten, besser bezahlte Lohnarbeit zu finden, als Gründe der beruflichen Neuorientierung außerhalb der Landwirtschaft hinzu. Über die Notlage, in der sich viele bäuerliche Betriebe befanden – 1947 fehlten regional rund 1600 Arbeitskräfte – schilderte ein Bauernvertreter: „Was Arbeitseinsatz anbelangt, geht es jetzt in Taxenbach rar her. Ein Bauernknecht nach dem anderen wird für die Eisenbahn angeworben. Ich sehe ganz schwarz, die Landarbeitergeschichte wird ganz furchtbar." (NEUMAYR 2001, 138) Ehemalige Pinzgauer Landarbeiter wanderten in die Schweiz, zur Holzarbeit nach Deutschland, zu den österreichischen Kraftwerks- und Industriebauprojekten, so insbesondere nach Kaprun und in das Magnesitwerk in Hochfilzen, ab.

Der zeitgenössische Brief eines Pinzgauer Bauern an die Behörde in Zell am See bezeugt, dass Mitte des zwanzigsten Jahrhunderts eine Welt zu Ende gegangen war: „Ich hatte am 8. September 1950 mit meinem Bauknecht eine kleine Differenz, welche sich leicht schlichten lassen hätte, doch sagte mir Hans, er geht. Ich sagte ihm, er soll noch 14 Tage bleiben, doch er ging zur selben Stunde weg. Der Sepp dasselbe, ging auch ohne Grund den gleichen Tag weg, ohne Kündigung, ich sagte auch, selber darf er nicht gehen (…) doch war es umsonst. Hatte auch 2 Mägde zuhause und (die) sagten, wenn die beiden gehen, dann bleiben sie auch nicht mehr und sind ohne Kündigung und ohne Grund auch zur selben Stunde mit den Männern weggegangen (…)." (NEUMAYR 2001, 144) Für den Pinzgau ergab sich bei Kriegsende die vergleichsweise glückliche Situation, nicht unmittelbar von Kriegshandlungen betroffen gewesen zu sein und so nicht allzu große Zerstörungen erfahren zu haben. Auch das Verhältnis zur Besatzungsmacht entwickelte sich – abgesehen von einzelnen Fällen unerlaubter Viehabschüsse, ungerechter Bevorzugung von Heulieferungen an die Besatzungsmacht, vereinzeltem Viehdiebstahl und der Belastung durch die Unterbringung von Soldaten in Bauernhäusern – vergleichsweise entspannt. Die Identifikation mit Österreich als demokratischer Republik gelang ebenso (NEUMAYR 2000).

Die ersten Nachkriegsmonate im Sommer 1945 waren trotz Friedenszustand von der Sorge um die Bedarfsdeckung und um Sicherung des Überlebens gezeichnet: Versorgungsknappheit bei Fett und Getreide, Arbeitskräftemangel – viele der Almen konnten nur unzureichend bewirtschaftet werden, zu wenig Rindvieh, dafür zu viel und für die Landwirtschaft unbrauchbare Kriegspferde, Mangel an Betriebsmitteln – Heu, Stroh, Saatgut, Draht, Bürsten, Leder, Nägel, Salz fehlten fast überall –, kaum zu erfüllende Liefersolls, Schleichhandel, versprengte Flüchtlinge. Ab etwa 1947 stabilisierten sich im Bezirk die Verhältnisse, es begann die Zeit des großen Bauens und für den Bauern der Druck, im Wiederaufbausog nicht zurückgelassen zu werden. Für die Betroffenen spürbar ging der sich bereits langfristig abzeichnende Bedeutungsverlust der Landwirtschaft mit nun zunehmender Geschwindigkeit weiter. Der Wechsel in andere und lukrativere Wirtschaftssektoren, die Abwanderung aus den Gebirgsgauen in die stärker industrialisierten Zentren prägten die Folgejahrzehnte, erst die Rezession der siebziger Jahre bewirkte sinkende Abwanderungsraten aus dem Innergebirg. Die Nachkriegsjahrzehnte brachten massive Brüche in der alpinen Agrarwirtschaft: die Fokussierung auf Milchwirtschaft bei zeitgleicher Aufgabe der bislang vielfältigen Produktionsbereiche – Getreidebau, Kleinvieh, Nebenproduktionen verloren schlagartig an Bedeutung. Innerhalb weniger Jahre wandelte sich fast jeder Arbeitsbereich – Betriebsmittel wurden bald nicht mehr selber erzeugt, sondern zugekauft, Betriebe elektrifiziert und mechanisiert, in anstrengender Arbeit an Straßennetz, Wasserversorgung, Kanalisation angeschlossen. Zeitgleich wurden arbeitsaufwendige Tätigkeiten in der Landwirtschaft rationalisiert und Spezialisten wie Tierärzte, Berufsvertretung, Milchmesser, Futtermittel- und Betriebsberater verstärkt zu Rate gezogen. Markant ist auch die regionale Zunahme von Nebenerwerbsbetrieben, ein Trend, der sich im Pinzgau erst in den 1990er Jahren verlangsamte.

Zentraler Pfeiler der Pinzgauer Landwirtschaft ab Jahrhundertmitte wurde die Milchwirtschaft. In der traditionellen Gebirgslandwirtschaft war Milcherzeugung der eher wenig beachtete Bereich. Bundesweit jedoch bewirkten spätestens die Milchengpässe im Ersten Weltkrieg den Ausbau der Milchproduktion stark, und ab 1929 wurde Milch Exportware. Ende der zwanziger Jahre waren die ersten Schritte zur Regulierung der Milchmärkte nötig. In und nach dem Zweiten Weltkrieg brach die Milchversorgung wieder zusammen und 1950 lag der Verbrauch an Milch- und Milchprodukten erst bei 71% des Vorkriegsniveaus. In diesem Zeitraum verlagerte sich das Schwergewicht der Produktion weg vom Umkreis der Städte stärker ins alpine Gebiet. Bis dahin, schreibt Theresia Oblasser, brachte für den bergbäuerlichen Betrieb nur der Verkauf von Holz, von Zucht- und Schlachtvieh Bargeld ein, und dies sehr unregelmäßig. Erst der Verkauf von Milch brachte ein sicheres Einkommen. „Um mehr Geld zu erwirtschaften, verkauften wir möglichst viel Milch und sparten mit ihr im Eigenbedarf sowie bei der Kälberaufzucht." (OBLASSER 2002, 1) Einheitliche Milchpreise, fallende Transportkosten und die Bergbauernförderung unterstützen die alpine Milchwirtschaft, die Richtmengenregelung zementierte über Jahre die bestehenden Strukturen. Ende der fünfziger Jahre erfolgte die Umstellung von der Rahmanlieferung auf die Milchanlieferung und die Umstellung vom offenen Milchverkauf auf Flaschenmilch. In den sechziger Jahren begann die Milchtrocknung, dann wurden Milchflaschen durch Kartonpackungen ersetzt, der Milchverkauf aus dem Automaten eingeführt. Milchtankwägen haben die Molkereiwirtschaft grundlegend umgekrempelt, Milchverarbeitung wird vom Produktionsstandort unabhängig, man braucht kein engmaschiges Molkereiennetz mehr. Hygienestandards der Milch wurden enorm verbessert, die Palette an Milchprodukten stark ausgeweitet. Die Fütterung wandelte sich von der reinen Überlebenssicherung während des Winters über die systematische Aufbereitung des betriebseigenen Futters hin zur optimierten, genau berechneten Leistungsfütterung der Gegenwart. Parallel dazu traten in der Zucht milchbetonte Rassen an Stelle alter heimischer Rassen. Das Ergebnis – eine enorme Steigerung der Milchleistung pro Kuh: im österreichischen Durchschnitt wurde vor dem Ersten Weltkrieg etwa 1700 kg Jahresleistung erreicht, bis zum Zweiten Weltkrieg wurde die 2000-kg-Marke knapp überschritten und konnte bis im Jahr 2000 auf 5000 kg gesteigert werden (SANDGRUBER 2002, 239–245).

Die sechziger Jahre brachten für bäuerliche Betriebe im Gebirge den großen Einstieg in den Fremdenverkehr, die siebziger Jahre folgten mit beeindruckenden Zuwachsraten. Salzburgweit betrachtet, setzte im Pinzgau der höchste Anteil landwirtschaftlicher Betriebe auf Fremdenverkehr im Zuerwerb. Abgesehen von erheblicher zusätzlicher Arbeitsbelastung – die am Hof insbesondere die Frauen, im Nebenerwerb die Männer traf – veränderte diese Situation erneut das Leben auf dem Land: vieles bisher Gewohnte wurde verworfen, neue Arbeitsprioritäten – „erst die Fremden, dann der Stall" – setzten sich durch, neue Wertigkeiten und neue Moden standen zur Diskussion, mehr Bargeld kam auf den Hof, hohe Anforderungen hinsichtlich der Ausstattung der Betriebe und der dörflichen Infrastruktur mussten erfüllt werden.

I. 4. Überproduktion, Neuorientierung in Biologischer und Globaler Landwirtschaft

Wie zuvor die traditionelle bäuerliche Wirtschaftseinheit durch das Verschwinden der Dienstboten war in den Jahren des langsam abflauenden Wirtschaftswachstums die Institution „bäuerliche Familie" an sich stark gefordert – nun war sie selbst in das Spannungsfeld zwischen Tradition und Moderne geraten und die Lebensqualität am Bauernhof in Frage gestellt. Innerfamiliär mussten Rollen neu definiert werden, Ehe und Familie hatten gesellschaftlich an Bedeutung verloren, Familienformen waren vielfältiger geworden, Frauen suchten ein neues berufliches Selbstverständnis – ihre bislang geringere schulische Fachausbildung, fehlende sozialrechtliche Absicherung, die tägliche Erfahrung der Arbeitsüberlastung, die als defizitär empfundene Kommunikation am Hof, geringe Mitentscheidungsmöglichkeit, schwelende Unstimmigkeiten zwischen den Generationen stellten sich als innerfamiliäre Konfliktfelder. Die Kinder arbeiteten nicht mehr automatisch am Hof mit, die Betriebsnachfolge war zur Neigungsentscheidung geworden und die Versorgung der Austragsleute war nicht mehr selbstverständlich am Hof zu bewerkstelligen (MANNERT 1981).

Wirtschaftlich gesehen traten ab den siebziger Jahren Qualitätsfragen und die Sorge um Überschussbewältigung an die Stelle des Bemühens um eine ausreichende Bedarfsdeckung.

Die regionalen Schwierigkeiten im Absatz spitzten sich mit der Einbindung Österreichs in den europäischen Markt nur zu. Erst das Greifen der Ausgleichszahlungen sowie die Auseinandersetzung der bäuerlichen Bevölkerung mit den Gegebenheiten des freien Marktes und den – bürokratischen – Anforderungen der Europäischen Union ließen im Verlaufe der 1990er Jahre die manifesten Existenzsorgen ein wenig in den Hintergrund treten. Zunehmend artikulierte umweltorientierte Forderungen der Gesellschaft, das Bewusstsein um den Wert gesunder Lebensmittel und intakter Lebensräume stellten die Landwirtschaft in den letzten Jahrzehnten des Jahrhunderts vor weitere Aufgaben – es galt nun, unternehmerisch denkend, Nischen zu erkennen und zu nützen und, durchaus auch in Eigenmotivation, den Vorstellungen von einer gesunden und nachhaltig funktionierenden Landwirtschaft wieder gerechter zu werden. Abgekehrt von der Konzentration ausschließlich auf Milchproduktion finden Bauern des Pinzgaus ihr Einkommen nun neben der traditionellen Viehwirtschaft in der extensivierten Mutterkuhhaltung, in der Schafhaltung, in der Ziegenwirtschaft, im Gemüsebau, in der edlen Branntweinerzeugung, in der Bildungsarbeit.

Die Anfänge des deklariert biologischen Landbaues gehen in der Region in die 1960er Jahre zurück, vier Jahrzehnte später arbeitet fast die Hälfte der Pinzgauer Betriebe nach den Richtlinien der gültigen EU-Verordnung für biologischen Landbau. Abgesehen von der Erzeugung qualitativ hochstehender Nahrungsmittel sind Landwirte zudem mehr als zuvor gefordert, als Dienstleister für die Gesellschaft aufzutreten: Direktvermarktung, Kutschenfahrt, Kochkurs, Landschaftsgestaltung – vom blumenbehangenen Balkon des Bauernhauses bis zur Schwendtarbeit auf den Almen, hin zu den zahlreichen Initiativen und Veranstaltungen, die das Miterleben der „Arbeit am Land" ermöglichen, die generell „altes Wissen und traditionelle Fähigkeiten" sowie „bäuerliche Kultur" für die nichtlandwirtschaftliche Bevölkerung lebendig und bereithalten.

Für die bäuerliche Bevölkerung selbst, so scheint es, haben diese Entwicklungen wiederum einschneidende Konsequenzen. Zum einen bringt es nach Jahrzehnten des gesellschaftlichen Imageverlustes wieder mehr Spaß und mitunter auch Ertrag, sein Berufsleben der Landwirtschaft zu widmen (GROIER 1999). Damit ist jedoch noch kein wirtschaftlicher Freibrief gegeben – die Frage der betrieblichen Rentabilität ist mit Dünnerwerden der EU-Ausgleichszahlungen nach wie vor virulent. Zum anderen liegen Kreislaufwirtschaft und weltweit vernetztes Denken sehr eng beieinander, die ehemals „konservativ" denkende bäuerliche Bevölkerung kann sich im globalen Diskurs gleichberechtigt zu Wort melden.

Ein Meilenstein für die Region und die betroffenen Betriebe – sowohl ökologisch als auch kulturell und wirtschaftlich – ist die Einbindung eines Teils des Pinzgaus in den Nationalpark Hohe Tauern. Der Erklärung von Heiligenblut 1971 folgte 1985 die Inkraftsetzung des Nationalparkgesetzes für den Salzburger Anteil. Die Vorarbeiten für das Projekt liefen freilich nicht ohne Verunsicherung – die Ängste bezogen sich insbesondere darauf, hinkünftig „von den Beamten aus der Stadt" vorgeschrieben zu bekommen, wie das Land zu bewirtschaften sei. „Wenn ihr hier einen Nationalpark errichtet, könnt' ich im Mirabellgarten einen Schweinestall bauen!", wird ein betroffener Bauer zitiert. In einer der globalen Schlüsselfragen, der Erschließung weiterer Energieressourcen und damit der Minderung der Abhängigkeit von der Erdölproduktion, kann der Pinzgau mit einigen engagierten Initiativen aufwarten, wobei jedoch das Entwicklungszentrum zukünftiger Energietechnologie nicht innergebirg liegt: Beibehaltung und Ausbau von Biomasseanlagen, private und kommunale Solaranlagen, der Einsatz von Wärmerückgewinnungsanlagen, der Pflanzung von Energiewäldern sowie dem Ausbau der Pelletstechnik (HUTTER 1996, 128–130).

Auf Basis der statistischen Erhebungen – die Fragwürdigkeit von statistischen Durchschnittswerten vorerst einmal beiseitegelegt – ergibt sich für die Pinzgauer Landwirtschaft zu Jahrhundertende folgendes Bild: 1990 wird der durchschnittliche Landwirtschaftsbetrieb im Pinzgau von einem männlichen Betriebsinhaber im Nebenerwerb und mit 1,4 Arbeitskräften – davon lediglich 0,2 familienfremden – geführt, hat eine Größe zwischen 10 und 20 Hektar und liegt in Bergbauernzone 3. Der Betrieb hat Anteil am Wald, an Almfläche, weist große Anteile an unproduktiver Fläche auf, hat knapp neun Hektar mehrschnittige Wiesen, eventuell auch Anteil an einschnittigen Wiesen und Reste an Hutweiden; er betreibt wenig Ackerbau, hat möglicherweise einen Hausgarten sowie Streuobstbau für die Eigenversorgung. Er betreibt Grünfutterbau und hält vorwiegend Rinder – im Schnitt zwischen 11 und 20 Stück, davon, seiner Ausrichtung auf Milchproduktion entsprechend, 7–10 Milchkühe –, ferner 1–3 Schweine sowie 1–20 Legehennen, vielleicht auch eine kleine Herde von Schafen, ein paar Pferde zur touristischen oder sportlichen Nutzung oder auch Ziegen. Falls er noch Ackerland bestellt, so baut er für den Eigenbedarf Mais und Kartoffel, hier vorwiegend Spätkartoffel an. 1990 engagiert er sich nach wie vor im Tourismus – er hat im Schnitt sechs Gästezimmer, eine annehmbare Infrastruktur mit Zufahrtsweg und Telefon ist sichergestellt und, falls nicht bereits umgesetzt, liebäugelt er mit der Umstellung auf biologische Wirtschaftsweise (NEUMAYR 2001, 187). Mit durchschnittlich drei Personen liegt die Haushaltsgröße im Pinzgau noch vergleichsweise hoch – 2,54 Personen ist der Schnitt ländlicher Bezirke. Die Kinderzahl pro Familie bzw. pro Frau hingegen hat sich den nicht-ländlichen Mustern weitgehend angenähert. Im Pinzgau leben noch vergleichsweise viele junge Menschen: österreichweit liegt der Anteil von Kindern und Jugendlichen bis 15 Jahren bei knapp über 17 Prozent der Gesamtbevölkerung, im Pinzgau bei 21 Prozent (BRUCKMÜLLER 2002, 430f.).

II. LebensRäume – Flächennutzung und Produktionsweisen im 20. Jahrhundert

II. 1. Regionale Wirtschaftsstruktur

Die Zahl der im Pinzgau wohnenden Menschen stieg bis in die 1920er Jahre nicht nachhaltig. Erst die dreißiger Jahre sahen eine Beschleunigung: 35.000 Einwohner um 1900, 43.000 in der Zählung 1934 und 1981 wurde die Zahl 70.000 überschritten. Hinsichtlich der Berufszugehörigkeit der Bevölkerung sind ab der frühen Jahrhundertmitte starke Verschiebungen zu sehen: der Anteil der in der Land- und Forstwirtschaft Beschäftigten ging regional enorm zurück, Gewerbe und Industrie konnten ihren Anteil verfünffachen, Handel und Verkehr bzw. Öffentlicher Dienst und Freie Berufe ihre anfangs nur marginale Bedeutung auf einen Anteil von beinahe 20% ausbauen (Grafik 1):

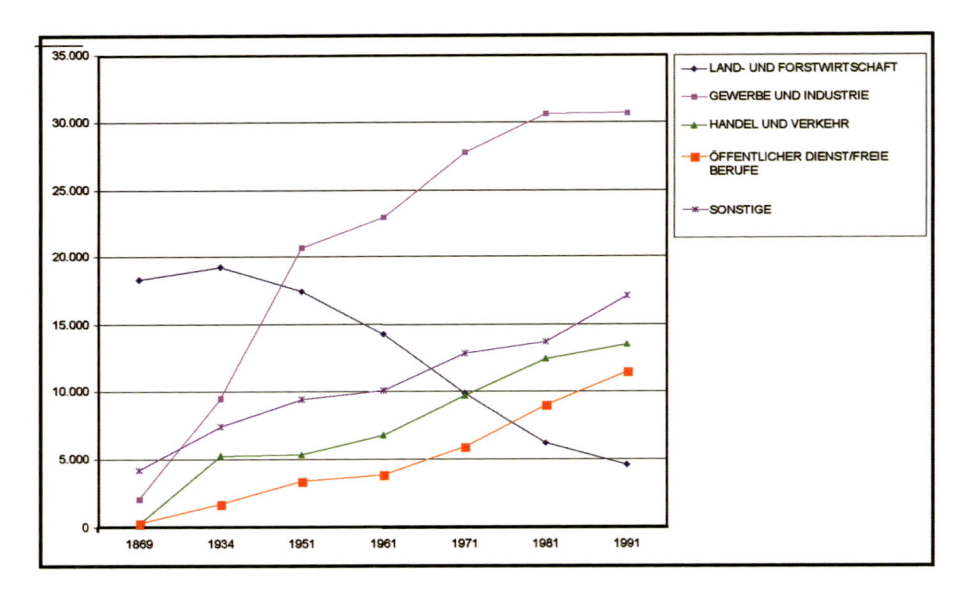

Grafik 1: Berufszugehörigkeit im Pinzgau, 1869–1991.

Die Bedeutungszunahme von Gewerbe und Industrie erfolgte im Pinzgau insbesondere um die Jahrhundertmitte, in den achtziger Jahren war der Sektor leicht rückläufig. Manche der traditionellen Handwerksberufe wie Nagelschmied, Hackenschmied, Messerschmied, Pfannenschmied, Müller, Huterer, Schuster, Schneider, Weber, Färber, Weißgerber oder Lodenerzeuger verschwanden im Verlaufe des Jahrhunderts völlig oder wurden nur mehr sehr vereinzelt ausgeführt. Handel und Verkehr erfuhren die größte Ausdehnung in den sechziger bis achtziger Jahren, der Sektor Öffentlicher Dienst und Freie Berufe folgte und erfuhr die stärkste Expansion in den siebziger Jahren.

Foto 2.2: Ansicht Taxenbach, 1935, Gemeindearchiv Taxenbach.

Foto 2.2.1: Taxenbach 2000, aufgenommen von Erwin Wieser, Gemeindearchiv Taxenbach.

Prägend für den Pinzgau und die Landwirtschaft war die äußerst dynamische Entwicklung von Fremdenverkehr und Bauwirtschaft. Der stärkste Rückgang der Beschäftigten in der Land- und Forstwirtschaft des Pinzgaus erfolgte zwischen 1934 und 1951 bzw. mit noch höherer Dynamik in den sechziger Jahren. In den achtziger Jahren verlangsamte sich die Abnahme erheblich. Der Pinzgau wies kontinuierlich eine höhere Agrarquote als der Landes- bzw. Bundesschnitt auf, eine Angleichung ist erst ab der Zählung 1981 erkennbar. Das Landschaftsbild – Foto 2.2 zeigt Taxenbach im Jahr 1935 – ist geprägt von kleinräumig strukturierter agrarer Wirtschaftstätigkeit.

Kurz vor der Jahrhundertwende, in Grafik 2 die Daten von 1880, nahmen Almen, Wald und unproduktive Flächen den Großteil der landwirtschaftlich genutzten Flächen des Pinzgaus ein, auf Ackerbau, Wiesen und Weiden entfiel jeweils nur ein Anteil von 5%. Damit glich der Pinzgau von den Salzburger Gebirgsregionen historisch am ehesten dem Lungau. Im Pongau war die Bedeutung von Ackerbau und Weidennutzung zeitgenössisch merklich höher.

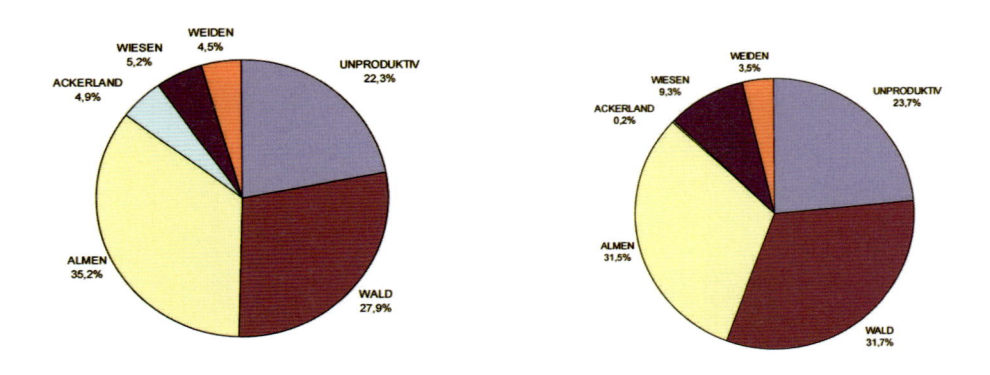

Grafik 2: Flächennutzung im Pinzgau 1880–1990 im Vergleich.

Vergleicht man mit Regionen außer Gebirg, wird die Eigenart der Gebirgslandwirtschaft deutlich: in Oberösterreich waren Wald- und Weideflächen anteilsmäßig ähnlich verteilt wie im Pinzgau, es wies allerdings einen mehr als dreimal so hohen Wiesen- und einen siebenmal höheren Ackeranteil als der Pinzgau auf; extensiv zu nutzende Almflächen und unproduktive Flächen waren weit geringer als im Pinzgau. Innerregional verglichen hatten im Pinzgau der Bereich Saalfelden bei Acker-, Wiesen- und Weideflächen den höchsten Anteil, die Gegend um Lofer den höchsten Waldanteil, große Almflächen fanden sich in den Gerichtsbezirken Mittersill, Zell am See und Taxenbach – unterschiedliche Schwerpunktsetzungen in der agraren Nutzung innerhalb der Region waren damit landschaftsbedingt vorgegeben.

Im Verlauf des 20. Jahrhunderts nahm die Ackerlandnutzung im Pinzgau signifikant ab, die Anteile extensiver Flächen wie Almen, Wald und unproduktive Gebieten blieben naturgemäß ziemlich unverändert, Wiesenflächen verdoppelten sich im Verlaufe des

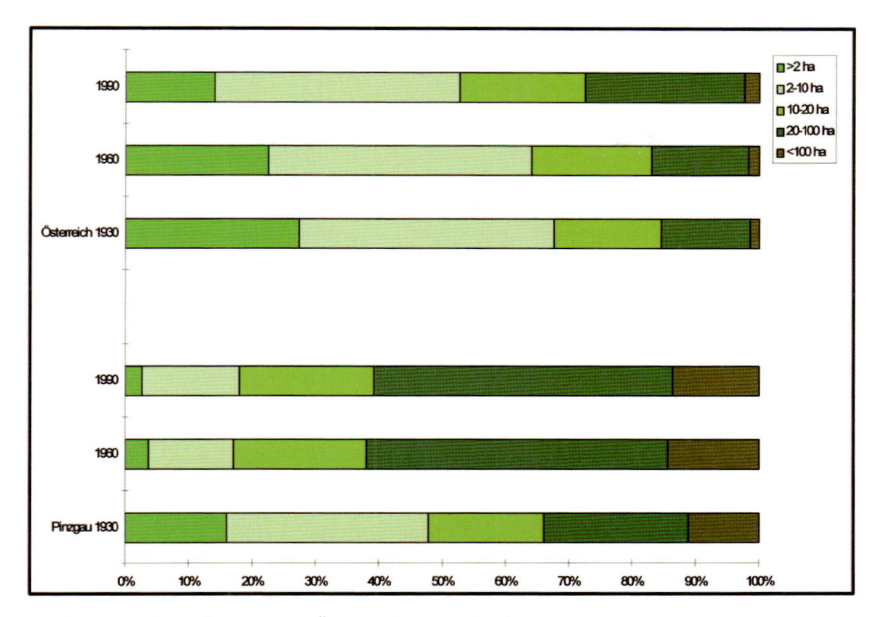

Grafik 3: Betriebsgrößen Pinzgau-Österreich im Vergleich.

Beobachtungszeitraums, dies vor allem nach 1930. Um die Erträge der Weideflächen zu steigern, experimentierte man vor und nach dem Zweiten Weltkrieg mit allerlei Futterpflanzen – Luzerne, Esparsette, Wicke, Weißklee, schwedischem Klee, doch die Pflanzen verschwanden wieder. Rationelle Bodenbearbeitung erforderte ferner die Trockenlegung von Wiesen, Begradigung von Zaunverläufen, die Planierung von Erhebungen, die Umwidmung der Hutweideflächen.

Die Abnahme der landwirtschaftlichen Betriebe verlief im Pinzgau vergleichsweise verhalten – den 3257 Betrieben in der Zählung von 1902 stehen im letzten Dezennium des Jahrhunderts 2406 gegenüber, die 3000er-Grenze wurde in den Fünfziger Jahren, die 2500-Marke in den späten achtziger Jahren unterschritten. Der Rückgang von minus 16,3% im Zeitraum 1930–90 lag, ähnlich dem Salzburg-Schnitt von minus 16,9%, weit unter dem Bundestrend von minus 38,3%. Die vergleichsweise hohe Kontinuität bäuerlicher Betriebe in der Region – Landwirtschaftsbetriebe im Flachland werden eher aufgegeben – ist auf gute Nebenerwerbsmöglichkeit im Tourismus und andererseits auf mangelnde andere wirtschaftliche Alternativen in der Region bzw. dem nahen Umkreis zurückzuführen. Die rückläufige Zahl an Betrieben lässt sich, wie Grafik 3 darstellt, relativ klar auf bestimmte Größen einschränken: die Zahl von Betrieben mit einer Größe von 10–20 ha sowie von über 100 ha blieb auffallend konstant, jene der Betriebe bis 2 ha war stark rückläufig und stellte 1990 nur mehr 2,7% – 1902 waren es immerhin 24% – aller landwirtschaftlichen Betriebe dar.

Parallel zum Rückgang der Zahl der landwirtschaftlichen Betriebe erfolgte ab der

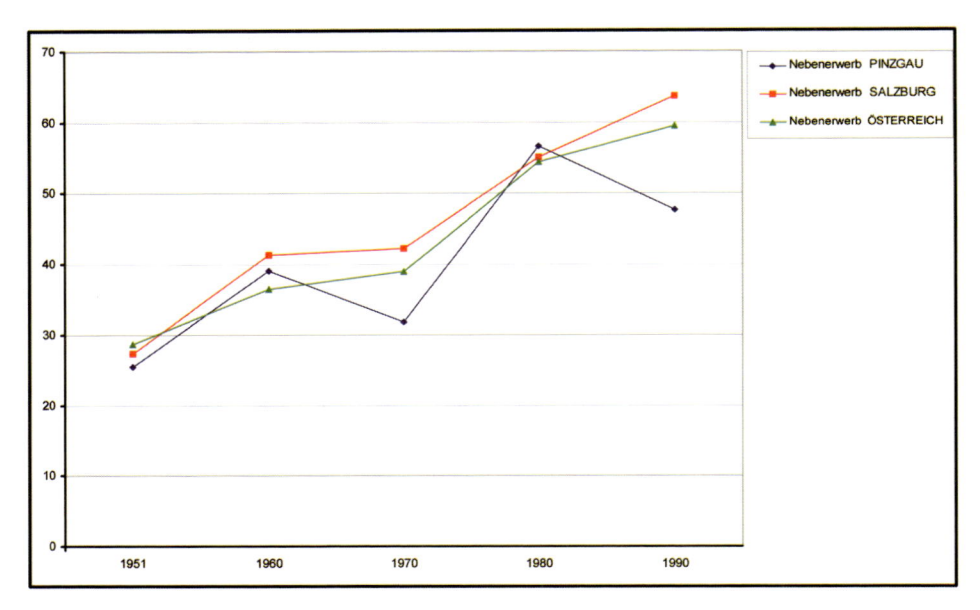

Grafik 4: Nebenerwerb Pinzgau, Salzburg, Österreich, 1951–1990.

zweiten Hälfte des Jahrhunderts der Übergang zur Zu- bzw. Nebenerwerbslandwirtschaft (Grafik 4). Auffällig ist im Falle des Pinzgaus die rasante Abnahme der Zahl der Vollerwerbsbetriebe nach 1951, ein Prozess, der seine Dynamik erst ab 1980 verlor. Ende der siebziger Jahre überschritt die Zahl der Nebenerwerbsbetriebe jene des Vollerwerbs. Vergleicht man mit dem Bundesland Salzburg bzw. Österreich gesamt, so sieht man, dass der Übergang zum Nebenerwerb im Pinzgau weit dynamischer verlief als bundesweit – ein Umstand, der sich wiederum mit der Erwerbskombination Tourismus erklären lässt, möglicherweise aber auch auf eine höhere Betriebsbindung der Gebirgslandwirte schließen lässt.

Konstant blieb die Besitzstruktur der bäuerlichen Betriebe der Region – Pinzgauer Landwirtschaftsbetriebe wurden und werden in der Mehrheit als Privatbetriebe geführt; Besitzgemeinschaften spielen praktisch keine Rolle. Bemerkenswert ist, dass 1930 bezirksweit knapp 32% der Betriebsinhaber Frauen waren, 1960 bzw. 1990 nur mehr 12,3%. Die markante Änderung erfolgte um die Jahrhundertmitte.

1934 waren in der Pinzgauer Landwirtschaft knapp 10.000 Menschen beschäftigt, zwischen den Zählungen 1934–51 stieg diese Zahl leicht an, sank in den fünfziger Jahren um knapp ein Viertel, in den beiden folgenden Jahrzehnten um jeweils die Hälfte. Der Rückgang ab den 1980er Jahren ist gering. Charakteristisch für die von der Viehzucht dominierte Pinzgauer Landwirtschaft ist der äußerst hohe – familienfremde – Gesindeanteil, der im Übergang zur modernen Landwirtschaft eine ebenso große Reduktion erfuhr. Zu Beginn des Zweiten Weltkrieges finden sich bei Großbauern noch bis zu 14 landwirtschaftliche Arbeitskräfte, die frühen 1940er Jahre zeigen hingegen eine von Landflucht und Kriegswirtschaft beeinträchtigte agrare Lebenswelt: Bauernhöfe mit ein bis drei

Dienstboten machen fast die Hälfte aller Betriebe aus, Betriebe mit zehn Dienstboten lagen unter der 1%-Grenze. Laut amtlicher Statistik sind 1960 Betriebe mit sechs und mehr familienfremden Arbeitskräften noch in der Überzahl, 1970 aber nur mehr knapp 10%. Betriebe mit zwei bis fünf familienfremden Arbeitskräften blieben lange relativ konstant, ab 1970 wurden Betriebe mit nur einer familienfremden Arbeitskraft zum vorherrschenden Typus. Auffallend ist, über das Jahrhundert gesehen, die Vermännlichung des Dienstbotenstandes: waren in der Zählung 1902 noch 45,3% der familienfremden Beschäftigten weiblich, so veränderte sich das Verhältnis nach 1960 signifikant und lag 1990, ganz im Unterschied zum Österreichschnitt, bei nur 14%. Auch das Aussehen der Pinzgauer Bauernhöfe und damit das Landschaftsbild insgesamt änderten sich im Lauf der Jahrzehnte und durch wiederholte Änderungen in der Wirtschaftsweise. Im Oberpinzgau war das Bauernhaus zumeist vom Wirtschaftsgebäude getrennt gebaut, im Saalachtal mit dem Saalfeldner Becken stand vermehrt der Einhof – Wohn- und Stallteil mit Heubergeraum unter einem First. In beiden Fällen waren die erforderlichen Nebengebäude – Wagenhütte, Mühle, Brechlstube, Ställe für Kleinvieh – ohne besondere Regelmäßigkeit und eher praktischen Gegebenheiten folgend im Hofbereich angeordnet. Mit dem Wegfall vieler Arbeitsschritte, dem Wegziehen der Dienstboten, der Verkleinerung von Bauernfamilien, der zunehmenden maschinellen Ausstattung waren bauliche Adaptierungen nötig. Baumaterialien änderten sich, die Inneneinrichtungen wurden modernisiert – die alten Bauernmöbel waren in den sechziger und siebziger Jahren unter der Hand und zu Schleuderpreisen zu erwerben. Auf den Feldern verloren die Heustadel ihre Funktion – 1960 wurden im Oberpinzgau 5000 Heustadel und rund 600 Futterställe gezählt, 1990 noch knapp die Hälfte an Heustadel und die Futterställe waren verschwunden (HERBST 2000). Auf den Almen wurden die Gebäude der verschiedenen Almstaffel, manchmal sogar auch die Hauptalm, überflüssig und oft dem Verfall preisgegeben. Freilich ist es nicht die Landwirtschaft allein, die das Landschaftsbild der Gebirgsregion veränderte – die betrieblichen Anforderungen anderer Branchen, der private Eigenheimbau, die Einrichtungen der dörflichen Infrastruktur sind zumindest ebenso prägend. Manche der landwirtschaftlichen Einrichtungen des Pinzgaus übernahm der Fremdenverkehr – vor dem großen Neubauboom wurden die leer gewordenen Gesinderäume in Gästezimmer umgestaltet, über die Almen führen Skiabfahrten und Wanderwege, bäuerliches Handwerkzeug wird als Dekorationsmaterial verwendet, die ehemals so abgelegenen Almen wurden Jausenstationen für Wanderer und später Ruheoasen für Wellnessbegeisterte.

II. 2. Viehzucht und Milchwirtschaft

Die vorstehend skizzierte Flächenverteilung bestimmte klar die Produktionsschwerpunkte der Region: Viehzucht unter bestmöglicher Ausnutzung der vorhandenen Futterflächen, insbesondere der Almflächen. „Das Endziel aller wirtschaftlichen Bestrebungen des Pinzgaus ist", formulierte Oberlehrer Schjerning schon im ausgehenden 19. Jahrhundert, „möglichst viel Vieh im Winter ernähren zu können, da der Sommer ausreichendes Futter

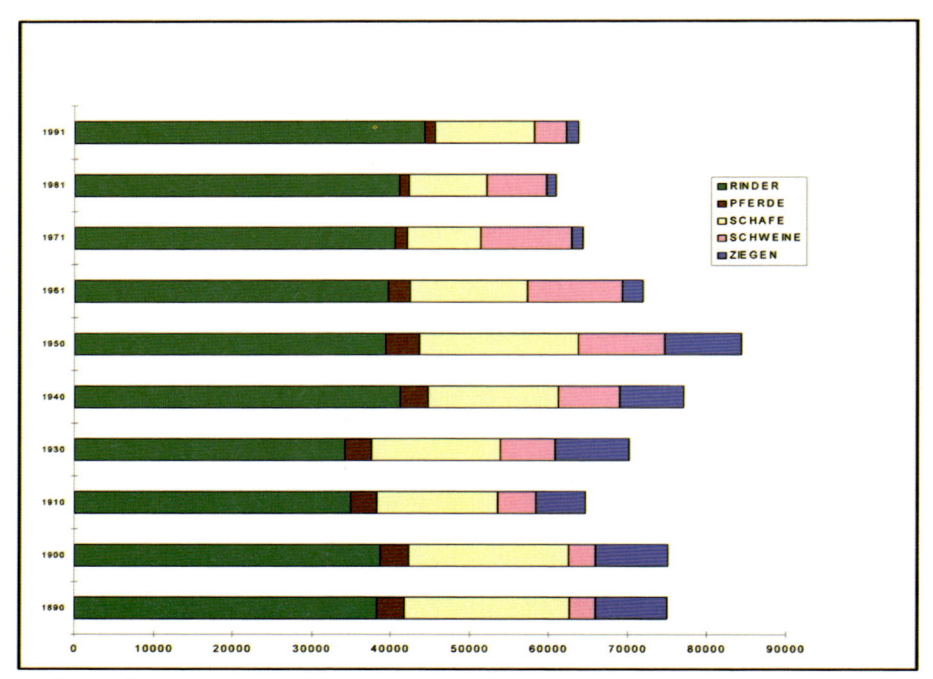

Grafik 5: Viehstand Pinzgau, 1890–1991.

für eine weit größere Anzahl gewährt." (SCHJERNING 1897, 257) An der Zusammensetzung des regionalen Viehbestandes um 1900 im Vergleich zu anderen Regionen besticht Folgendes: der Rinderanteil des Pinzgaus lag im Verhältnis unter jenem des Pongaus und weit hinter dem von Salzburg-Umgebung. Der Pferdeanteil lag ähnlich hoch wie im Land Salzburg insgesamt, jedoch blieben beide erheblich unter dem Schnitt der Monarchie.

Auffällig sind die hohen Ziegen- und insbesondere Schafanteile, die sich jedoch leicht auf die geografischen Bedingungen der Region zurückführen lassen. Die Haltung von Schweinen hatte im Pinzgau anteilsmäßig wenig Bedeutung, hier fällt der Unterschied zur Gesamtmonarchie am meisten auf. Der Viehbestand je Bewohner war 1900 im Pinzgau höher als im Salzburgschnitt, ein Umstand, der wohl eher auf hohe Extensivität in der Viehhaltung als auf ertragreichere Betriebe schließen lässt. Im Jahrhundertverlauf zeigt der Pinzgauer Nutzviehbestand, wie Grafik 5 darstellt, folgende Entwicklung:

Der Anteil an Rindern überwog in allen Dekaden, der Trend der Spezialisierung auf Milchwirtschaft lässt sich zahlenmäßig unschwer erkennen. An zweiter Stelle stehen Schafe – nachdem sie als Fleisch- und Wolllieferant unwichtig geworden waren, schrumpfte ihr Anteil in der zweiten Hälfte des Jahrhunderts und erfuhr erst nach 1980 wieder eine Ausdehnung.

Der Anteil von Pferden am Viehstand war regional um 1900 überraschend gering; ihr Fehlen lässt auf hohen Einsatz von menschlicher Muskelkraft sowie von Rindern als Zugtieren schließen. Die Zunahme der Pferdezahl um die Jahrhundertmitte entspricht ledig-

Foto 2.3: Pinzgauer Kühe, www.rinderzuchtverband.at.

lich der Zunahme des Gesamtviehbestandes. Der ebenso vergleichsweise geringe Anteil an Schweinen zeigt eine stetige Zunahme bis in die siebziger Jahre, war danach wieder rückläufig. Der in der ersten Jahrhunderthälfte konstante und nicht unbedeutende Bestand an Ziegen erfuhr nach 1950 einen massiven Einbruch und wurde in den Folgejahrzehnten auch nicht mehr wettgemacht – die Zucht und damit die Erhaltung wertvollen genetischen Materials blieb auf das Engagement weniger Einzelpersonen beschränkt (WOKAC 2002). Der Gesamtbestand der genannten Vieharten lag am Ende des 20. Jahrhunderts leicht unter jenem von 1900, 1950 wurde zahlenmäßig der höchste Stand erhoben. Stückzahlen dürfen, wie am Beispiel der Milchproduktion dargestellt wurde, nicht darüber hinwegsehen lassen, dass im Viehbestand qualitativ große Unterschiede zwischen den Erhebungs-

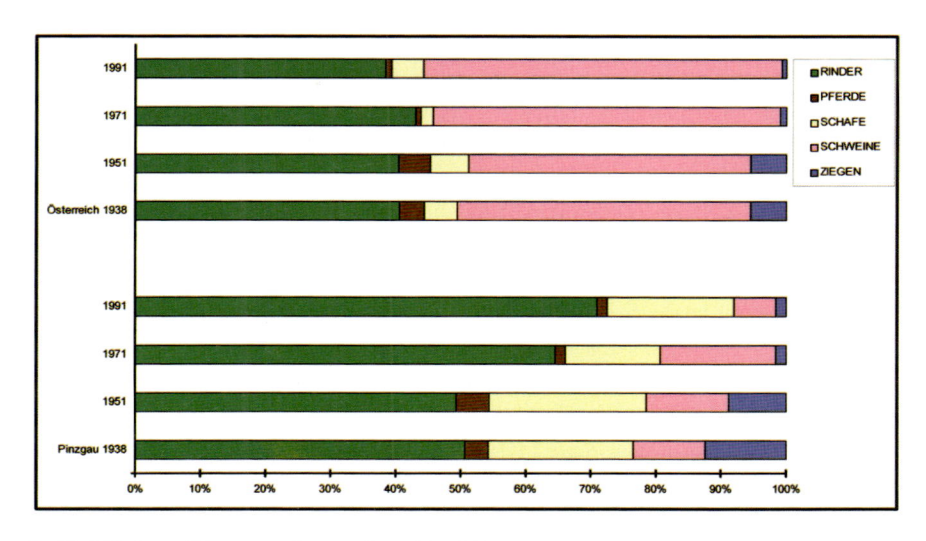

Grafik 6: Viehstand Pinzgau – Österreich, 1938–1990.

II. LebensRäume – Flächennutzung und Produktionsweisen im 20. Jahrhundert

zeitpunkten liegen. Die in Foto 2.3 abgebildete Pinzgauer Rasse nimmt mittlerweile weniger als die Hälfte des regionalen Viehbestandes ein.

Aus der Perspektive Gesamtösterreichs fällt an der Entwicklung des Pinzgauer Viehbestands Folgendes auf (Grafik 6): der leichten Abnahme des Rinderbestandes in Österreich – wohl zugunsten des Getreidebaus – steht eine verhältnismäßig starke Zunahme dieser Sparte im Pinzgau gegenüber. Der Anteil an Pferden blieb im Gebirge höher als in Österreich insgesamt. Schafen kommt im Pinzgau weit größere Bedeutung als im Österreichschnitt zu, dafür spielen Schweine eine erheblich geringere Rolle. Die Ziegenhaltung wiederum blieb im Pinzgau wichtiger als österreichweit. Diese Trends drücken die Eigenart der Gebirgslandwirtschaft aus: Konzentration auf Milchwirtschaft, Ausnutzung der extensiven Flächen durch Schaf- und Ziegenhaltung, Engagement in der Schweinehaltung hingegen bestenfalls zur Selbstversorgung, die Pferde als Zugtier in der landwirtschaftlichen und später in der touristischen Verwendung.

Mit Ausnahme der Deckung des Eigenbedarfs blieb die Bedeutung der Geflügel- und Kleintierhaltung im Pinzgau gering. Der wichtigste Zweig ist die Hühnerhaltung, in der Spitzenzeit der siebziger Jahre wurden in der Region immerhin rund 60.000 Stück gehalten – ein Schnitt von 20–30 Stück je Betrieb. Auf die zahlenmäßig zunehmende Bedeutung der Hühner während der ersten beiden Dekaden des Jahrhunderts folgte ein markanter Einbruch während der Kriegs- und ersten Nachkriegsjahre – Eier wurden zur absoluten Kostbarkeit. Erst die frühen Wiederaufbaujahre sahen eine Blütezeit, bis die stetige Abnahme ab den siebziger Jahren den Bestand unter jenen von 1900 fallen ließ. Hier wird ebenso der Trend zur bäuerlichen Arbeitsteilung sichtbar – weniger Arbeitskräfte am Hof, günstigere Zukaufsmöglichkeit aus den spezialisierten Hühnerhaltungsbetrieben im Flachland bringen das Ende der Eigenhaltung im Gebirge. Was die Bäuerin früher an „Eiergeld" erlöste, kam nun ohnedies aus dem Trinkgeld zufriedener Urlaubsgäste.

Bei anderen Geflügelarten bewegten sich die Bestände im Pinzgau bei jeweils unter tausend Stück. Die Gänsehaltung erreichte regional ihre absolute Spitze in den Nachkriegsjahren – Mitte der sechziger Jahre verschwanden die Gänse von den Höfen, und mit ihnen ihr Geschnatter. Lediglich in den achtziger Jahren wurden sie kurz „wiederentdeckt", um bald wieder wegrationalisiert zu werden. Die Entenhaltung zeigt im Pinzgau eine bewegte Entwicklung, an der insbesondere der Anstieg während der achtziger Jahre auffällt. Der österreichweit zu beobachtende Boom von Trut- und Perlhühnern als Reaktion auf abnehmenden Schweinefleischkonsum und geänderte Ernährungsgewohnheiten der Gesellschaft verlief im Pinzgau ziemlich verhalten.

In der ersten Jahrhunderthälfte wies die Statistik für den Pinzgau auch noch Maultiere aus – 1955 immerhin noch 18 Stück. Sie fanden vor der Mechanisierung Verwendung für Zug- und Tragerarbeiten, so insbesondere in den Ausflugsorten des sommerlichen Bergtourismus.

In den dreißiger Jahren erfuhr die bäuerliche Bienenhaltung eine Ausdehnung: für 1938 wurden doppelt so viele Bienenstöcke ausgewiesen als 1930. Kriegsbedingt erfolgte ein Einbruch, der in den Nachkriegsjahren zwar noch wettgemacht wurde, wirtschaftlich aber verlor Bienenzucht rasch an Bedeutung.

II. 3. Bergmahd und Almwirtschaft

Die flächenmäßig größte Kulturgattung des Pinzgaues stellen Almgebiete dar. Spätestens seit den 1950er Jahren sind land- und forstwirtschaftliche Produktion neben touristischer Nutzung bzw. ökologischen Aufgaben nur mehr eine von mehreren Nutzungsformen dieser Flächenart, in der Kernzone des Nationalparks Hohe Tauern nimmt traditionelle Almwirtschaft bereits weniger als 10% der Fläche in Anspruch. Die Geschichte der Pinzgauer Almwirtschaft, wenn auch für das 20. Jahrhundert nicht sehr üppig dokumentiert, war eine sehr wechselvolle: um die Jahrhundertwende bis etwa nach dem Ersten Weltkrieg wurden in den Tauerntälern viele Almen verkauft. Aus dem Tätigkeitsbericht des Alminspektorates 1908 geht ferner hervor, dass sich zeitgenössisch ein Großteil der Almen in sehr schlechtem Zustand befanden: beklagt wurde ungenügende Bealpung der Almen, Verwahrlosung der Almgebäude, fehlende Düngerstätten, die gänzliche Auflösung von Almbetrieben – zugrunde lag zunehmender Arbeitskräftemangel, auch für 1935 und 1943 gibt es ähnliche Berichte.

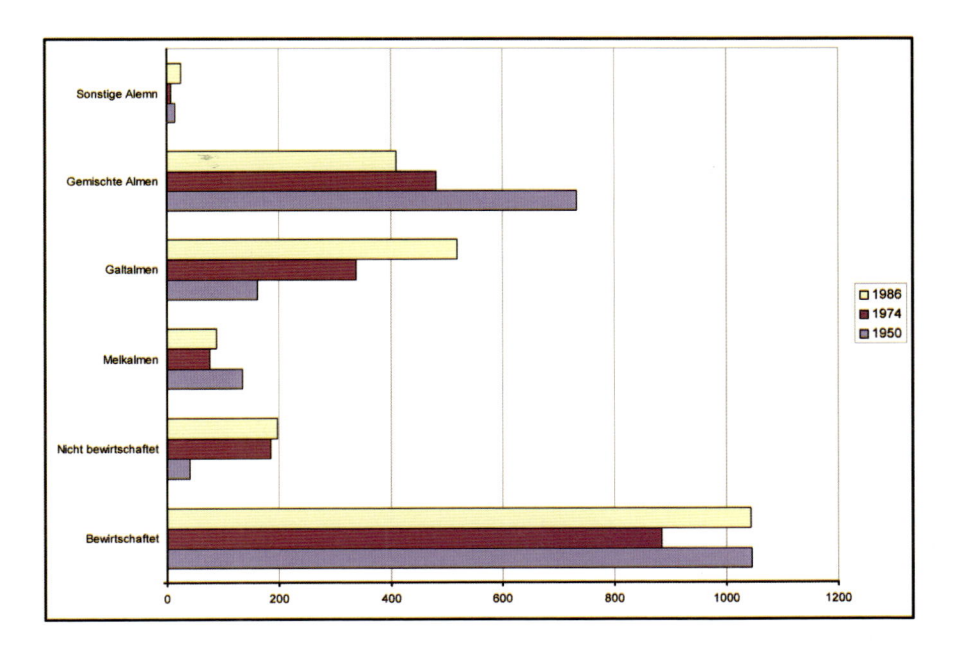

Grafik 7: Almwirtschaft im Pinzgau, 1950–1986.

Der große Umbruch in der Almwirtschaft erfolgte nach dem Zweiten Weltkrieg (Grafik 7). Als man sich zunehmend auf die Produktion im Tal konzentrierte, verlor die Almwirtschaft an Bedeutung: österreichweit nahm die Almfläche von 1952 bis 1986 von mehr als 1,7 Millionen Hektar auf 1,4 Millionen ab (SANDGRUBER 2002, 223–224). Der Auftrieb von Melkkühen ging zugunsten der Alpung von Galtvieh zurück, die Milchlieferung von den Almen zu den Molkereien wurde angestrebt und durch den Ausbau des Wegenetzes auch möglich. In den siebziger Jahren erfolgte eine Trendumkehr – Alpungsprämien brachten eine Renaissance der österreichischen Almwirtschaft, die Zahl der bewirtschafteten Almen bzw. Almflächen nahm wieder zu. Naturräumlich und strukturell lassen sich innerhalb des Pinzgaus zwei verschiedenartige Almwirtschaftsgebiete unterteilen: die Oberpinzgauer Tauerntäler weisen stärkere Gemeinsamkeiten mit den Almgebieten Westösterreichs auf, die Almen der Pinzgauer Kalk- und Schieferalpen sind denen des Pongaus bzw. Lungaus ähnlich.

Im Vergleich zu den Oberpinzgauer Almen sind die Almen des Schiefergebirges flächenmäßig kleiner, schon seit längerer Zeit extensiv geführt und als Galtalmen bestoßen, verkehrstechnisch besser erschlossen. Die Almwirtschaftserhebung 1986 erlaubt einen einigermaßen umfangreichen Einblick in das neuere Bild der Almwirtschaft des Pinzgaus: 1986 bestanden 1240 Almen, wovon 1043 bewirtschaftet waren. Die rund 111.000 ha der bewirtschafteten Almen waren zu rund 60% alpwirtschaftlich genutzt, jeweils 20% des Anteils entfielen auf Waldfläche bzw. unproduktive Fläche. Die Ursachen für Nichtbewirtschaftung waren nach Angabe der Eigentümer vorwiegend Verwaldung bzw. Unwirtschaftlichkeit. Nach der Form der Bewirtschaftung überwogen mit 519 die Galtviehalmen, vor 410 Almen mit wechselnden Nutzformen und 88 Melkalmen bzw. 26 mit sonstigen Nutzungsformen. Die durchschnittliche Alpung lag bei 7–12 Kühen, etwa 25 Galtrindern sowie einem Pferd. Bei Schafen und Ziegen ergaben sich große regionale Unterschiede: durchschnittlich 5 Stück in den Schieferalpen stehen durchschnittlich 36 im Oberpinzgau gegenüber. Im Erhebungsjahr beschäftigte die Almwirtschaft 1023 Personen, davon lediglich 211 Frauen bzw. 183 familienfremde Arbeitskräfte – anders ausgedrückt, die Arbeitskräfte auf Pinzgauer Almen waren, folgt man der Statistik, überwiegend männlich und Familienmitglieder. Mehr als die Hälfte aller Almen verfügten über Fremdenverkehrseinrichtungen – zumeist Verpflegungsbetriebe. Nach 1950 wurden im Pinzgau im Schnitt jährlich fast sieben Almen aufgelassen. Stärker als die völlige Entalpung sind jedoch die Prozesse des inneren Strukturwandels – Abbau der Staffelwirtschaft, Rückgang des Personalstandes, veränderte Alpungsgewohnheiten. Staffelwirtschaft hatte sich im Pinzgau geländebedingt im Zuge einer rationellen Ausnützung der Weidewirtschaft entwickelt und gilt als Charakteristikum der hochalpinen Almwirtschaft: Grund- und Niederalmen wurden häufig schon im Frühjahr mit Weidevieh beschickt, Mitte bis Ende Juni wurde auf die Hochalmen aufgetrieben, Mitte September kam das Vieh wieder auf die Grundalmen zurück. Almstaffelwirtschaft und Futterstallwirtschaft der Talbetriebe griffen vielfach ineinander: ein Teil des Viehs verblieb relativ lang auf den Grundalmen und wurde mit dem auf den Almen gewonnenen Bergheu gefüttert. Bei vollem Almbetrieb war das Staffelsystem vielschichtig: zwischen Heimgut und Grundalm lag manchmal ein kleiner Weidefleck, der als Voralm im Frühling bzw. als Nachalm im Herbst für einige Tage Futter bot, zwischen Grund- und Hochalm konnte, je nach Gelände, eine Mittelalm eingeschaltet sein, auf den Karalmen, der dritten Almstaffel, weidete vorwiegend das Jungvieh und darüber lagen, häufig nicht als eigene Staffel ausgewiesen, die Schafweiden. Hinsichtlich der Zusammensetzung des Almpersonals fallen über das Jahrhundert zwei Prozesse auf: die zahlenmäßige Abnahme zum einen, die Zunahme des Frauenanteils zum anderen. Die Arbeitskräftezahl der Oberpinzgauer Almen nahm im Zeitraum 1910–1971 gesamt um mehr als 60% ab, der Frauenanteil erhöhte sich, mit einer entscheidenden Wende nach 1950, von knapp 3% auf knapp 16%. Außer den direkt in der Almwirtschaft Beschäftigten wurden und werden auch Kinder sowie alte Leute mit auf die Alm genommen. Verändert hat sich ferner die geforderte Arbeitsleistung: waren 1910 auf den Sennalmen durchschnittlich 15 Rinder pro Person betreut worden, waren es 1971 auf den Senn- und Milchlieferungsalmen 26 Stück. Da Almwirtschaft in diesem Zeitraum noch nicht völlig mechanisiert war, ging die Mehrbelastung auf Kosten der Almpflege und Milchverarbeitung.

II. 4. Getreide- und Feldbau

Der Eigenbedarf an Getreide bzw. anderen Feldfrüchten konnte im Pinzgau insgesamt kaum gedeckt werden. Über das 20. Jahrhundert mit zunehmender Spezialisierung auf Milchwirtschaft war der Ackerbau stark rückläufig – Grafik 2 gibt ein eindrückliches Bild davon. Vom Rückgang heben sich lediglich die Krisenjahre vor, während und nach dem Zweiten Weltkrieg markant ab. Der Rückgang des Ackerlandes erfolgte im Pinzgau im Wesentlichen zugunsten der für die Viehwirtschaft genutzten Wiesen- und Weideflächen.

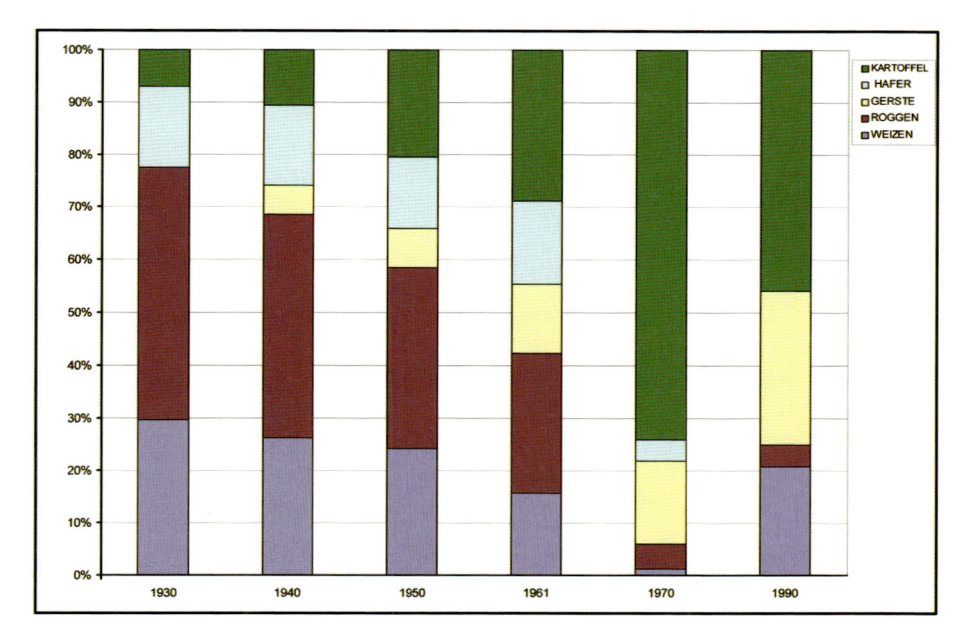

Grafik 8: Getreidebau im Pinzgau, 1930–1990.

Im Österreichvergleich wird dieser Wandel offensichtlich: österreichweit wurden 1990 noch 78% der von 1951 genutzten Ackerbaufläche bebaut, in Salzburg gesamt 15%, im Pinzgau knapp 4%.

Während der Zeit der Brotgetreideproduktion überwog im Pinzgau der Anbau von Roggen. Der Rückgang des Haferanbaus in den Nachkriegsjahren deckt sich mit dem im Zuge zunehmender Motorisierung rückgängigen Pferdebestand, der Anbau von Gerste blieb in den vierziger bis sechziger Jahren auf ziemlich gleich hohem Niveau. An Futterpflanzen hatten im Pinzgau in der zweiten Jahrhunderthälfte vorwiegend Kleegras und Grünmais Bedeutung, Ersteres nahm in der Jahrhundertmitte die flächenmäßige Vorrangstellung ein, die Anbaufläche des Zweiteren wurde in den siebziger Jahren verzehnfacht. Im Rahmen des Hackfruchtanbaues fällt regional insbesondere der Kartoffelbau ins Gewicht. Im Unterschied zu anderen Gebieten Österreichs fand die Kartoffel im Pinzgau erst in der ersten Hälfte des 20. Jahrhunderts ihre entscheidende Verbreitung, in den späten sechziger Jahren erfolgte ein Rückgang in der Anbaufläche. Kartoffel liefert pro Flächeneinheit zwei- bis viermal mehr Nährwert als Getreide, es können entsprechend mehr Menschen ernährt werden als mit Getreide; die Kartoffel hat auch geringeren Aufwand in der Weiterverarbeitung, man braucht weder Müller noch Bäcker. Kartoffelanbau braucht wenig Boden, wenig Geräte, keine Zugtiere und war damit in der traditionellen Gebirgslandwirtschaft ideal. Ende der vierziger Jahre wurden Kartoffeln noch großteils händisch geerntet, Ende der fünfziger Jahre zogen Dämpfkolonnen und Schleuderradroder zur maschinellen Bearbeitung ins Land, weitere zehn Jahre später war das Kartoffelzeitalter für den Pinzgau vorbei (Grafik 8).

Feldgemüsebau blieb im Pinzgau im Wesentlichen ebenso auf Eigenversorgung begrenzt. Hülsenfrüchte wie Linsen, Speisebohnen, Speiseerbsen, die in der Küche der Kriegsjahre noch wichtig waren, verloren in den Jahren nach dem Zweiten Weltkrieg fast gänzlich an Bedeutung. Auch Gespinstpflanzen, insbesondere Flachs und Hanf, verschwanden gänzlich, lediglich verpflichtender Abbau während der Kriegsjahre sowie der Mangel der Nachkriegszeit hatten den seit der Jahrhundertwende erkennbaren Prozess noch verzögert.

II. 5. Obst-, Gartenbau und Waldwirtschaft

Die Bedeutung von Obst- und Gartenbau war im Pinzgau vergleichsweise gering geblieben – ein eigenständiger Erwerbsobst- bzw. -gartenbau entwickelte sich allein aufgrund der geografischen Voraussetzungen nicht. Die eingezäunten, bunt bepflanzten Bauerngärten und die fein ausgerichteten Obstgärten im landwirtschaftlichen Bereich dienten der Eigenversorgung. „1935 hat es in unserer Gegend fürchterlich viele Kirschen gegeben. Da hat ein Bauer drunten im Tal zu unserem Bauern gesagt, er kann Kirschen pflücken, so viel er will, die kosten nichts", erinnert sich Peter Rathgeb an ein Ausnahmejahr (RATHGEB 2006; siehe Teil 1).

In Saalfelden setzten um die Jahrhundertwende die Brüder Wiechentaler mit der Anlage einer ersten Baumschule nachhaltige Pioniertaten; im Oberpinzgau betrieben

Kaspar Rendl und Georg Steiner Obstbauversuche und praktizierten die Herstellung von Süßmost, in Lofer bildeten zeitgenössisch die Obst- und Weintraubengärten von Schloss Grubhof eine Sehenswürdigkeit. Neumanns Beschreibungen zum Stand des Gartenbaus im Oberpinzgau Mitte der dreißiger Jahre gehen über die seit Jahrzehnten bekannte Situation nicht hinaus: „Weißkohl zur Sauerkrautbereitung und Hülsenfrüchte wie Speisebohnen und Erbsen sind die wichtigsten Erzeugnisse; Nelken und Rosmarin als Nationalblume des Pinzgaues werden sorgfältig gepflegt. (...) Bisher hat der Obstbau, dessen Produkte in der Bauernwirtschaft meistens zu Schnaps verarbeitet werden, keine marktfähige Ware hervorgebracht, doch können die widerstandsfähigen Gebirgssorten haltbare, absatzfähige Ware liefern. Je höher, umso kleiner wird die Frucht, dass sich oft das Pflücken nicht recht lohnt, Zwetschke und auch die Früchte der Nussbäume reifen oft nicht mehr. Erstaunlich groß und schmackhaft werden bei entsprechender Düngung die Johannisbeeren." (NEUMANN 1934, 59f.)

In den Dezennien vor der Jahrhundertmitte scheint dem regionalen Obst- und Gartenbau verstärkt Aufmerksamkeit zugekommen zu sein – 1934 fand in Saalfelden mit 250 Ausstellern die erste große Pinzgauer Obstausstellung statt, die 1948 ebenfalls in Saalfelden abgehaltene Landesobstschau wurde nach zeitgenössischer Berichterstattung zu einem „Höhepunkt für Jahrzehnte". In einer Beschreibung der frühen fünfziger Jahre liest sich: „Einen guten Ausgleich zum mangelnden Obstbau im Pinzgau schafft der Verbrauch an Wildbeeren, so etwa Heidelbeeren, Preiselbeeren, Brombeeren und Himbeeren." (WIRLEITNER 1951, 3–11)

In der Kindheit Peter Rathgebs wurden Obst und Beeren mangels Zucker nicht zu Marmelade, sondern zu Schnaps weiterverarbeitet: „(da) hab' ich mir schon gedenkt, was geschieht etwa mit so viel Beeren? Einen Schnaps machens draus! Sagt da Bauer zur Bäuerin sie soll schnell den großen Wasserkessel voll mit Wasser erhitzen. Er schaut um einen guten 200-Liter-Banzen, den tun wir mit heißem Wasser ausbrennen, so dass das Fassl wasserdicht wird." (RATHGEB 2006; siehe Teil 1) Um die Jahrhundertmitte gibt es neben den regional üblichen Krautarten bereits Ansätze zum Übergang zu Feingemüsebau: „Weißkraut, hauptsächlich aber Sauerkraut in verschiedensten Zubereitungsarten, Grünsalat, Endivien, Kresse, Rohnensalat und Rettich werden viel gegessen. Von der Gruppe der Hülsenfrüchte spielen die Fieselbohnen eine größere Rolle. Reich verwendet werden Zwiebel, Knoblauch und Schnittlauch." Bezeichnend hierzu der zeitgenössische Kommentar: „Der Anbau von Gemüse ist hauptsächlich Sache der Bäuerin und daher weitgehend von deren Interesse abhängig." (HUBACEK 1948, 113–124)

Für das Jahr 1930 liegt anhand der offiziellen Statistik eine umfassende Aufstellung des Obstbaumbestandes vor – demnach hatten im Pinzgau vor allem Apfel-, Birnen- und Kirsch- bzw. Weichselbäume Bedeutung. Zahlenmäßig lag der Bestand jedoch entscheidend hinter jenem des Pongaus und weit abgeschlagen von jenem des Flachgaus. Spätere Obstbaum-Zählungen wiesen erheblich abweichende Ergebnisse auf, ein Umstand, der vermutlich kriegswirtschaftliche Gründe hatte: die knapp 13.000 Äpfelbäume 1930 waren acht Jahre später nur mehr 7700 und 1942 gar nur mehr 4300, der Birnbaumbestand verringerte sich offensichtlich von knapp 6000 Stück auf 1700, die 8000 Kirschbäume

1930 waren 1942 knapp 1700 und die 2700 Zwetschkenbäume 1930 waren zwölf Jahre später 225. Für 1940 gibt es eine Aufstellung von Obsterträgen im Bezirk: rund 1500 Doppelzentner Äpfel, 615 Doppelzentner Birnen, 289 Doppelzentner Johannis-, Stachel- und Himbeeren, 149 Doppelzentner Pflaumen bzw. Zwetschken, 10 Doppelzentner Aprikosen, 14 Doppelzentner Sauerkirschen und 4 Doppelzentner Walnüsse. Ein Teil dieser Erträge wurde vermutlich ebenso zu Schnaps verarbeitet, der Rest bereicherte – eingelagert oder getrocknet – den Speisezettel.

Die Statistik zeigt für 1945 einen Einbruch im Gartenbau, der erst ab 1950 wettgemacht werden konnte, die sechziger und siebziger Jahre erscheinen dann als Blütezeit des bäuerlichen Gartenbaus im Pinzgau. Der wiederum rasante Einbruch der Folgezeit – 1990 nahm die Gartenfläche gerade ein Viertel von 1948 ein – resultiert vermutlich aus der Rationalisierung landwirtschaftlicher Betriebe sowie veränderten Konsumgewohnheiten. Die Betriebszählung 1960 lässt Aussagen zur geringen Bedeutung des Obstbaues als Einnahmequelle für landwirtschaftliche Betriebe zu. Von 2841 Betrieben gaben zwar 2458 an, Betriebe mit Obstbau zu sein – doch bezogen nur drei davon laufende Nebeneinnahmen aus diesem Produktionszweig, 118 klassifizierten sich als Selbstversorger mit fallweisen Nebeneinnahmen, für alle anderen war Obstbau rein zur Selbstversorgung. Entscheidend anders hier wiederum die Situation im angrenzenden Pongau – von 2050 Betrieben bezogen hier knapp 300 fallweise Nebeneinnahmen aus dem Obstbau (NEUMAYR 2001, 93–99).

II. 6. Wald und Jagd

Forstwirtschaftlich orientierte Nutzung des Bauernwaldes ist sehr jung im Gebirge, noch in den fünfziger Jahren standen sich Forstwirt und Landwirt hinsichtlich der Nutzung des Baumbestandes eher fremd gegenüber. Der Wert des Waldes bestand für den Bauern in der Deckung des Eigenbedarfs an Holz – vor allem an Bau- und Brennholz – und fallweise der Nutzung von Streu und Waldweide. Ende des Ersten Weltkrieges trat hier eine Änderung ein – die kommerzielle, marktorientierte Nutzung von Holz nahm zu. Der rapide Verfall des Holzpreises in der Zwischenkriegszeit stand jedoch einer weiteren konzentrierten Waldnutzung entgegen.

Peter Rathgeb schreibt über diese Jahre: „Damals hat ja der Wald, also das Holz keinen Wert gehabt. In unserer Gegend sind große Staatsforste. Ganz große Flächen von diesen Wäldern waren unberührt. Es waren keine Forstwege, ganz schlechte, oft ganz verkommene Jägersteige. Es wurde nirgends eine Säuberung gemacht. Hie und da ist halt doch irgendwo wieder ein Baum verschwunden. Das war nicht tragisch, es war ja weit und breit nur ein Förster. Der war die meiste Zeit in den Gasthäusern mit den Bauern beim Kartenspielen und Saufen. Anstatt im Wald beim Holzmessen. Die Jagd war überall verpachtet. Somit ist genug Schadholz entstanden, liegende und abgestandene Stämme. Wenn ein Bauer um so ein Schadholz angesucht hat, das hat dieser Förster ohne weiteres erlaubt, meistens hat der selber nicht nachgeschaut. So war es auch bei unserem Bauern und seinem Nachbarn. Die zwei haben um ein Brennholz angesucht, es wurde erlaubt.

Die schönsten Lärchen haben sie umgeschnitten, etwa 12 Stämme. Ja, ein paar Käferbäume waren wohl auch dabei. (...) Inzwischen ist der Winter kommen, 1935 auf 1936, das Schöne (also das Nutzholz), ein großer schöner Dachbaum, die besten Lärchen sind heimgekommen. Monatelang haben wir Dachschindeln gemacht. Aus den Lärchen haben wir Zaunstecken gemacht." (RATHGEB 2006; siehe Teil 1)

Nach dem Zweiten Weltkrieg nahm die monetäre Bedeutung des bäuerlichen Waldes rasch zu – er wurde wichtig zur Deckung des Bedarfs an Bau-, Zeug- und Brennholz, zum Verkauf an die boomende Bauwirtschaft, die wachsende Papierindustrie und zur Bereitstellung finanzieller Reserven für Unglücksfälle, Notsituationen bzw. Erbgänge. Peter Rathgeb erlebte den völlig neuen Umgang mit der Ressource Wald mit: zum Abholzen großer Flächen wird jetzt „eine Seilbahn aufgebaut, die Stämme werden umgeschnitten, in welche Richtung ist ganz egal, wo der Stamm am leichtesten hinfällt, es muss schnell gehen, die Maschinen jagen den Holzknecht. Der Stamm wird angehängt und ab – an der Endstation steht ein Prozessor, der schnappt diesen Stamm, entastet und schneidet ihn durch, meist wird das Holz auch gleich sortiert." (RATHGEB 2006, 65)

Nach wie vor sind die meisten der Bauernwälder flächenmäßig zu klein, um daraus einen selbständigen Betrieb zu ermöglichen, zumeist geht es um Zuverdienste außerhalb der bäuerlichen Arbeitsspitzen, um aus dem Erlös Investitionen in Gebäude, Maschinen und Betriebsmittel zu tätigen (WEIGL 2002, 702–737).

Für einige Bauern im Berggebiet bietet die Jagd ein Zusatzeinkommen; der Pinzgau hat 390 Jagden, davon 214 Eigenjagden. Bejagt werden Rot-, Gams-, Reh-, Auer- und Birkwild, das Murmeltier und das Steinwild. Jagd, Wald-, Alm- und Landwirtschaft haben vielfältige Berührungspunkte, mitunter aber auch unterschiedliche Nutzungsinteressen.

Über Entwicklungen in diesem Bereich ein Bericht über das Pongauer Großarltal: „In den letzten 43 Jahren hat sich auch im jagdlichen Bereich vieles geändert. Nach dem Zweiten Weltkrieg gab es keine befahrbaren Forstaufschließungswege. (...) Zu jener Zeit war auch noch das Liefern von erlegtem Hochwild mit erheblichem Aufwand verbunden und wirtschaftlich von nicht zu unterschätzender Bedeutung. Man muss bedenken, dass für den Transport eines ca. 150 kg schweren Hirsches aus einem abgelegenen Revierteil vier bis fünf Männer mit Pferd und Schlitten einen Tag lang beschäftigt waren. Für viele Bauern war das Wildliefern ein willkommener Nebenverdienst. (...) Mit der Erschließung des Waldes konnten auch die meisten Jagdgebiete vom Geländewagen weg bejagt werden. (Der) Trend zum Nebenerwerbsbauern führte auch zu einer Änderung der Wildfütterungsmethoden. Während in den ersten 10 bis 15 Jahren nach dem Krieg das Wild in den Almregionen mit auf den Almen gewonnenem Mahdheu gefüttert wurde, (hatten) die Nebenerwerbsbauern keine Zeit mehr, die Almen zu bewirtschaften, und schon gar nicht, um ins Mahd zu gehen. (Das) Wildfutter wird zu den Fütterungen transportiert, neben Rauhfutter wurde insbesondere auch Hafer, Mais und Sesam intensiv gefüttert. (...) Noch in den sechziger Jahren hielt sich das Wild bis in den Spätherbst auf den vom Rindvieh geästen Almwiesen auf. (Seit) der Auflassung der Almen bevorzugt das Wild als Äsungsfläche die Felder – mit Dünger bearbeitet, enthalten diese mehr Nährstoffe und sind schmackhafter. Demnach verlagerte sich die Hochwildjagd von den Höhen in tiefergelegene Regionen, wo jedoch (das) durch Freizeitsportler beunruhigte Wild sich durch Verbeißen von Pflanzen und Schälen von Bäumen rächt." (MOOSLECHNER 1993, 139–141)

II. 7. Bäuerliche Nebeneinkünfte

Indem den Bauern die nötigen Betriebsmittel wie Pferd und Wägen, das Rohmaterial Holz oder Stein, der erforderliche Platz sowie die Dienstboten als Arbeitskraft zur Verfügung standen, wurden auch viele der nichtgewerblichen Tätigkeiten durch sie ausgeführt.

Vom Nebenerwerb des späten 20. Jahrhunderts freilich unterschied sich diese Arbeitsteilung insofern, als sie aus dem Arbeitszusammenhang Bauernhof bewerkstelligt wurde und nicht wie der zeitgenössische Nebenerwerb aus einem Arbeiter- oder Angestelltenverhältnis. Das Fuhrwerken zum Beispiel, die Transporte für Sägewerke und den Straßenbau, Schotter-, Ziegel-, Milch- oder Getreidetransporte, war vielfach bäuerlicher Nebenerwerb. Bis in die frühen fünfziger Jahre gab es regional das Kalkbrennen als bäuerliche Nebentätigkeit, das entsprechende Fachkenntnisse erforderte. Bei einer Temperatur von 800–1000 Grad wurden in einem geschickt aufgerichteten Feuer Bachsteine aus der Region gebrannt; dies dauerte ca. vier Tage und Nächte und verbrauchte 40–50 Raummeter Fichtenholz. Das Abkühlen des Ofens dauerte etwa weitere 2–3 Tage, von ca. 8000 kg Rohstein verblieben ca. 5000 kg Brandkalk. Nach gelungenem Brand holten die Abnehmer wie Baumeister, Malermeister und Bauern den Stückkalk mit Pferdefuhrwerken ab. Die Löschung des Kalkes erfolgte am Ort der Verwendung (MARKTGEMEINDE 1992, 501f.).

Holzarbeit schließlich war eine der ganz zentralen bäuerlichen Nebentätigkeiten – Bauernsöhne, Kleinbauern, Häusler verdienten sich so ihr Geld. Ein Hüttauer gewährt Einblick: „Die Arbeitswoche begann am Montag um 5 Uhr früh. Der Weg führte zuerst zum Kaufmann, dort erfolgte der Einkauf für die ganze Woche. Zu den von daheim mitgenommenen 2 kg Bauernspeck und 1 ½ kg Butter wurden 1 kg Mehl, 1 kg Wurst, Suppennudeln, 1 kg Schwarzbrot, einige Eier, etwas Gewürz und andere Kleinigkeiten dazugekauft. Jeder Mann kochte Frühstück und Abendessen für sich allein. Zum Frühstück gab es Muas, einen fetten Schmarren, zur Vormittagsjause um ca. 10 Uhr gab es Speck, Wurst und Brot mit einem schwarzen Kaffee, ebenso zur Jause um etwa 14 Uhr. Zum Abendessen um ca. 18 Uhr wurden Nudelsuppe, aufgewärmtes Gulasch oder Knödel oder etwas Ähnliches zubereitet. Das Feuerholz wurde einfach vom Wald genommen. Die Vorräte – in Leinensäcken, Holz- und Metallbüchsen aufgehängt oder im Koffer verwahrt – Salz, Kaffee, Tee, Schnaps und Schmalz, einfache Decken sowie die persönliche Wäsche – machten die gesamte Habe aus. Die freie Zeit während der Woche wurde verwendet zum Kochen, Wassertragen, Ausbessern und Trocknen der Kleider, zum Geschichtenerzählen und für Brettspiele, als Spielsteine dienten Bohnen, Erbsen, Kiesel, Asträder. Übernachtet wurde in mobilen Rindensölden, die mit den großen Arbeitsabschnitten mitwanderten, und bei längeren Schlägerungsabschnitten in Hütten. Die Holzarbeit erfolgte in Partien von vier Männern: zwei Männer fällten mit der Zugsäge die Bäume, schnitten sie auf

Blochlänge durch, ein Mann entfernte die Äste und musste die Äste aufeinanderlegen. Der Vierte putzte die Astreste von den Stämmen und entrindete das Holz, schepste oder schindete (…) An einem Tag wurde pro Mann im Schnitt eine Menge von drei bis vier Festmeter Holz fertig gearbeitet, d. h. eine Partie hat am Tag 12 bis 15 Festmeter und in der Woche bei sechs vollen Arbeitstagen 70 bis 80 Festmeter geschlägert und aufgearbeitet. Eine solche Partie übernahm oft 1000 bis 2000 Festmeter und hatte damit einen ganzen Sommer Arbeit." (MOOSLECHNER 1993, 144)

Der Fremdenverkehr entwickelte sich regional zu jenem Nebenerwerbszweig, der, wenn auch in seinen Auswirkungen nicht völlig unumstritten, viele zusätzliche Arbeitsplätze brachte und einen höheren Lebensstandard ermöglichte. „In den sechziger und siebziger Jahren, nach der Erschließung durch den Straßenbau, haben viele Bergbäuerinnen und Bauern ihre Häuser zu Pensionen, Herbergen, Gaststätten und Ferienwohnungen ausgebaut. Der Fremdenverkehr brachte ‚a leicht vadeahnts Gaöd', gemessen an der schweren Arbeit am Feld und im Stall. Auch war es oft das erste Geld, welches die Bäuerin selbst in die Hand bekam. Es war Geld, welches die Arbeit im Haus, die früher immer nur nebenher erledigt werden musste, aufwertete. Für die Bergbäuerinnen waren die ‚Fremden' manchmal die Rettung, um aus ihrem isolierten Dasein herauszukommen." Doch es gab auch Ablehnung. „Nicht jede Bäuerin wollte sich dem Zwang ausliefern, der von Tourismusmanagern ausgeübt wurde. Das Leben im Dorf sollte, angefangen vom Brauchtum, über Kleidung und Tracht, Freizeitangebote, Blumenschmuck, Sprache und Bauweise auf den Fremdenverkehr abgestimmt werden." (OBLASSER 2002, 2)

Saalbach-Hinterglemm ist das wohl das eindrücklichste Beispiel für den Übergang einer Agrargemeinde zu einem weltweit bekannten Skiort – hier wurde Tourismus zum Haupterwerb. Die ersten Skifahrer kamen 1903 nach Saalbach. Starke Werbung lehnte man noch ab, da aufgrund der Nahrungsmittelbegrenztheit kein wirklich starkes Interesse an Urlaubern bestand. 1912 waren 60 Gäste im Tal, im Winter 1914 zählte man 200 Übernachtungen, von großem Vorteil waren die bereits vorhandene Telegrafenleitung, die beginnende Elektrifizierung der Gemeinde sowie die 1911 fertiggestellte Trink- und Nutzwasserleitung im Dorf. In Krisenjahren wurde totales Aufenthaltsverbot für Nichteinheimische im Sommer erteilt, „die Armut in der Bevölkerung der Gemeinde ist so groß, dass sich die Gemeindevertretung gezwungen sieht, das Beerenpflücken, und zwar Heidelbeeren und Preiselbeeren, für Nichteinheimische zu verbieten. Von diesem Verbot werden alle umliegenden Gemeinden verständigt." (WEITLANER 1982, 355–419)

1925 wurde der erste Prospekt erstellt, im selben Jahr wurde die Alpenvereinshütte mit 80 Betten gebaut, die Bauern machten Zimmer für Gäste frei. Die Jahre 1929 und 1930 waren für die Entwicklung des Fremdenverkehrs in Saalbach gute Jahre. Man konnte von einem Bauboom sprechen – das erste Kaffeehaus, ein erstes Schwimmbad, 1930 die erste Fernsprechstelle nach Hinterglemm. 1930 zählte man etwa 40.000 Übernachtungen, bis 1932 die Weltwirtschaftskrise die Gemeinde erfasste und der Tourismus wieder abflaute. Während des Zweiten Weltkrieges waren Fronturlauber, Verwundete, Luftkriegsopfer die „Gäste" im Ort. In den ersten Nachkriegsjahren bot Saalbach-Hinterglemm 450 Betten und einige Matratzenlager, 1955/56 bereits 1230 Betten, zwei Jahre später sechs Hotels und insgesamt 3000 Betten. Schon 1946 war der erste Lift errichtet worden, dieser beförderte knapp 32.000 Personen im ersten Winter (WEITLANER 1982, 355–419).

Die Landwirtschaft bildete zweifelsohne die Voraussetzung für diesen Aufschwung, sie profitierte allerdings auch stark davon – in Saalbach ging die agrare Technisierung über die Vermietung. Für Anna Riedlsperger, 1928 geboren, war Fremdenbeherbergung ein Teil der Kindheit, die Mutter vermietete schon vor dem Zweiten Weltkrieg die – bis dahin nur den Bauersleuten und besonderen Anlässen vorbehaltene – „Schönkammer", bei Bedarf auch weitere Räume, an Gäste. Es waren primitiv ausgestattete Zimmer, die ersten Besucher – zumeist aus den österreichischen Städten – schliefen auf Strohsäcken, die Waschgelegenheit befand sich im Flur. Gemeinsam mit ihrem Mann baute Frau Riedlsperger nach der Betriebsübernahme 1950 das Haus aus, jeder kleinste Gewinn wurde zur Angebotsverbesserung verwendet; das Geld für das Bettzeug für die Zimmervermietung zum Beispiel kam aus der winterlichen Holzarbeit. 1956 verunglückte Herr Riedlsperger bei einem Verkehrsunfall, das Bauholz für den neuen Stallbau war zu diesem Zeitpunkt gerade fertig vorbereitet, Anna musste diesen und die weitere Betriebsführung mit ihren fünf jungen Kindern alleine bewältigen. In den frühen sechziger Jahren, der Eibinghof bot bereits für 36 Gäste Platz, begann der Tourismus die Landwirtschaft ertragsmäßig zu übersteigen, mit zunehmendem Ausbau des Skigebietes setzte sich der Aufschwung fort. 1966 wurde der Eibinghof um ein Stockwerk erweitert und die alten Holzkammern durch modern ausgestattete Gästezimmer ersetzt. Nun konnte der Betrieb sechzig Gäste unterbringen. Margarethe Gensbichler, die Perfeldbäuerin in Hinterglemm und 1926 geboren, kam während ihrer Zeit als Bäuerin und Vermieterin aufgrund des Arbeitsanfalles kaum aus dem Tal hinaus, hat in all den Jahren auch kaum Urlaub gemacht. Die Strukturen im Dorf haben sich stark verändert, erzählt sie – früher war alles viel persönlicher, nun leben sehr viele fremde Menschen im Dorf und materielle Interessen sind in den Mittelpunkt gerückt. „Wir verschenken keine Autos zum Geburtstag", so Frau Gensbichler bezeichnenderweise, „da würden die Jungen den Bezug zur Realität verlieren" (SCHWEINBERGER 2001, 73–76).

II. 7. 1. Arbeitswelten in Viehzucht und Milchwirtschaft

Die Arbeit in der traditionellen Gebirgslandwirtschaft formten und regelten generationenalte Erfahrungen – lange Arbeitstage, ausgefüllt vom Versorgen des Viehs, der Verrichtung der Holz-, Heu- und Feldarbeit, der Herstellung der Güter des täglichen Gebrauchs.

Viehzucht war ein notwendiger Bestandteil der Landwirtschaft, den man zur Unterstützung des Pflanzenbaus brauchte, ihren Grundstock bildete die Rinderhaltung (Foto 2.4). Pferde waren für Zugleistung und militärische Verwendung erforderlich, Schafe als Fleisch- und Wolllieferant, Ziegen für Fleisch und Milch, so vor allem für Kleinst- und Nebenerwerbslandwirte. Geflügel diente der Eigenversorgung und der bescheidenen Marktbelieferung. Bei manchen Bauern gab es ein paar Bienenstöcke, denn zum Süßen hatte man nur Honig.

Foto 2.4: Heuernte mit Kuh, Gemeindearchiv Taxenbach.

Im Gebirge begann die Frühjahrsarbeit mit der Holzarbeit, dem Dachholzmachen, dem Zäunen, Düngen, Anbauen und der Vorbereitung für den Almauftrieb. Die erste Heumahd war etwa zur Sommersonnenwende; um Jakobi, dem 25. Juli, begann die Getreideernte. Der Frautag am 15. August bildete den Stichtag zum zweiten Schnitt, der Grummeternte. Im August war der Flachs erntereif, dann stand die Kartoffelernte an. Den Großteil des Sommers nahm die Heuernte ein – ging es ja darum, die kurze Sonnenzeit bestmöglichst zu nutzen, um Futter für die Wintermonate zu gewinnen.

Der Arbeitsablauf war klar eingeteilt: die Aufschlager luden das Futter auf den Wagen, das vom Futtertreter festgetreten und durch Bindschnur und Bindbaum niedergehalten wurde. Der Werfer lud das Heu ab und warf es in den Stadel, wo der Stadler für eine richtige Lagerung zu sorgen hatte. Die Heufuder niederzutreten, das Nachheuen, das Insektenverjagen waren Arbeiten für die Kinder. In Schlechtwetterperioden wurde die Heuernte noch aufwendiger: das Gras musste zum Trocknen auf Hiefler – 2,5 m lange, in die Erde gesetzte Holzpfähle – aufgehängt werden (ENZINGER 2004, 126). Im Herbst stand zuerst die Flachsarbeit an, dann erfolgte der Herbstanbau und die Mahd der Streuwiesen. Die Wintertage waren mit Holzarbeiten, vor allem der Holzbringung, mit Dreschen und dem Heubringen von entfernten Stadeln ausgefüllt. „Der Werktag begann um vier Uhr in der Früh", schildert Maria Hirschbichler aus Saalfelden den Frauenalltag, „es musste eingeheizt werden, Wasser übergestellt, das Frühstück vorbereitet werden, gefrühstückt wurde um halb 6 Uhr in der Früh. Das Mittagessen war um 10, halb 11 Uhr vormittags; Unternessen um drei Uhr nachmittags. Zum Mittagessen wurden die Dienstboten durch Essenläuten ins Haus gerufen, arbeitete das Gesinde vom Hof entfernt, musste die Kuchldirn das Essen hintragen. Weitere Arbeiten für diese waren Garten- und Feldarbeiten, so auch das Heuwenden bei der sommerlichen Ernte. Die Garberin kehrte nach dem Aufstehen in der Früh die Stube aus, machte die Betten und musste schließlich am Feld die Gradmahden anstreuen. Im Winter mussten alle weiblichen Dienstboten flicken, stricken oder spinnen bis acht Uhr abends. Ausgenommen war die Garberin, sie war immer beim Fuhrwerk – Heu führen, Mist wegführen – und erledigte so eigentlich eine Männerarbeit. Die Melkerin ging in der Früh und am Abend in den Stall, nachmittags musste auch sie spinnen. Am Samstag wurde ausgedüngt." (MARKTGEMEINDE 1992, 435) Einmal jährlich stand während der Knecht- oder Magdtätigkeit ein möglicher Stellenwechsel im Raum: „Wenn man im Dezember vom Bauern noch nicht gefragt wurde, ob man bleibt, so wusste man, dass man sich um einen neuen Platz umsehen musste. Als Dienstbote musste man schauen, ob bei einem Bauern etwas ‚locker' wird, als Bauer bekam man ‚Wind' davon, dass der eine oder andere zu haben wäre. Hatte ein Bauer Interesse an einem Dienstboten oder Knecht, so wurde dieser gleich gefragt – am Sonntag nach der Kirche. Daher musste man früher immer in die Kirche gehen – damit man seine Arbeit hatte. Hat man eine neue Stelle antreten müssen, so ist man am letzten Jänner ausgestanden. Am Tag vor Lichtmess, dem 1. Februar, hat man mit der Arbeit aufgehört und dann hat man zusammengepackt. Am Lichtmesstag wurde ausbezahlt. Der nächste Bauer, bei dem man seinen neuen Arbeitsplatz gefunden hat, kam dann mit dem Ross und holte den Knecht und die Dirn mit ‚Koffer und Kastl' ab. Am 3. Februar war der ‚Einstehtag', da wurde schon mit der Arbeit begonnen. Wenn man noch keinen neuen Arbeitsplatz hatte, so musste man vor Lichtmess den Löffel aufstecken. Jeder kannte dieses Zeichen und wusste, der Knecht ist noch zu haben." (STADTGEMEINDE 1997, 60)

Je mehr Dienstboten an einem Hof beschäftigt waren, umso stärker die Spezialisierung und umso stärker wurde auch auf die Rangordnung geachtet. Die Entlohnung entsprach der Rangeinteilung und bestand neben Kost und Quartier vor allem aus Naturalien – Schuhe, Hemd, Hose, für Frauen ein Stück schönes Tuch. Erst Mitte des Jahrhunderts und allmählich erfolgte die Auszahlung von Bargeld. Peter Rathgeb, der im Alter von 19 Jahren zu einem Großbauern kam und dort die Arbeitsteilung kennen lernte, gefiel es vorerst gut, nur für gewisse Arbeiten verantwortlich zu sein und nicht überall selber zugreifen zu müssen (RATHGEB 2005, 23f.).

In der Landwirtschaft des Gebirges war der Bauknecht oder Schaffer der wichtigste unter den männlichen Dienstboten. Mit ihm besprach der Bauer die Arbeitswoche, er teilte die Arbeit ein, er führte den Pflug und war verantwortlich für alle baulichen Arbeiten am Hof. Der Rossknecht war zuständig für die Betreuung der Pferde und hatte für die Zucht und Aufzucht der Fohlen zu sorgen. Die verantwortungsvollste Stelle als Dienstbote neben dem Bauknecht war der Melker. Neben der täglichen Stallarbeit war er auch Berater des Bauern in allen Fragen der Viehzucht. Weiters gab es noch einen Küh- oder Hüterbub und den Schwendter zur Instandhaltung von Weide- und Almflächen. (MARKTGEMEINDE 1992, 432)

Von den Almleuten rangierte der Melker gleich hinter dem ersten Knecht, die Sennin vor der ersten Magd. Der Melker oder die Sennin hatten zu melken, Butter und Käse zu machen, zusammenzuräumen, die jungen Kälber und Schweine zu versorgen. Im Allgemeinen konnten ein Senner oder eine Sennerin 20 Kühe versorgen, der Galtviehhüter hatte 50 bis manchmal sogar 100 Tiere in seiner Obhut. Der Schosser, der Gehilfe des Melkers, musste Butter rühren und bei der Käseherstellung helfen, Ziegen versorgen, auskehren und abwaschen. Der Kühbub musste den Stall putzen, die Kühe hüten, beim Melken helfen oder auch die Arbeit des Schossers erledigen. Die Schwendter mussten die

Wasserrinnen in Ordnung halten, Wege instand halten, Steine wegräumen, Streu herrichten, die Almböden sauber halten.

Wo vorhanden, kam den Pferden besondere Obsorge zu. Im Gebirge hatten sie für die Arbeit, aber auch für die Bauernfamilie eine besondere Bedeutung: bei einer Geburt wurde eingespannt, um die Hebamme zu holen, bei der Taufe wieder, auch bei der sonntäglichen Kirchfahrt, um zu geselligen Unterhaltungen zu kommen, bei der Brautschau, der Hochzeit, um einen Doktor oder Tierarzt zu holen, besonders prächtig aufgeputzt wurde bei besonderen Festen wie der Goldenen Hochzeit und oft wurde schon zu Lebzeiten verfügt, von welchem Pferd man zum Friedhof gebracht werden möchte. Bei den Pferden begann der Arbeitstag mit der Fütterung um halb vier, beim Fuhrwerken sogar früher. Die Fütterung dauerte etwa zwei Stunden, gefüttert wurde in kleinen Mengen. Um sechs Uhr früh wurde eingespannt, zu Mittag wurden die Pferde getauscht. Während der Arbeit mussten Pferde immer wieder geputzt, im Sommer zum Schutz vor Insekten mit Knochenöl eingestrichen werden. Die nächste Fütterung um zehn Uhr, die letzte um etwa fünf Uhr. Genaues Augenmerk war auf die Nachzucht zu legen. Die jungen Fohlen blieben üblicherweise bis im Herbst bei der Stute, das Abrichten begann jung, sie wurden angehalftert und so geführt. Mit knapp zwei Jahren, meistens am Vorabend zu Hl. Dreikönig, wurde das Geschirr angelegt. Um dem Fohlen schrittweise Widerstand zu bieten und so das Ziehen zu lernen, hielten zuerst einige Männer zurück, später wurden Baumstämme, am Ende ein Schlitten angehängt. Um Weihnachten kam der Schmied, um die Hufe der Pferde zu schneiden." (MARKTGEMEINDE 1992, 425f.)

Auch das Wissen um das richtige Kommando, die richtige Führung der jeweiligen Tiere, das richtige Geschirr gehörte zum Grundwissen richtiger Pferdebetreuung. Welcher Schlitten bei einer Ausfahrt verwendet wurde, bestimmte der Anlass: das Ben, ein konischer kastenförmiger Aufbau zum Laubheuen oder Sägespänetransport, das Goaßl, eine leichte Schlittenform für steile, enge Wege für zwei Personen ohne Materialtransport, das Renngoaßl speziell für sportliche Veranstaltungen, das Böndl für den Transport mehrerer Personen. Ebenso das Geschirr: das Rollenkummetgeschirr wurde nur bei besonderen Anlässen verwendet, von weitem konnte man am Klang schon erkennen, von welchem Hof das Gespann kam, bei besonderen Anlässen wurden schöne Halfter mit Stickereien und Kaurimuscheln – von Säumern über den Tauern in den Pinzgau gebracht – verwendet.

Die Jahrzehnte zwischen 1900 und 1950 waren die große Zeit der Pferde in der Gebirgslandwirtschaft, durch Maschine, Traktor und Auto ersetzt, steht das für Zug- und Transportarbeiten eingesetzte Pferd heute nur mehr im Rahmen von Sportveranstaltungen und winterlichen Trachtenschlittenfahrten im Mittelpunkt (STADTGEMEINDE 1997, 128–138.). Der Rückgang der Pferdezucht hatte freilich Folgen – es brachte die Züchter um ihr Geschäft, sie mussten sich stärker in der Milchwirtschaft engagieren, ebenso bedeutete es das Ende des Haferanbaus und der Nutzbarkeit der sauren Wiesen. Mit dem Traktor unbearbeitbar, wurde hier die Trockenlegung stark vorangetrieben. (SANDGRUBER 2002, 228–230)

Schweine wurden früher wie Kühe auf die Weide getrieben und mussten sich mit Haushaltsabfall begnügen. Als sich die systematische Fütterung durchzusetzen begann, wurden Schweineställe, früher primitive Verschläge, modernisiert und die Stallhaltung üblich. Hühner hatten in einer Ecke des Kuhstalls ein paar Sitzstangen, manchmal fand man sie auch – insbesondere die pflegeintensiven Kücken – in einer Steige im Wohnhaus.

Rar waren in der Pinzgauer Acker- und Feldwirtschaft die Werkstoffe Dünger und Streu. Besonders eindrücklich wiederum die Schilderungen von Peter Rathgeb. Am Bergbauernhof, an dem er aufwuchs, wurde der Stallmist in einem Korb von Hand an einem Seil mit Umlaufrolle den Hang hinaufgezogen und dann sorgfältig und händisch ausgebreitet. Sorgsamst verwendet wurde der während der Sommermonate auf der Alm anfallende Mist – in eine Bretterkiste zu etwa 70 kg schweren Mistklötzen gestampft, wurde dieser, so schildert Rathgeb, im Winter im gefrorenen Zustand zum Heimgut transportiert, um dann dort auf den Feldern ausgebreitet zu werden (RATHGEB 2006; siehe Teil 1).

Die Streuversorgung blieb aufgrund des geringen Getreideanbaues und der schlechten Verkehrsanbindung an die Getreidegebiete des Flachlandes zumindest bis ins erste Drittel des 20. Jahrhunderts notdürftig – Getreidestroh wurde eher verfüttert als eingestreut. Man musste sich mit Material aus der Umgebung behelfen, Nadelbaumreisig und Laubbaumheu zusammentragen, die vorhandenen Streuwiesen nutzen. Peter Rathgeb erinnert sich: „Fichtenreisig zusammenhacken, auf einen viereckigen Haufen zusammentreten, mit Rinden zudecken und abbrennen lassen, das grüne Taxach wurde braun. So wurde es im Winter, mit einem Hanfseil fest zusammengebunden, zum Hof gezogen." (RATHGEB 2006; siehe Teil 1). Zum Bergbauernhof bei Peter Rathgeb gehörte auch eine Farnstreuwiese, die jährlich zur Streugewinnung gemäht wurde. Auf einer felsigen und sehr steilen Fläche wurde das Laub von Ahornbäumen zusammengetragen und im Korb zum Hof getragen, ebenso zur Verwendung als Streu (RATHGEB 2006; siehe Teil 1). Im Oberpinzgau wurden die großflächigen, versumpften Talgründe zur Gewinnung von Bodenstreu genutzt. Eine nicht immer gesundheitsförderliche Tätigkeit – die Mäher, die dabei tagelang ohne wasserdichte Schuhe bis über die Knöchel im Wasser standen, litten nicht selten an Gicht und Rheuma; Schimmelbildung von nicht ausreichend getrocknetem Pflanzenmaterial förderte Lungenerkrankungen (EFFENBERGER 1990).

Was die Gebirgslandwirtschaft prägte, war der Werkstoff Holz in all seinen Formen, wie Mooslechner in dem faszinierenden Buch „Winterholz" facettenreich darlegt. Holz war zentraler Heiz- und Brennstoff und war Baumaterial. Wohngebäude, Ställe und Heustadel waren aus Holz, Holzfenster – vielleicht sogar mit hölzernen Schubdeckeln zum Verschließen –, Türstöcke, Türen mit Türgriffen, Holzbalkone, Schindeldach und -fassaden, Pfettenbretter als Schutz vor Witterungsschäden, Stiegen, Betten, Kasten, Esstisch und Ofenbank, Wiege und Leichladen, Spinnrad, Heuwagen, Holzpflug und Egge. Dabei war die Auswahl des richtigen Holzes für die jeweilige Verwendung wichtig. Junges gespaltenes Lärchenholz wurde zu robusten Körben verflochten, dünne Wurzeln zu Wurzelkörben verfertigt, Nadelzweige zu den Wischern zum Herdreinigen zusammengebunden, aus dürren Wipfelspitzen Quirle und Kochlöffel für den Hausgebrauch hergestellt. Zirben- und Latschenholz waren wegen ihrer Seltenheit und wegen der Härte, Farbe und Maserung beson-

Foto 2.5: Zaunlegge 1955, Gemeindearchiv Taxenbach.

ders für dauerhafte Geräte beliebt. Hohlmaße, kleine Holzbüchsen zur Lebensmittellagerung, Schaffe und Rührkübel wurden aus Zirbenholz hergestellt – es galt als besonders günstig für die Milchverarbeitung.

Für Brunnenrohre, Dachrinnen und offene Holzrinnen schätzte man astfreies Holz, reibfestes Holz vom Hagedorn wurde bei hölzernen Kammrädern verwendet, Wagendeichseln aller Art, aber auch Gabelstiele und Holzrechen fertigte man aus Zitterbirken. Für den Bau der Holzschlitten verwendete man Holz von Birken, Jungeschen und Jungahornen – Birkenholz war besonders stark, bei Feuchtwetter jedoch schwer an Gewicht. Für die Tatzenstiele der Schlitten nahmen die Holzknechte zähes Birken- und Buchenholz, vorzugsweise aus steilem Gelände und Lawinenhängen geschlagen. Stark beanspruchte Teile eines Mühlenwerkes fertigte man aus Ahorn, Birken- und Mehlbeerholz, für die Herstellung von Bauholz war die Fichte die wichtigste Baumart, die Haselfichte aufgrund der guten Klangeigenschaft und besonderen Holzgüte im Instrumentebau sehr gefragt (MOOSLECHNER 1997, 63–65). Milchgeschirr, Wagner- und Tischlerholz wurden ebenfalls von der Fichte genommen.

Neben der richtigen Auswahl des geeigneten Holzes waren Lagerung und Trocknung ausschlaggebend – Bauholz beispielsweise wurde über mehrere Jahre gelagert, um bessere Bearbeitbarkeit zu ermöglichen (MOOSLECHNER 1993, 111).

Unmengen von Holz waren nötig zur Errichtung der in der Viehhaltung erforderlichen Einfriedungen – die aufwendigen und komplizierten Verkreuzungen der Zäune hielten im Idealfall dem Druck von Schnee und Vieh jahrzehntelang stand (Foto 2.5). Zaunholzrichten war eine Winterarbeit – das richtige Holz auswählen, zuschneiden und spitzen. Sobald im Frühling der Boden frostfrei war, wurden die Zäune ausgebessert, die Zaunstecken nachgeschlagen, lockere Zäune abgerissen und neu aufgestellt, das kilometerlange Zäunen dauerte für mehrere Männer oft Wochen und erforderte neben Kraft und Ausdauer auch Geschick und Augenmaß.

Auf den Almen wurden die Einfriedungen im Spätherbst umgelegt, um sie so vor Schneedruck und damit allzu großer Beschädigung zu schützen. Almeinfriedungen, da weit weniger dicht als die Zäune im Tal und mitunter auch aus Steinen gebaut, wurden „Hag" genannt, wiederum im Unterschied zum „Schräg", der für kurzzeitige Einfriedungen Verwendung findet (MOOSLECHNER 1993, 115–121). Ebenfalls eine Winterarbeit war das Schindelnmachen – Pinzgauer Höfe mit ihren vielen Gebäudlichkeiten hatten große Dachflächen und bedurften einer großen Menge an Dachschindeln. Wiederum ist hierbei ein geschulter Blick für das richtige Ausgangsmaterial erforderlich – ungeeignet sind Bäume im Dauerwind, gesucht sind Lärche, kostengünstiger jedoch die Fichte – sowie ein geschickter Arbeitsablauf: Äußerster Holzring entfernt, dann Stamm geviertelt, vom Kern befreit. Gevierte Holzstücke werden der Faser nach gespalten und mit einem speziellen Messer geschnitten. Knapp vierzig Zentimeter Länge ist die Schindelnorm für Hausdächer, für Schindeln für 1 qm Dachfläche braucht eine Person etwa drei Stunden. Brunnenrohre wurden ebenso aus Holz gefertigt, wie Peter Rathgeb berichtet: Für hölzerne Brunnrohre musste in einen ca. vier Meter langen, rund 20 cm dicken, gerade gewachsenen Tannen- oder Lärchenstamm mit einem Schneckenbohrer von beiden Seiten über die ganze Länge ein Loch gebohrt werden, das in der Mitte zusammentraf (RATHGEB 2006; siehe Teil 1).

Pilotenschlagen bei Brückenbauten, Uferbefestigungen oder im sumpfigen Gelände war selbst für Männer eine kraftraubende Arbeit – und ist deshalb heute noch zeitweilig in Erinnerung. Die etwa sechs bis zehn Meter langen, zugespitzten Pfähle, zumeist aus Lärchenholz, wurden von einem Gerüst aus in den Boden gerammt. Die Arbeit wurde von bis zu acht Männern erledigt, unter gestanzelartigem Kommando, um die bestmögliche Kraftausnutzung zu gewährleisten. Stieß man zu früh auf unüberwindbaren Widerstand wie etwa große Steine, war die Anstrengung umsonst gewesen (EFFENBERGER 1990, 533f.). Die bäuerliche Holzverarbeitung lieferte Nebenprodukte für andere Gewerbe. Fichtenrinde war aufgrund ihres hohen Gehaltes an Gerbsäure ein wichtiger Rohstoff für den Gerber: die geschlägerten Fichtenstämme wurden entrindet und die Fichtenrinde zusammengerollt, dann aufgestapelt und mit Rindenplatten abgedeckt im Winter zum Gerber gebracht. Die Fichtenrinde wurde fein gehäckselt und damit eine Lohbrühe in großen Gruben angerichtet, in welcher die Häute bis zu zwei Jahre zur Gerbung lagen.

Rechenhaftigkeit und Schriftlichkeit hielten in der bäuerlichen Geschäftstätigkeit relativ spät Einzug. Nicht aufgrund mangelnder Kenntnisse – um den Wert seiner Produkte wusste der Bauer sehr wohl Bescheid. Eine Zeitung und einen Kalender gab es fast in jedem Haus, sie ließen Platz für betriebliche Eintragungen. Geschäfte wurden mündlich und per Handschlag abgeschlossen, „Glauben und Schätzen" gingen über „Wiegen und Rechnen", Bauernehre und rechter Preis vor Markt und Gewinn. Die meisten Bauern hatten Geschäftspartner, denen sie ein Leben lang treu blieben. Fast alle Zahlungen wurden bar abgewickelt – mit dem Müller und Viehhändler in der Regel an dem der Geschäftsabwicklung folgenden Sonntag, mit dem Handwerker zu Jahresende, mit den Störhandwerker und dem Tierarzt sofort.

In der alten bäuerlichen Wirtschaftsweise durfte nichts verloren gehen, nach der Ernte wurde noch einmal nachgerechnet, weggeschüttet wurde nichts, alles bestmöglich wiederverwertet. Das änderte sich mit dem Einzug der Technik und der Massenproduktion: viele Abfälle hatten keine Verwendung mehr – was sollte man auch anfangen mit ausgebrannten Glühbirnen, geflickten Sicherungen, alten Isolatoren, verrosteten Gusseisen, abgefahrenen Reifen, Plastiksäcken und Aluminiumdosen! In den fünfziger Jahren wurden die Abfallgruben an den Waldrändern immer größer, bis man sich schließlich auch am Land um Wege der Abfallvermeidung und geregelte Abfallentsorgung kümmern musste (SANDGRUBER 2002, 315–317).

Der Arbeitserfolg in der Landwirtschaft, mehr vielleicht als in manch anderem Wirtschaftszweig, hing von Gunst oder Ungunst der Witterung ab: jahrelang beobachtete Wettererfahrungen waren in Sprüchen und Merksätzen zusammengefasst und wurden als Bauernregeln und Lostage Jahr für Jahr in Erinnerung gerufen und für Arbeitsentscheidung herangezogen: „Wenn die Kühe oder Ziegen in der Erde scharren, wenn sie nicht im Stall bleiben wollen oder wenn sie in der Luft schnuppern, wird es Schlechtwetter. Wenn die Kühe aufwärts grasen, bleibt das Wetter schön, wenn die Schafe recht laut blöken, wird es schlecht, wenn die Hühner nicht schlafen gehen wollen, ebenso. Wenn sie hingegen schon früh aufsitzen, bleibt es schön." Und in gereimter Form und freilich nur ein paar Beispiele: „Josefitag klar, ist ein fruchtbares Jahr. Regnet es am Siebenschläfertag, ist sieben Wochen lang Regentag. Um Maria Geburt fliegen die Schwalben furt, bleiben sie da, ist der Winter nicht nah. Hängt zu Weihnachten Eis an den Weiden, kannst du Ostern Palmen schneiden." (EFFENBERGER 1990, 30–37) Fortschritte in der Meteorologie haben – volkskulturelle Betrachtungen einmal ausgenommen – das Verständnis um die Bedeutung dieser Zusammenhänge sinken lassen.

Die Infrastruktur der Arbeitswelt Gebirgsbauernhof war in der ersten Jahrhunderthälfte eine gänzlich andere als zu Ende des Jahrhunderts. „Es waren damals ganz wenige Bergbauern, die das kalte Wasser schon in der Küche gehabt haben, (sie hatten) nur den Brunntrog vorm Haus, und da ist das Wasser meistens mit einem Eimer oder auch viel früher noch mit einem Holzschaffel ins Haus getragen worden. Die Wasserleitung von der Quelle zum Brunntrog, das waren Holzrohre. Bei ganz vielen Höfen war der Brunntrog das Wasser zum Kochen und zum täglichen Verbrauch", schildert Peter Rathgeb und folgt man seinen weiteren Ausführungen, so liegt nahe, dass der Ausbau der Wasserversorgung und die Errichtung sanitärer Anlagen wohl einer der entscheidenden Schritte für das Leben und die Lebensqualität am Land war (RATHGEB 2006; siehe Teil 1). Taxenbach verfügte im Ort zwar schon 1907 über eine Wasserleitung, aber die Einbindung des gesamten Gemeindegebietes dauerte Jahrzehnte. Im letzten Viertel des Jahrhunderts stellte sich die Entsorgung von Abwässern und Abfall als ebenso großes Problem – zunächst in

Hauskläranlagen und Betongruben entsorgt, erfolgte eine zentrale Lösung ab den sechziger und siebziger Jahren.

Einschneidend wie die Versorgung mit Fließwasser war auch die Versorgung mit elektrischem Strom. „Wie halt alle Jahr, wird im Herbst der Tag immer kürzer und die Nacht länger", erinnert sich Rathgeb an seine Schuljahre, „solange noch Tag war, gab es viel Arbeit, da war für die Kinder natürlich keine Zeit zum Aufgabemachen, und nachher war es eben zu finster dazu." (RATHGEB 2006; siehe Teil 1). Die Verwendung von Holzspänen als Lichtquelle kannte Peter nur aus Erzählungen, selbst hergestellte Kerzen waren in seiner Kindheit durchaus üblich: in der Stube gab es ein silbernes Petroleumlamperl, im Stall eine Sturmlampe – „und wenn der Zylinder voll Ruß war, dann hast fast gar nichts mehr gesehen". Abgesehen von der Beleuchtung blieben die Beheizung der Räume und die Möglichkeiten zum Kochen recht spärlich: „In einem Raum, der Stube, gab es einen selber gemauerten, aus gewöhnlichen Steinen ohne Ziegeln zusammengebastelten Herd, auf dem ist alles gekocht worden, der Rest des Hauses ungeheizt, die Fenster ohne Winterfenster, am Boden das gefrorene Eis. Größere Bauern hatten meistens schon einen guten Kachelofen in der Stube und in der Küche auch meistens einen guten Küchenherd." (RATHGEB 2006; siehe Teil 1).

Wenn auch nicht in der Landwirtschaft und schon gar nicht am Berg, so war das Stromzeitalter im Pinzgau bereits vor der Jahrhundertwende angebrochen: 1895 hatte sich Johann Dschullnigg in Saalbach für seine Schmiede ein kleines Kraftwerk zugelegt, von wo aus er auch die Gemeinde belieferte, 1899 begann der Bau des Kraftwerkes Lend-Klammstein, 1902 baute in Niedersill eine Genossenschaft ein Kleinkraftwerk, im selben Jahr haben sieben Pinzgauer Hotels elektrisches Licht, Saalfelden ab dem Jahr 1909 die erste Telefonleitung (HUTTER 1996, 9f.). Aus lokalen Initiativen wurde 1920 mit dem Bau einer Hochspannungsleitung von Bischofshofen nach Saalfelden ein landesweiter Stromverbund hergestellt. Der bahnbrechende Schritt in der österreichischen Energiegeschichte, wenn auch wiederum nicht in erster Linie zugunsten der Pinzgauer Betriebe, war der Bau des Tauernkraftwerkes Kaprun, der nach 1938 mit unglaublichem Tempo und menschlich unglaublich hohem Einsatz vorangetrieben wurde. Für viele Haushalte und landwirtschaftliche Betriebe kam das Licht erst nach dem Krieg, ab 1949 leiteten Subventionsstützungen die Restelektrifizierung der Landwirtschaft ein. Und Anfang der sechziger Jahre gab es bereits mehr als 60 verschiedene Elektrogeräte für den Bauernhof – von der elektrischen Dengelmaschine, den Kükenbrutschränken, zu Viehputzgeräten und Wäscheschleuder (SANDGRUBER 2002, 331).

Ebenso bahnbrechend für den Verlauf des 20. Jahrhunderts der Ausbau des ländlichen Straßen- und Wegenetzes – es erleichterte die Arbeit und war die Voraussetzung für eines der zentralen Kriterien des späteren 20. Jahrhunderts, die fast uneingeschränkte Mobilität. Dort wo Peter Rathgeb aufwuchs, „ganz hint oben auf circa 1200 m Seehöhe unterm Wald", gab es nur Fuhrwege, Steige, im Winter einen Ziehweg, immer wieder berichtet er vom mühsamen Gehen und Tragen: „so fürchterlich viel tragen, tragen, alles hat müssen getragen werden, es hat im ganzen Berg und fast bei keinem Bauern ein ebenes Fleckerl gegeben." (RATHGEB 2006; siehe Teil 1)

Selbst in einem Zentralort wie der Gemeinde Saalfelden war die Wegesituation ein Dauerthema: mit der Eisenbahn hatte Saalfelden bereits akzeptable Verbindung nach Salzburg und nach Tirol, mit dem Postauto kam man nach Lofer, die Fahrwege in den unmittelbaren Nachbarort Maria Alm waren hingegen schlecht. „Das Problem war der Zustand der Straßen und Brücken in der Gemeinde, die Staubplage war im Sommer bedrückend. Zur Zeit der Schneeschmelze waren die Straßen durch den morastigen Untergrund kaum befahrbar, die Brücken ließen nur beschränkte Transportlasten zu. Der motorisierte Verkehr nahm zu, vor allem die Landgemeinde Saalfelden stand dem Kraftwagenverkehr ablehnend gegenüber. 1925 wurde verfügt, an den Straßeneingängen nach Alm und Leogang Autoverbotstafeln anzubringen. Die Straßen waren nur geschottert, mangelhaft gewalzt, es bildeten sich rasch Schlaglöcher, die Instandhaltung war zeit- und kostenintensiv. 1929 wurde ein Fahrverbot für Fuhrwerke während der Schneeschmelze erteilt, 1930 eine Straßenmaut eingehoben, da die Gemeinde die Erhaltung nicht finanzieren konnte", die Entwicklung konnte freilich nicht aufgehalten werden, berichtet der Chronist (MARKTGEMEINDE 1992, 356–357).

In den 1920er und 1930er Jahren gab es bundesweit die ersten einheitlichen Güterwegebauten, frühe Pinzgauer Projekte dabei waren die Gerlosstraße, die Heutalstraße in Unken, die Straße von Bucheben nach Kolm-Saigurn in Rauris, der Dürnbergweg in Stuhlfelden. Mit zunehmendem Fremdenverkehr wurde Erreichbarkeit immer wichtiger, mit der Mechanisierung und mit den im Nebenerwerb geführten Betrieben wurden Güterwege die grundsätzliche Voraussetzung dafür, dass landwirtschaftliche Betriebe überhaupt weitergeführt werden konnten. Zum Bau von Straßen kam die Frage der Erhaltung – im Gebirge sehr zentral auch die Aufgabe der Schneeräumung; begleitet war und ist der Straßen- und Güterwegebau von der Diskussion um negative Entwicklungen wie etwa der unnötigen Zerschneidung wertvoller Lebensräume (LANDESREGIERUNG 1993).

Das Betriebsmittel „Bargeld" wurde in der Abkehr von der Selbstversorgungswirtschaft immer wichtiger und seine ausreichende Verfügbarkeit entscheidend für die wirtschaftliche Entwicklung am Land. Schon kurz vor der Wende zum 20. Jahrhundert waren hierzu im Gebirge die von landwirtschaftlichen Wanderlehrern und Geistlichen propagierten genossenschaftlichen Selbsthilfeeinrichtungen im Stile Friedrich Wilhelm Raiffeisens gegründet worden. In der Form der Sonntagskassen in Gasthäusern, Pfarrämtern oder Gemeindeämtern betrieben, entstand für das Land Salzburg die erste 1890 in Taxenbach. Es folgte eine Gründungswelle – „man hatte aus anderen Orten, insbesondere auf den Jahrmärkten von den Genossenschaften gehört", so die Chronik von Piesendorf. (EFFENBERGER 1990, 376)

Die ersten Jahrzehnte waren für die Genossenschaften keineswegs einfach – vorwiegend organisatorische Fragen, Liquiditätsengpässe wie insbesondere in den Kriegs- und Zwischenkriegsjahren, die Währungsumstellung 1924, die Einbindung in kriegswirtschaftliche Ziele stellten die Verantwortlichen vor oft schwierige Aufgaben. In der Nachkriegszeit dann konnten Bankinstitute ihren fixen Platz im Wirtschaftsleben einnehmen und zur Modernisierung des Lebens beitragen: mit Hilfe eines Bankkredites konnten Eigenheimträume realisiert werden, die zwei Jahrzehnte zuvor undenkbar gewesen wären. Mit dem

Übergang zum Tagesverkehr erfolgte in vielen Banken die schrittweise Ausdehnung der Geschäftstätigkeit auf nicht agrare Sektoren bis hin zur Einbindung des genossenschaftlichen Bankwesens in die Konkurrenz der internationalen Finanzwelt. Ab den 1920er Jahren kam es durch die Raiffeisenorganisation zu wichtigen Entwicklungen im Betriebsmittel- und Absatzbereich: die Gründung von Milch- und Molkereigenossenschaften und 1928 zur Gründung des ersten Lagerhauses im Land Salzburg. In den Kriegs- und Nachkriegsjahren wurde das Modell stark verbreitet – 1938 bis 1940 entstanden zehn Lagerhäuser, darunter auch im Pinzgau. Betriebsmittel, die man vorher selber erzeugen musste, konnte man nun kaufen. Bald war der landwirtschaftliche Betriebsmittelbedarf wie Treibstoff, Düngemittel, Futtermittel etc. ohnedies nicht mehr selber herstellbar. Wie der Banksektor wuchs auch der Geschäftsbereich der Lagerhäuser rasch über den landwirtschaftlichen Bedarf hinaus, hier war in den Jahren des großen Bauens insbesondere der Baustoffsektor zu bedienen (DIRNINGER 2005, 179–186).

Im Jahrhundertverlauf änderte sich auch die bäuerliche Krisensicherung fundamental: Feuer, Unglück mit Vieh, Naturgewalten, insbesondere Hochwasser, Hagel, Fröste, Muren und Lawinen, Krankheit, Unfall, Tod, Krieg waren immer Bedrohung für die Landwirtschaft. Als frühe Form der Risikogemeinschaft wurden Brandschadensvereine und Feuerversicherungsgesellschaften bereits im 19. Jahrhundert gegründet, nun wurden viele Risikobereiche schrittweise in das moderne Versicherungswesen einbezogen. Die Zwischenkriegszeit war verstärkt von Bränden gekennzeichnet – neue Gefahrenquellen und unzulänglicher Schutz, wirtschaftlich bedingter Versicherungsbetrug und Racheakte waren häufige Ursachen. (SANDGRUBER 2002, 318–322)

II. 7. 2. Arbeitswelten in Bergmahd und Almwirtschaft

Den auf der Alm üblichen Arbeitsablauf hielt Max Effenberger fest: „Der Tag auf der Alm begann um 2.00 Uhr früh, da wurde von den Hüterbuben zugetrieben, der Melker machte am Feuer das Wasser heiß, um nach dem Melken das Milchgeschirr wieder zu reinigen. Erst nach dem Melken gab es Frühstück – Milchsuppe und Butterbrot. Gemolken wurde mit der Hand, ein guter Melker schaffte zwölf Kühe in der Stunde. Auch das Butterrühren musste mit Handbetrieb geschehen, auf einigen Almen wurde der Rührkübel mit einem Wasserrad angetrieben. Als es noch keine Zentrifuge gab, musste die Milch aufgestellt werden, der Rahm wurde dann nach einem Tag mit einem Span abgeschöpft. Das Butterrühren währte immerhin je nach Wetterlage ¾ bis 1 Stunde, bei Schlechtwetter ging die Butter schwer zusammen. In einer ‚Rühr' waren meist zwanzig Liter Rahm, das ergab dann 10–12 kg Butter, je nach Grasbewuchs auf der Alm. Dazu ergab es noch 7–8 Liter ‚Rührmilch', heute Buttermilch genannt. Eine Besonderheit auf der Alm war die gestockte saure Milch, hergestellt aus Magermilch und Rührmilch. Auf Pinzgauer Almen wurde auch der ‚Schotten' erzeugt. Dazu wurden Magermilch und Rührmilch zusammengeschüttet und gekocht, die dadurch geronnene Milch kam in die Schottwiege, in hölzerne, gelöcherte Formen, um das Milchwasser, die Molke, ablaufen zu lassen. Der zurückgeblie-

Foto 2.6: Käsekeller, Gemeindearchiv Taxenbach.

bene Schotten wurde mit einem Tuch ausgepresst, gesalzen und zu Laibchen geformt. Auf der Esse wurde er häufig noch geselcht. Hauptprodukt war der Pinzgauer Käse, zumeist mit Ziegenmilch und mit Käsebeize erzeugt, er war nach drei Monaten Lagerung im Käsekeller (Foto 2.6) reif und konnte verkauft werden." (EFFENBERGER 1990, 352f.)

Eindrücke vom Leben der Almleute gibt eine von Albert Steidl (STEIDL 2004) zusammengetragene Sammlung von Erzählungen. Die Erinnerungen geben Einblick in eine versinkende Welt, wie Steidl in der Einleitung schreibt, doch trotz der Veränderungen, so die Kernaussage, „ist den Almleuten das besondere Lebensgefühl des Almlebens geblieben, gebildet aus dem Bewusstsein der Abgeschiedenheit, der Ruhe und der Verantwortung, dem Naheverhältnis zu den Tieren, der Hilfsbereitschaft, der besonderen Ehrfurcht vor der Schöpfung" (STEIDL 2004, 3). Auszugsweise seien einige der Erinnerungen hier zitiert. Alois Schnaitl, Jahrgang 1930, verbrachte 27 Sommer auf der Alm. „Wir waren damals zu dritt: der Melcher, der Schosser und der Hüter. Um drei Uhr früh gingen wir los, um die 35 Kühe zu melken. Meistens war dabei ein Steilaufstieg bis zu einer Stunde zu bewältigen. Dann mussten 150 Liter Milch zum Almgebäude gebracht werden, mit dieser Last abzusteigen, erforderte besondere Anstrengung. Im Krieg habe ich (die) zwei Frauen bewundert, die ebenso die schwere Last auf ihre Rücken genommen haben. In der Hütte angekommen wurde die Milch in die Zentrifuge geschüttet und diese händisch in Betrieb genommen. Die Ziegen wurden gemolken und deren Milch mit der Vortagsmilch und der entrahmten, frischen Milch in den Kaskessel geschüttet, unter dem inzwischen das Feuer entzündet wurde. Dann gab es ein kurzes Frühstück, meistens bestehend aus Butterbrot und Milchsuppe. Anschließend hatte der Hiata die oft lang dauernde Arbeit des Buttermachens mit dem Rührkübel zu übernehmen, während der Schosser den Scherm zu putzen hatte. Anschließend musste der Hiata zu den Galttieren, um sie zu salzen und deren Unterkünfte sauber zu machen. Nachdem der Käse in die Form gebracht wurde, galt es, das gesamte benützte Geschirr sauber zu machen, was eine besonders sorgfältige Arbeit erforderte, die dem Melcher oblag. Ich habe das Kasen hauptsächlich von den alten Almleuten gelernt, zur Sicherheit nahm ich aber noch an einem Kaskurs beim Klinglerbauer teil. War ein rechtes Sauwetter, so wurden die Tiere in den Scherm gebracht. Zuvor aber mussten die Ziegen gemolken und ihr Platz frei gemacht werden. Das hat den Ziegen gar nicht behagt und sie ließen sich oft nur mit Mühe ins Freie bringen. Bei sehr heißem Wetter kamen die Kühe von selbst in den Stall, sonst mussten wir am Nachmittag wieder auf die Höhe steigen und die Milch herunterschleppen. Diese wurde nach der Trennung in Rahm und Magermilch für die Verarbeitung am nächsten Tag im Wasserbassin kühl gestellt. Alle zwei Wochen wurden mit der Schleipfe und Samkiste die Verpflegung hoch und die Butter ins Tal gebracht. Käse kam erst im Herbst im runden Fassl ins Tal. 1967 kam mir der Weg zugute, damit ich zur Heuarbeit immer heimfahren konnte. Jetzt bin ich aber den Sommer über allein heroben mit meinen Tieren. Statt der Melkkühe gibt es nur mehr die Mutterkuhhaltung. Die Ziegen und Schweine sind mir abhandengekommen. Da die ganze Melkarbeit entfällt, steht mir viel mehr Zeit für andere Arbeiten zur Verfügung. Durch zu wenig Almpersonal ist jahrelang das Schwendten unterblieben, so dass das Almgebiet ziemlich verwilderte, und es braucht viel Mühe, um Jungwuchs, Almrosen und Gebüsch wieder zurückzudrängen. Auch mit dem konsequenten Ausmisten konnte das Unkraut zurückgedrängt werden. Wassergräben müssen instand gehalten und neue aufgemacht werden und sogar zum Steinen habe ich mir manchmal Zeit genommen." (STEIDL 2004, 82)

Für Frauen war die Arbeit auf den Almen nicht wirklich anders als jene von männlichen Almleuten. Maria Röck, Jahrgang 1948, seit 39 Sommern auf der Alm: „Schon als 17-Jährige wurde ich als Sennin auf die Alm geschickt. Ich hatte mir bereits in den Sommern zuvor von unserer Altsennin alle Arbeiten abgeschaut. Mein Arbeitstag sah so aus, dass ich um 3 Uhr früh aufstand, die Kühe in den Stall trieb und dann mindestens zwei Stunden mit dem Melken der 20 Kühe beschäftigt war. Nach dem kurzen Frühstück musste Butter gerührt und Käse gemacht werden. War dies geschehen, so war jeden zweiten Tag dem Vieh im Kar nachzuschauen, eine anstrengende und zeitaufwendige Arbeit (Foto 2.7), so dass kaum Zeit zur Bereitung eines ordentlichen Mittagessens blieb.

An einen kurzen Mittagsschlaf als Ausgleich zum frühen Aufstehen war an den meisten Tagen gar nicht zu denken, denn nach dem Säubern des Stalls kam schon wieder die Melkarbeit an die Reihe. (...) Leichter wurde es, als die Alm mit einem traktorbefahrbaren Weg erschlossen und die Milch an die Molkerei geliefert wurde. Eine weitere Erleichterung gab es mit der Anschaffung der Melkmaschine (und) schließlich mit der Mutterkuhhaltung." (STEIDL 2004, 74)

„Die Entlohnung war nicht gerade üppig. Vor dem Krieg gab es im Monat 50 Schilling. Anfang der 50er Jahre waren es 400, dann 500 Schilling und als der Jungbauer den Hof übernahm, konnte ich erstmals einen 1000-Schilling-Schein in der Hand halten. (...) Die Abwechslung bestand im seltenen Besuch von Bekannten am Wochenende oder, wenn es mehrere Tage regnete, von Holzknechten, die ihre Arbeit einstellen mussten und die Alm aufsuchten. Auf den Gemeinschaftsalmen war natürlich mehr los. Grundsätzlich wurde jeden Samstag um 19 Uhr beim Almkreuz der Rosenkranz gebetet. Nachher setzten sich die Almleute zusammen, fast jede Sennin hatte etwas mitgebracht und dann wurde getratscht und gesungen und zwischendurch etwas schnabuliert", berichtet Burgi Schmuck, Jahrgang 1919 aus St. Martin bei Lofer. Die Besonderheit des Almlebens fasst sie in Worte: „Wenn ich heute gelegentlich gefragt werde, wie man es aushalte, 64 Sommer auf der Alm zu verbringen, dann muss ich sagen: Ja, es ist richtig, man muss auf vieles verzichten und manches entbehren, man ist, je nach Alm, viel allein, die Arbeit verlangt den vollen Einsatz, die Verantwortung kann drückend sein und doch, ich möchte keinen einzigen Sommer meines Almlebens missen. Wer einmal den Sommer hindurch Almluft geatmet hat, ist davon infiziert und kommt nie mehr los davon. Das Bewusstsein der Freiheit, der Eigenverantwortlichkeit und der Ungebundenheit ist durch nichts zu ersetzen." (STEIDL 2004, 78)

Foto 2.7: Nachschauen bei den Pinzgauerziegen, um 1950, Gemeindearchiv Taxenbach.

Für die Kleinbetriebe der Region, die über zu wenig Heimweidefläche verfügten, nahm die Nutzung der Bergmähder eine wichtige Rolle ein. Die weiträumigen Bergmahdgebiete der Hohen Tauern, die Abläufe der heute verschwundenen Arbeit rekonstruierte Hans Enzinger in einem fesselnden Fotoband: „Die anstrengende Erntearbeit im extrem steilen und oft steinigen Gelände der Bergmähder wurde durch die Stille und Schönheit der freien Natur leichter gemacht. Hoch in der Luft schwebende Steinadler und Weißkopfgeier. In der Nähe äsende Rehe, Hirsche und Gämsen, der Duft der wunderbaren Flora von Edelrauten, Kohlröschen, Edelweiß, Arnika, Enzianen und vielen anderen mehr bereicherten das Leben in diesen Hochlagen", so der Autor über die schwierige, gefährliche Arbeit (ENZINGER 2004, 3).

Foto 2.8: Bergmahd um 1950, Gemeindearchiv Taxenbach.

Rund 900 Bergmähder in der Region konnten namentlich erfasst werden, Geländemulden, markante Felsen, Pflanzen und Tiere dienten den Menschen während der Arbeit zur Orientierung. Man fragte „nicht so sehr nach der Rentabilität der Bergheugewinnung. (E)s hieß, wenn man auf einem Platz bei einem Streifer so viel Heu erwischt, wie eine Ziege auf einmal (...) nehmen kann, dann zahlt sich das Mähen schon aus" (HUBACEK 1948, 118f.). Die Arbeit dauerte in der Regel zwischen zwei und drei Wochen und wurde vorwiegend durch die am Hof eingesetzten Dienstboten ausgeführt, das Almpersonal hatte zu dieser Zeit ohnedies Hochsaison. Wenn beim Hof die erste Mahd eingebracht war, so ging es um Jakobi, also Ende Juli, auf die Bergmahd (Foto 2.8).

Die Nutzung erfolgte teils einmal pro Jahr – einschürig –, alle zwei – halbschürig –, oder alle drei Jahre – drittelschürig. Auf fünf Mäher – die Steilheit des Geländes erforderte mitunter die Verwendung von Steigeisen – folgte ein Knecht oder eine Magd – sie breiteten die Graszeilen zum Trocknen mit dem Rechen auseinander und richteten sie auf Holzstangen auf. In Netze geschlagen oder auf Kopftaschen wurde das Heu weggetragen oder als Heulawine zu Tal gebracht. Dies war vielfach die Arbeit für junge starke Männer. Der Arbeitstag war wiederum lang, die Verpflegung einfach, die Unterkunft notdürftig, doch die Abende mitunter sehr unterhaltsam. Die Geräte zur Ernte waren meist selbst hergestellt, einfach und funktionsgerecht. Mit einem Stück Rasen abgedeckt, blieb das Heu auf Tristen bis zum Winter liegen. Zum Heuholen im Winter begann der Tag wiederum sehr früh, im Rauriser Seidlwinkeltal auch schon um 1 Uhr nachts. Nach dem anstrengenden Aufstieg wurde das Heu zu einem Heubinggel gefasst – die Heupacken waren einige Tausend Kilogramm schwer und mit einem Ferggel – einem Untersatz aus dünnen Fichtenstangen – zu Tal gebracht. In flacheren Stellen wurden zur besseren Gleitfähigkeit zwei aufgebogene Bretter untergelegt, in schwirigen Geländen musste mit Hanfstricken gesichert werden (ENZINGER 2004).

Arbeitskräftemangel und vor allem die Verbesserung der Heimweide ließen die Nutzung der Bergmahd schlagartig zurückgehen. Für den Pinzgau weist die Statistik für den Zeitraum der sechziger Jahre etwa 2500 bis 3000 ha Bergmahden aus, danach scheint diese Kategorie in der amtlichen Erhebung nicht mehr auf. Mit Ende der Nutzung der Bergmahd änderten sich das Aussehen und die Vegetation dieser Flächen entsprechend.

Vor der zentralen Ausrichtung auf Milchproduktion wurde Vieh im Pinzgau mit dem Ziel gezüchtet, es im Herbst gut zu verkaufen und so Bargeld zu erlösen. Die Heimweide erlaubte es oft nicht, den gesamten Viehstand über den Winter zu füttern. Die herbstlichen Viehmärkte nach der Almzeit waren damit die Drehscheiben des regionalen Viehhandels. Zur Jahrhundertwende ging der Handel – ausgenommen der wenigen Hornviehmärkte, die in einzelnen Gemeinden abgehalten wurden – noch vielfach über Haus, zunehmend traten nach der Jahrhundertwende professionelle Händler als Vermittler auf und Anfang der Dreißiger Jahre bestand bereits eine Vielzahl von regelmäßig abgehaltenen Viehmärkten. „Auf den Zuchtochsen- und Schlachtviehmärkten", schreibt Hofrat Kaltenegger schon 1902, „sind die Pinzgauer Ochsen zu jeder Zeit eine hochgeschätzte und leicht anbringliche Ware. Besonders die gemästeten Pinzgauer Jungochsen sind wegen ihres zarten und vollsaftigen Fleisches in Wien und München, Frankfurt und Köln eine gesuchte (...) Ware." (STÖCKL 1998, 38)

Fohlenhändler aus Bayern, Oberösterreich und dem Flachgau fanden sich jedes Jahr bereits im Frühling im Pinzgau ein, um Hengstfohlen unter der Bedingung zu kaufen, dass dieselben auf Kosten und Gefahr des Besitzers noch bis Mitte oder Ende August behalten, auf den Almen gesömmert und gut gepflegt werden. Der Kaufabschluss erfolgte per Handschlag, außerdem wurde eine Anzahlung geleistet.

Im Herbst fanden die Rindviehmärkte statt, wobei den Viehmärkten im Gebiet der Orte Bruck und Saalfelden bis Mittersill zentrale Bedeutung zukam. Verglichen mit den Auftriebszahlen der Märkte in der Stadt Salzburg waren die Pinzgauer Viehmärkte mit 200–300 Stück freilich klein, jedoch kamen in Summe jährlich immerhin etwa 4000 Stück Vieh zum Verkauf. Hinsichtlich der Vermarktung von Pferden waren die Gebirgsmärkte bedeutsam – von rund 2000 im Land Salzburg aufgetriebenen Pferden wurden nach einer Aufstellung von 1933 im Pinzgau 840 Stück abgesetzt. Die wichtigsten Umschlagplätze für das Vieh waren nach den Märkten innergebirg die Stadt Salzburg und ihre Umgebung, wo jährlich an die 100 Viehmärkte verschiedener Größe stattfanden. Der um den 10. August stattfindende Viehmarkt in Maria Plain war in den Gebirgsgauen am besten bekannt, als einziger großer Markt noch während der Almzeit galt er als Preisbarometer für die kommenden Herbstmärkte. Groß und bekannt waren auch der Herbstmarkt in St. Leonhard und der um Ruperti angesetzte Siezenheimer Markt. Der Handel mit Pinzgauer Vieh durchquerte das ganze Zuchtgebiet, beginnend in den innersten Gebirgstälern wuchsen die Verkaufsbestände bei den verschiedenen Regionalmärkten immer mehr an

(STÖCKL 1998, 38). Während die in Milch stehenden und hochträchtigen Tiere vorwiegend in den Salzburger Flachgau, nach Bayern, nach Ober- und Niederösterreich abgesetzt wurden, ging die kürzer trächtige Ware zum großen Teil nach Böhmen, in die Slowakei, von dort bis nach Siebenbürgen.

Nachfolgend ein Bericht vom Geschehen auf einem Pinzgauer Wochenmarkt, an dem Viehverkauf zwar nicht im Zentrum stand, an dem neben vielerlei anderen Dingen aber auch Lebendvieh überhandelt wurde. „Bis in die 1940er Jahre besuchten die Brucker den Zeller Wochenmarkt noch regelmäßig, um Waren einzukaufen, auch um Landesprodukte einzutauschen. Gehandelt wurde mit Waren aller Art, wie Tierhäute für Leder, Loden, Flachs und Wolle. Lebende Tiere wie Rinder, Kälber, Schweine und Geflügel wurden an die Metzger und Wirtshäuser verkauft. Junge Kälber wurden meist auf die hintere Ladefläche des Schlittens auf Stroh gelegt, die Kälberkuh nachgebunden. Die Bauern besorgten in der Stadt beispielsweise gebrannten Kalk vom Baumeister oder nahmen frische Fische aus dem Zellersee mit. Bei dieser Gelegenheit ließ man auch kleine Reparaturen beim Glaser oder Spengler erledigen oder brachte beschädigte Pfannen und Kessel zum Kesselflicker. Alle Lebensmittel, die die Bauern nicht selbst erzeugen konnten, wurden auf diesen Märkten und in den Gemischtwarenhandlungen gekauft, aber auch getauscht gegen Wolle, Butter, Käse oder Mehl, das man in der örtlichen Mühle mahlen ließ." (STADTGEMEINDE 1997, 15) Mit der Errichtung einer Versteigerungsanlage 1949 in Maishofen wurde das Marktgeschehen des Bezirkes zentralisiert und die Absatzinteressen insbesondere auch ins Ausland entsprechend gebündelt.

II. 7. 3. Arbeitswelten in Bauerngarten, Acker und Küche

Die Auszüge aus dem Gartenbuch von Burgi Wölfle aus Maishofen – es wurde Anfang der achtziger Jahre für die Töchter geschrieben und spiegelt ihre persönliche Erfahrung wider – belegen, mit welcher Sorgfalt im Gebirge die Pflanzen im Hausgarten zu behandeln waren. „Dass ich in meinem Garten nie Frühgemüse angebaut habe, hat mit der Lage zu tun. Schon unser Flurname ‚Abrain', das heißt ‚von der Sonne abgewendeter Hang', verrät etwas über die Lage. Im Sommer und Herbst aber war die Ernte immer gut." Zu den anstehenden Arbeiten: „Beete, 1,20 m breit anlegen. 19. März: Säen ins Frühbeet! Das Frühbeet muss im Herbst schon mit guter Erde gefüllt werden, mit alten Decken oder viel Laub abgedeckt werden, damit die Erde nicht zu sehr durchfriert! Circa ab 19. März (Josefi) wird Frühsalat (Sorte Maikönig), Frühkarfiol, Frühkohlrabi, eventuell Blumensamen gesät. Gut mit Glas abdecken, über Nacht noch alte Decken darüber legen. Ich selber bin nicht gerade begeistert vom Frühbeet (weil unser Garten nach Norden geneigt ist und das Frühbeet eine Südlage braucht). 6.–7. April: In der Erde darf kein Frost mehr sein! – Zwiebel stecken, einige Reihen Kartoffel legen, Sorte Pintje oder Sieglinde. Ausgesprochene Frühsorten gedeihen bei uns kaum. Säen: Spätes Weißkraut, Blaukraut, später Karfiol, Porree, Brokkoli, diverse Blumensamen, Salat. Das Saatbeet muss noch mit einer Folie abgedeckt werden! Wenn kein Frost ist, soll man die Folie abnehmen, aber nie bei praller

Sonne, sonst gehen die Pflanzen ein. Bei Bedarf gießen! Abgestandenes Wasser nehmen. Mai: Ganz Anfang Mai noch einmal Salat säen. Circa 8.–15. Mai, dann Sommersalat säen – Grazer Krauthäuptl oder einen anderen hitzebeständigen Sommersalat. Um ca.10. Mai: Buschbohnen legen, Gurken stecken. 8. Juni: Spätkraut, Blaukraut, Porree, Spät-Karfiol, Brokkoli, Kohl auspflanzen. 13. Juni: Möhren säen. 21. Juni: Sonnenwende: Winterendivien, Frühsalat, Maikönig, Stiefmütterchen – zweijährig – säen, Winterrettich stecken. 25. Juli: Endivien, Stiefmütterchen und Maikönig auspflanzen. Anmerkung: Sobald die Pflanzen 4 Blätter haben, können sie ausgepflanzt werden. Sollten die jungen Pflanzen im Saatbeet von Erdflöhen befallen werden, dann müssen sie mit Asche bestreut werden, entweder gleich am Morgen, solange noch Tau auf den Pflanzen ist, oder gleich nach einem Regen. Keine ölhältige Asche verwenden! Nach den Jakobitagen 24., 25., 26. Juli kann bei uns nichts mehr gepflanzt werden. (...) ‚Die Christl und die Annl haben in der Mittn a Mannl, den klemmen's ein, dann stellt er's Pflanzen ein!' Oktober: Garten ausjäten, man kann das Unkraut gleich beim Umstechen mit einarbeiten, alles, was an Küchenabfällen da ist, im Garten einbringen, bei Laub Vorsicht, nicht zu viel Laub auf einmal verwenden. Eichenlaub nicht im Garten verwenden, es macht den Boden sauer, das heißt, das Eichenlaub entzieht dem Boden die Nährstoffe zur Selbsterhaltung. Beim Umstechen möglichst große Schollen machen, damit viel Sauerstoff eindringen kann!" Und als Hinweise zu einzelnen Pflanzenarten: "Endivien-Salat, 24.–26. Juli die Endivienpflanzen aussetzen, Reihenabstand ca. 40 cm, Pflanzabstand ca. 40 cm. Wenn man genügend Platz hat, kann man die Pflanzen 60 x 60 cm setzen, wäre noch besser! Endivien kann man, wenn es keinen Schnee gibt, über die erste November-Woche im Garten stehen lassen. In einem warmen Keller hält sich der Endivie nicht lange frisch! Um diese Zeit auch die Stiefmütterchenpflanzen aussetzen, ca. 30 x 30 cm. Sie können dann Ende Oktober in ein Blumenbeet versetzt werden. Wenn man sie erst im Frühjahr in eine Blumenschale oder Blumenbeet haben will, so lässt man sie an der Stelle, wo man sie ausgesetzt hat, Ende März – Anfang April dorthin pflanzen, wo man sie haben will! Kartoffel: Mittelfrühsorte, Pintje, und späte Sorte, Sieglinde, und alle blauen und roten Sorten werden Anfang Mai gesetzt, Reihenabstand 60 cm, Abstand der Kartoffel in der Reihe 30–35 cm. Kleine Kartoffeln werden im Ganzen, große werden geteilt in drei oder vier Teile, aber jeder Teil muss mindestens ein Auge haben. Geerntet werden die mittelfrühen Kartoffel Anfang September, die späten um den 24. September. Mittelfrühe müssen zum Einlagern mindestens 100 Tage in der Erde sein, späte Kartoffel mindest 120 Tage! Ich setze so um den 7. April einige Reihen Kartoffel von einer mittelfrühen Sorte, decke sie mit Laub oder Sägmehl ab, nimm nach den Eismännern die Abdeckung weg, dann habe ich circa um den 28./29. Juli schon ‚Heurige' zum Verbrauch. Auf die abgeerntete Fläche setze ich dann Endivienpflanzen und Kopfsalat (Maikönig), eine andere Sorte von Kopfsalat wird nimmer reif! Sobald die Kartoffel blühen, kann man sie schon verwenden, natürlich noch nicht lagern! Die Kartoffel bei trockenem Wetter ernten, nie in der Sonne trocknen, da werden sie grün und dann sind sie ungenießbar! Weißkraut, Blaukraut, später Karfiol: 8. Juni, Medardus: Weißkraut, Blaukraut und Spätkarfiol setzen. (...) Beim Pflanzen, wenn die Wurzerl recht lang sind, ein wenig abzwicken, mit einem Steckerl Löcher machen, Wasser eingießen und die Pflanzen setzen, fest andrücken, das Herz von den Pflanzen muss oberhalb der Erde sein. Nur am Abend einsetzen, außer es ist ein Regentag, dann braucht man auch kein Wasser in die Pflanzlöcher geben. Von Unkraut freihalten, gießen! Ernte bei Karfiol sobald eine feste Rose ist, Weiß- und Blaukraut kann man Ende September, Anfang Oktober verwenden. Ab 16. Oktober, St. Gallus, müssen Blaukraut und Weißkraut eingewintert beziehungsweise eingeschnitten werden. Zu St. Gall muss Kraut und die Kuh in den Stall! Knoblauch: circa Ende März – Anfang April setzen (…) je eine Zehe Knoblauch ziemlich tief stecken, unkrautfrei halten! Der Knoblauch muss nach 100 Tagen herausgenommen werden. Vor Medardus Kräutl, nach Medardus Kraut! – Knoblauch zu Zöpfen flechten, im Schatten trocknen! Frühkraut und Frühkarfiol muss um den 15. Mai gesetzt werden! Petersilie: Ab Anfang April, wenn halt kein Frost mehr in der Erde ist, sehr dünn säen! (…) Petersilie braucht sehr, sehr lang, bis er aufgeht, mäßig feucht halten! Wenn er Wurzeln hat, zum Gebrauch vorsichtig immer die dickeren Wurzeln herausziehen, dann können sich die anderen Wurzeln weiter verdicken! Mitte Oktober einwintern. Petersilie kann man gut den Winter über auch einen Teil im Garten lassen, den mögen die Mäuse nicht! Zwiebel: Anfang–Mitte April stecken (…) Man nimmt möglichst kleine Setzzwiebel (Walser), steckt sie einzeln nicht zu tief in die Erde! Sehr vorsichtig hacken, am Anfang nur mit einem runden oder spitzen Hölzchen die Erde von Unkraut frei halten. (13. Juni zwischen den Zwiebelreihen die Karotten säen!) Cirda 6.–10. August die Röhren von den Zwiebeln umlegen, das heißt die Röhren flach auf die Zwiebelknollen legen, möglichst nicht abbrechen! Das macht man, damit der Zwiebel trocknen kann! Gleichzeitig die Karotten vereinzeln, Zwiebel brauchen wenig Wasser, nie in frisch gedüngte Erde setzen! Bis zum 12. September sollen die Zwiebel herausgenommen sein! Dann die Zwiebel mit alten Schnüren zu Zöpfen flechten, an einer schattigen Stelle aufhängen, möglichst in Zugluft. Nach ungefähr drei Wochen die Zwiebel auslösen, reinigen und an einem trockenen, nicht zu warmen Ort aufbewahren! Zwischen den zwei Sommerfrautagen, das sind der 15. August Maria Himmelfahrt und 12. September Maria Namenstag, reifen die Zwiebel aus! Vor Maria Himmelfahrt soll die Zwiebel nicht aus der Erde, nach Maria Namen sollen sie nicht mehr drin sein." (GARTENBUCH WÖLFLE) Einlagerung und Haltbarmachen im Herbst waren ebenso arbeitsintensiv – Kraut zum Beispiel wurde in Holzbehältern, die etwa drei Meter tief in die Erde vergraben waren, aufbewahrt, in diesen „Krautsölden" hielt es sich mitunter Jahre (EFFENBERGER 1990, 328). Karotten wurden in Sand gelegt, Kartoffel, Zwiebel, Wurzelgemüse, Obst kühl, dunkel und trocken eingelagert. „Die Gärten sind für die meisten Bergbäuerinnen unverzichtbar", schreibt Theresia Oblasser, „da redet uns niemand drein. Im Garten können wir uns erholen und kreativ sein. Keine hat in ihrem Garten ‚nur' Gemüse. Hier hat das Platz, was rechnerisch unnütz scheint, keinen Zweck hat. Der Garten ist Inhalt und Auslöser mancher Plauderei von Nachbarin zu Nachbarin. Auf den Garten sind manche Männer eifersüchtig und das nicht zu Unrecht." (OBLASSER 2002, 2)

Der Ertrag des Gartens bot willkommene Abwechslung in der Bauernküche (Foto 2.9). Davon abgesehen waren Kraut und andere Feldfrüchte Viehfutter: „Im Winter habe ich dann müssen jeden zweiten Tag einen Korb voll Runggeln schneiden – das sind so etwas wie

Foto 2.9: Bauerngarten um 1980, privat.

Foto 2.10: Runggeln-Schneiden um 1955, Gemeindearchiv Taxenbach.

Foto 2.11: Grassamen einrechen um 1955, Gemeindearchiv Taxenbach.

weiche Rüben – für die Milchkühe, zum Beifüttern", erzählt Peter Rathgeb (RATHGEB 2006; siehe Teil 1.). Foto 2.10 zeigt zwei Taxenbacher Bauernfamilien bei dieser Arbeit.

Der Getreidebau im Gebirge war nicht minder arbeitsintensiv: „Die kleinen Parzellen der Egarten befanden sich nur zum Teil in flacher Lage, meist waren sie recht steil. Die Bestellung der Gebirgsäcker nahm viel Zeit und Kraft in Anspruch, da mussten manchmal drei bis vier Personen Pflug und Gespann halten, die Scholle wenden und den Dünger einlegen. Auf die Saat folgte ein Übereggen, meist kreuz und quer und schließlich wurde der Acker noch mit dem Rechen geglättet. Bei den steileren Äckern musste überdies die letzte untere Erdscholle wieder an die oberste Stelle aufgeführt werden, da ja beim Pflügen die Ackerscholle nur nach abwärts geworfen werden konnte. Besonders an schattseitigen Lagen war das ‚Besäen' üblich, das Bestreuen des Schnees im Frühjahr mit Asche oder Erde, um die Schneeschmelze zu beschleunigen (EFFENBERGER 1990). Foto 2.11 belegt, wie Samen händisch in den Boden eingearbeitet wurden.

„Am nächsten Tag hat es geheißen, wir müssen die Leiten umbauen und den Hafer ansäen, also Hafer anbauen", erinnert sich Peter Rathgeb an die Getreidearbeit. „Wir werden zum Ochsen eine Kuh einspannen, der Bua (…) der muss baufahren, und der Bauer tut den Pflug halten (den Pflug lenken), ja das haben wir angefangen. Dass aber die zwei Viecher nicht zugleich angezogen haben, die haben das ja nicht können, der Ochs wär' gegangen, die Kuh hat gar nicht wollen, mit dem unregelmäßigen Zustand konnte er freilich den Pflug nicht auf der steilen Leiten dahalten. Bei jedem Stadel war der Pflug aus der Furche." (RATHGEB 2006; siehe Teil 1)

Nach dem Schnitt wurde Getreide mit den Dreschflegeln ausgedroschen. Das Pengeln am Hof hörte man schon von weitem, durch den Rhythmus war das Können und das Taktgefühl des Dreschers festzustellen. Bei kleineren Bauern war ein Zweier- oder Dreierdrusch, bei großen Bauern war der Vierer-, Sechser- oder gar Achterpengel zu hören. Man musste gute Übung haben, um im Takt zu bleiben und um den Dreschflegel wieder richtig aufzuheben, sodass dieser dann wieder voll auf die Garben niedersauste (EFFENBERGER 1990, 500f.). Die Dreschmaschine ersetzte den Handdrusch; Peter Rathgeb schreibt darüber: „Im Herbst hat mich der Bauer zum Nachbarn ausgeliehen, zum Getreidedreschen, also die Dreschmaschine antreiben. Dieses Maschinentreiben war mir nicht fremd, das hab' ich öfters schon gemacht. Einmal mit sechs Mann, das ging ganz gut, fünf Minuten treiben, dann zehn Minuten etwas Leichteres (also rasten). Ein anderes Mal waren wir nur vier Mann, das ging auch noch. Da musste man halt fünf Minuten treiben und dann fünf Minuten etwas anderes tun (also rasten). Aber der Nachbarbauer, das war der größte Leutschinder. Da waren wir nur drei Mann, da hast müssen zehn Minuten treiben und fünf Minuten Stroh fassen. Das hat den ganzen Tag gedauert." (RATHGEB 2006; siehe Teil 1).

Flachs und Hanf wurden zur Herstellung von Leintüchern und Kleidung angebaut. Um möglichst lange Fasern zu erhalten, wurden die reifen Pflanzen nicht gemäht, sondern mit der Wurzel aus dem Boden gezogen. Zum Trocknen legte man die Stängel am Boden auf oder stellte sie bündelweise schräg gegeneinander hin. Nach dem Einfahren in die Scheune entfernte man die trockenen Früchte, zur Fasergewinnung wurden dann die Faserbündel aus dem Gewebe herausgelöst – dies geschah durch Auflegen der Stängel auf dem Boden, durch ständiges Befeuchten und Sonnenbestrahlung. Der so behandelte Flachs wurde dann in der Brechelstube – meist hatten mehrere Bauern gemeinsam eine Brechelstube und einen Brechelofen – gebrechelt. Neben der Faser fiel für diverse bauliche Zwecke Werg an. Weber und Schneider schließlich verarbeiteten das gesponnene Material. (EFFENBERGER 1990, 534f.)

Das Getreidekorn kam zur Mühle, Rathgeb schreibt darüber: „(Dann) ist das Getreide zur Mühle getragen worden. Die Mühle war 1 km ganz hintunten im Graben. Das letzte Stück bei dem Steig' zur Mühle war sehr steil und schlüpfrig. Hat der Bauer gesagt, wir sollen 5 Metzen tragen, ein jeder zwei solche Metzen also 60 kg und der Bua (ich) musste 1 Metzen tragen. (...) Dieses Getreidemahlen musste noch schnell geschehen, bevor der Frost kommt, das ging nur mit Wasserantrieb. Bei Frosteinfall eist alles auf und gefriert alles zusammen." (RATHGEB 2006; siehe Teil 1)

Allein für die Gemeinde Taxenbach sind an die 80 Mühlen belegt, ab etwa Mitte des 20. Jahrhunderts werden im Gebirge elektrische Mühlen eingesetzt. Je nach Lage und Bauart konnten Mühlen sehr unterschiedlich aussehen: Gmachlmühlen, vorwiegend aus Holz gebaut, erhielten Namen daher, dass sie nur aus einem Raum (Gemach) bestanden. Im Gebirge wurden vorwiegend Radmühlen verwendet, bei denen das Wasser von oben auf das Rad kam; Flodermühlen sind solche, die mit großem Wasserdruck arbeiten, so etwa an einem Bach nach einem heftigen Wolkenbruch. Die Herstellung des größtenteils aus Lärchenholz errichteten Wasserrades war aufwendig, meistens wurden acht Radspeichen, doppelte Felgen und etwa 30 Schaufeln angefertigt. Zur Befestigung verwendete man

Foto 2.12: Getreidekasten, Stadtarchiv Saalfelden.

Schrauben aus Ahornholz, diese rosteten nicht und wurden nicht locker. Zum Mahlen von Getreide wurde die Mühle vorher überprüft, dann schüttete man das geerntete Korn in den Getreidetrichter, die Gosse. Gemahlen wurde Roggen, Weizen, Hafer und Gerste, seltener Pferdebohnen zur Verwendung als Futtermittel. Dann folgte das Abstoßen der Mühle – man schwenkte die wasserführende Rinne über das Mühlrad, das sich zu drehen begann. Über Kamprad, Spindel und Mühlstange drehte sich der über dem Legerstein liegende Läuferstein, ein im Läuferstein eingebautes Triangel brachte das Gossntrögl in ständige Rüttelbewegung, sodass die Getreidekörner zwischen die Mühlsteine gelangten. Der Zufluss konnte reguliert werden. Von Zeit zu Zeit mussten die Reibflächen der Mühlsteine bearbeitet werden. Die Mühlsteine wurden gekauft, gute Qualität und Langlebigkeit waren hier wichtig. Getreide kam zum Transport in Mühlbeutel, der Mahlvorgang wurde zwei- bis dreimal wiederholt, so oft, bis das Mehl die gewünschte Körnung hatte. Pro Tag konnten etwa 75–90 kg gemahlen werden (MOOSLECHNER 1997, 135). Im bäuerlichen Bereich unterschied man grob drei Qualitätsstufen für das Weizenmehl – das Muasmehl, Knödelmehl und Brotmehl. Nach einem verregneten Sommer, wenn das Getreide nicht trocken eingebracht werden konnte, musste man mit „nachlässigem" Mehl vorlieb nehmen und trotzdem das ganze Jahr auskommen – bestenfalls konnte man es, um die Qualität zu heben, mit zugekauftem Mehl vermischen (HUBER 2005, 56f.).

Gelagert wurde das Getreide im „Troadkasten" – die zierlichen Holzhäuschen hatten meist quadratischen Grundriss und vielfach nur ein hochgestrecktes Erdgeschoss, war ein Obergeschoss vorhanden, so konnte dieses durch eine Außenstiege erreicht werden (Foto 2.12). Hier lagerten die über das Jahr erwirtschafteten Erzeugnisse. An der Decke waren eine Brotleiter sowie die Fleischstangen angebracht. Dieses Gerüst aus dünnen Holzstangen diente zum Aufbewahren von Brot, Speck und Selchfleisch, das so geschützt im kühlen Raum lang frisch blieb. Wände, Böden und Decken waren dicht abgeschlossen, durch das engmaschige Gitter der kleinen Fenster strömte ständig Luft. Zum besonderen Schutz häufig mit Namens- und Segenszeichen ausgeschmückt, waren Bock- und Widderhörner über die Kastentür genagelt (MOOSLECHNER 1997, 127–131).

Das Brotbacken war vorwiegend Frauenarbeit. Diese Arbeit hat sich über das gesamte 20. Jahrhundert wenig verändert. Eine Rauriser Bäuerin beschreibt den Ablauf: „Am Abend, sechs Schüsseln Roggenmehl (nehmen), drei links und drei rechts in den Backtrog, dazu ein Kilo Weizenmehl links, ein Kilo Weizenmehl rechts. Vier Stück Germ im Sauerteig mit lauwarmem Wasser auflösen, hinein in den Trog, schön in die Mitte. Den Trog so über Nacht in der warmen Küche stehen lassen. Morgens um halb fünf Uhr aufstehen, Küchenherd einheizen. Zweimal zwei Liter lauwarmes Wasser in den Trog, den Brotteig schön locker anmachen, gut kneten. Um halb sechs Backofen einheizen, den Teig eineinhalb Stunden rasten lassen. Dann auslaiben, zwanzig Laibe formen, mit schön warmen Wasser anstreichen, damit sie glänzen, die Laibe. Model draufdrücken. Den Backofen mit der Krücke ausräumen, mit dem Strohwisch auswischen, Hobelscharten hineinlegen. Schön goldbraun müssen sie werden, die Scharten, dann passt die Temperatur. Wenn sie sehr schnell dunkel werden, den Ofen noch einmal auswischen. Die Laibe einschießen, eineinhalb Stunden backen. Aus dem Ofen holen, noch einmal mit warmen Wasser anstreichen." (HUBER 2005, 36)

„Kein Getreide mehr anzubauen, erleichterte den Arbeitsalltag spürbar", erzählt Theresia Oblasser, „trotzdem ging diese Umstellung nur langsam vor sich, jedes Jahr wurde ein Fleck Getreide weniger angebaut, bis sich in ungefähr einem Jahrzehnt die jahrhundertelange Tradition ganz auflöste. Alle Getreideprodukte für den Haushalt, Getreideschrott für die Tiere, auch Stroh, mussten nun zugekauft werden." (OBLASSER 2002)

Bis zu den Jahren des Wirtschaftswunders war der Speisezettel des Gebirgsbauern ein Spiegelbild der eigenen Produktion. Hofrat Effenberger überliefert dies sehr detailgenau: Butterfett spielte bei der Zubereitung der Pinzgauer Bauernkost eine große Rolle: der Butterverbrauch im Pinzgau lag vor dem Zweiten Weltkrieg bei 1 kg je Kopf und Woche, bei Almleuten bis zu 1,5 kg wöchentlich.

Milch wurde im frühen 20. Jahrhundert in erster Linie zur Eigenversorgung erzeugt – um die Jahrhundertwende war es durchaus möglich, dass Bauern bei einem Viehstand von 25 bis 30 Kühen weder Milch noch Butter verkauften, sondern sie zur Gänze am Hof verbrauchten; Milch fand zudem ausreichend Verwendung in der Aufzucht des Jungviehs. Man rechnet einen Tagesverbrauch von etwa 1 bis 1,5 Liter Milch pro Person, doch wird diese hauptsächlich als Magermilch und als Rührmilch, auch Buttermilch genannt, genossen. Magermilch wird süß oder sauer als „Boasmilch" verzehrt. Boasmilch ist Sauermilch, richtigerweise schwach gelabte Sauermilch, die im Sommer getrunken wird. Auch Käse wird reichlich verzehrt, größtenteils in Form von Schnittkäse, der aus Kuhmagermilch und Ziegenvollmilch auf der Alm bereitet wird und zu Laiben von acht bis zwölf, fünfzehn Kilogramm geformt wird. Sperrkäse – Speekäse –, magerer Sauermilchkäse, ist regional von geringerer Bedeutung. Käse von der Alm war in erster Linie zum Verkauf bestimmt, um mit dem Gelderlös die Dienstboten bezahlen zu können. Beim Einschmelzen der Butter zu Butterschmalz entsteht auch das Läuterkoch, es ging als Almose an bedürftige Menschen (EFFENBERGER 1990, 328).

Speck wird während der Holzarbeit und sonstiger anstrengender Beschäftigung genossen. Dem hohen Fettverbrauch steht ein geringer Fleischverbrauch gegenüber, der größere Teil des Fleisches – Rind-, Schweine- und Ziegenfleisch – wird geselcht und gekocht und gehackt als Knödelfleisch verwendet. Fleisch als solches kommt selten auf den Tisch, vorwiegend in der kalten Jahreszeit gelegentlich der Hausschlachtungen und an hohen Festen.

Der Mehlverbrauch ist ziemlich groß, Brot und schmalzgebackene Mehlspeisen werden aus Roggenmehl bereitet, Weizenmehl als Kochmehl zu verschiedenen Mehlspeisen, Weizenbrot für die Knödel verwendet. Mit der Verminderung von Mehl in der Kriegszeit stieg der Kartoffelverbrauch, blieb im Vergleich zu anderen Regionen aber gering. Der Obstverbrauch ist im Pinzgau recht gering, dieser findet einen Ausgleich durch bedeutsamen Verbrauch an Wildbeeren – Heidelbeeren, Brombeeren, Preiselbeeren, Himbeeren. Aus eingekochten Beeren und Dörrobst wie Kirschen und Zwetschken, Apfelspalten, Birnen wird eine süße Brühe bereitet, die zu den schmalzigen Mehlspeisen oder gegen den Durst getrunken oder gelöffelt wird.

Gemüse gibt es auch wenig, bedeutsam ist das Weißkraut, frisch oder aber als Sauerkraut. Sauerkraut isst man zu Fleischknödel und Schmalzspeisen. Grünsalat von Endivien oder Kresse, Rohnensalat und Rettich ergänzen die Speisen. Reichlich verwendet wird Zwiebel, Knoblauch und Schnittlauch, anstelle von Essig wird die „Säuer" – gesäuerte Schottenmolke – verwendet. Von Hülsenfrüchten spielen die Fieselbohnen – große Pferdebohne, die in halbreifem Zustand samt Hülse gekocht und geschält wird – vor allem im Hochsommer eine Rolle, im Winter auch die rote Rübe. Zum Trinken gibt es neben Magermilch, Rührmilch, süßer Dörrobstbrühe vorwiegend reines Wasser. Nur selten Obstwein, Heidelbeer- oder Ribiselwein, Schnaps, Bier und Wein ebenso nur bei besonderen Anlässen. Zucker und Kaffee wurden nur wenig verbraucht, Honig gilt als Heilmittel und als Leckerbissen.

Als spezielles Essen gab es zu Lichtmess zu Mittag Speckkraut – in Sauerkraut gekochtes Selchfleisch –, bei manchen Bauern Speckknödel oder einen gekochten Saukopf mit Sauerkraut. Dazu Apfelküchl, am Abend desselben Tages gibt es Schlenggerkrapfen. Das Faschingsessen ist durch Fleischkrapfen ausgezeichnet, am Beichttag – oder auch Honigkrapfen. Am Karsamstag nach der Feuerweihe am Morgen bekam der Weihetrager ein dick belegtes Honigbutterbrot. Ostersonntagsfestessen ist Lamm- oder Kitzbraten und Kuchen, vorher oder nachher die in der Kirche geweihten Speisen. Die festlichen Tage bringen außerdem gewöhnlich auch bessere Suppen – Grießnockerl-, Frittaten- oder Nudelsuppe. Am Weihnachtstag wird mittags das Bachlkoch – ein Mehlkoch mit Honig und Butter

– gegessen, nach der Mitternachtsmette sind Fleischsuppe und Fleisch oder selbst gemachte Würstel und Geselchtes üblich.

Auch das Einheugermahl und ein Abdreschmahl bilden festliche Essgelegenheiten. An großen Schnittertagen kann man sich an „Buamaschinken und Mältzenwadeln" – eine Mehlspeise, die mit Weinwasser oder Honigbrühe begossen wird – erfreuen. Am Bartholomätag, 24. August, wird das Baschtlmäschmalz gegessen, zu Michaeli, 29. September, ist das Liachtbradl üblich – ein Schafbraten, zu einer Jahreszeit, wo die Schafe wieder vom Gebirge zurück waren und wo, deshalb der Name, wieder künstliches Licht notwendig war. An Brecheltagen gab es im Allgemeinen ein besseres Essen – die Arbeit begann oft schon um Mitternacht mit Milch und Butterbrot, um vier Uhr kamen Muas und Milch auf den Tisch, vormittags gab es Tee und Butterbrot, zu Mittag Suppe, Fleischspeise und Krapfen und um vier Uhr einen Schafbraten – den Brechlbraten –, Apfelküchel, dazu Milch und abends Milchsuppe (EFFENBERGER 1990, 332).

Vom Einsalzen und Räuchern als den bedeutsamen Möglichkeiten, Fleisch haltbar zu machen, schreibt Peter Rathgeb: „In der Herbstzeit haben sie ein paar Schafe oder, wenn vorhanden, auch ein paar Ziegen geschlachtet. Vor Weihnachten dann meistens eine Sau. Es gab ja keinen Gefrierschrank oder Kühlschrank, somit wurde der Großteil eingesalzen, in einen Fleischkübel, mit Salz, Knoblauch und verschiedenen Gewürzen eingelegt, einen Deckel drauf und mit Steinen zugeschwert. Nach drei Wochen kam dann dieses Fleisch in die Rauchkammer. (...) Alle heiligen Zeit, ja, da hat es halt ein Bratl gegeben." (RATHGEB 2006; siehe Teil 1)

Das Essen war ein Bestandteil der Entlohnung – damit waren ausreichende und schmackhafte Mahlzeiten ein entscheidendes Kriterium für die Qualität eines Arbeitsplatzes. Es war nicht gut – vor allem nicht gut für den Ruf der Bäuerin oder der Köchinnen –, wenn in der Dienstbotenstube die Knödel mit gutem Schindelholz verglichen wurden – „weil sie so astrein sind", also wenig Fleisch enthielten. Wenn das Knödelfleisch recht zäh war, wurde boshaft behauptet, es wären alte Schuhe, und wenn die Knödel zu hart waren, hieß es, „man müsse nachschauen, ob das Dach noch ganz sei" – beim Versuch, den Knödel anzustechen, sei dieser nach oben geflogen (EFFENBERGER 1990, 332). Manche der gegenwärtigen Krankheitsbilder waren dem traditionellen Landleben unbekannt – Peter Rathgeb betont, dass er bis ins junge Erwachsenenalter nie krank gewesen war. Dass die alpine bäuerliche Ernährung dennoch nicht unproblematisch war, belegen die Aufzeichnungen des Franz-Josephs-Spitals im Pongau der Jahre 1916–1942: nach Hauterkrankungen, die vor allem ganz junge bzw. alte Dienstboten betrafen und weitestgehend auf unzureichende Hygiene zurückzuführen sind, waren Magen- und Darmerkrankungen, und das noch vor den Arbeitsunfällen, Hauptursache für Krankenhausaufenthalte (KLAMMER 1992, 239).

Die Verbesserung der Wohnkultur und der Arbeitsbedingungen im bäuerlichen Haushalt begann mit der Rauchfreimachung der Stuben und Küchen. Durch Sparherde mit geschlossenem Rauchabzug ersetzt, wurden die Rauchkuchln nur mehr zum Fleischselchen verwendet. Gekocht und gebacken wurde nun auf der eisernen Herdplatte und im Ofenrohr, im Wasserschiff stand immer warmes Wasser bereit.

Als in den fünfziger und sechziger Jahren das Warmfüttern der Tiere außer Gebrauch kam – für die Bäuerinnen eine Arbeitsentlastung –, verloren Futterküchen ihre Bedeutung, das Dämpfen von Kartoffeln und Getreide, das Abbrühen von Heublumen, das Wärmen von Kälber- und Schweinefutter fiel weg. Die Möglichkeit, die erzeugten Produkte an den Markt zu verkaufen, öffnete für die bäuerliche Küche den Weg für Substitutionsprodukte: Kaffee, Schweineschmalz, Margarine, Alkohol und Zucker konnten zugekauft werden. Als so die Bäuerinnen begannen, „neuartig" zu kochen, sich nicht mehr an die althergebrachten Speisen hielten, wurden sie vorerst scheel angesehen. Die fünfziger und sechziger Jahre sahen viele neue Techniken in der Vorratshaltung – Eindosen, Marmelademachen, Einrexen, Saft-Herstellung wurden üblich und in zahlreichen Kursen gelehrt. Die Ernährungsgewohnheiten späterer Jahrzehnte – die Globalisierung des Suppentellers quasi – wurden in bäuerlichen Küchen zeitgleich mit anderen Haushalten übernommen.

Die Herstellung von Seife war bis in die ersten Nachkriegsjahre Teil der bäuerlichen Hausarbeit, wie hier eine Anleitung überliefert: Alte zum Kochen nicht mehr verwendbare Fettreste aller Art sollen im Haushalt zum Seifensieden zusammengespart werden. 9 Liter Aschenlauge werden mit 40 dkg Laugenstein, 60 dkg Soda, einer Handvoll gelöschtem Kalk aufgekocht und dann kalt gestellt. Hierauf wird die reine Lauge abgegossen, mit Rinds- oder Schaffett zwei bis drei Stunden unter fortwährendem Umrühren gekocht. Dann eine Handvoll Kolophonium – das sehr harte Saupech – hinein. Die Masse wird nun noch eine halbe Stunde gekocht, dann in eine mit Wasser ausgeschwemmte Form gegossen, auskühlen lassen und am nächsten Tag in Stücke geschnitten. (WÖLFLE, o. J.)

Die Küchengeräte, die in erster Linie für den großbürgerlichen Haushalt entworfen waren, fanden in unterschiedlichem Tempo Einzug in der Landwirtschaft. Die bäuerlichen Betriebe verfügten vielfach über Brennholz, das als Energie beim Kochen, Waschen und Bügeln billiger kam als der zugekaufte Strom. Bauernhäuser hatten auch in der Regel tiefe und kühle Keller, die den Kauf von Kühlschränken weniger dringend erscheinen ließen. Staubsauger waren für Holzfußböden auch nicht so vordringlich, diese wurden weiterhin jeden Samstag mit Lauge geschrubbt. Gemeinschaftswasch- oder -kühlanlagen haben sich im Pinzgau aufgrund der Entfernung der Höfe voneinander nicht wirklich durchgesetzt, erste Initiativen dazu gab es in Saalfelden. Die Einzelwaschmaschine hielt im Bauernhaus verhältnismäßig früh Einzug, womit freilich auch neue Standards an die Wäsche gestellt wurden – häufigeres Waschen der Kleidung und großzügigere Verwendung von Tisch- und Bettwäsche wurden Standard. (SANDGRUBER 2002, 339–343).

Foto 2.13: Frau am Spinnrad, Mann mit Zeitung 1939, Gemeindearchiv Taxenbach.

III. LebensWelt – Leben am Bauernhof und im Dorf

Der Abschnitt „LebensWelt" nun trägt dem Umstand Rechnung, dass Leben neben individuellen Entscheidungen ein Geflecht aus wirtschaftlichen Gegebenheiten, politischen Zuständen und der jeweilig dominanten Kultur ist.

Lebenswelten sind das fraglos Gegebene der eigenen Lebenssituation, der Umstände, in denen man lebt, arbeitet, Probleme bewältigt und dem Leben Sinn gibt. Zunächst geht es auf Basis der Lebenserinnerung von Peter Rathgeb um Kind- und Jung-Sein am Land und um Männer- und Frauenrollen innerhalb der ländlichen Lebenswelt, dann am Beispiel der Gemeinde Unken um den Jahreslauf der traditionellen Gesellschaft sowie den Stellenwert von Kirche und Dorfpolitik.

III. 1. Leben im „ganzen Haus"

Der traditionelle bäuerliche Haushalt ist in sich klar und deutlich strukturiert, die Rollenverteilung unbestritten (Foto 2.13). Das Gesinde war in den bäuerlichen Haushalt integriert und erhielt Kost und Logis am Hof. Rechtlich regulierte die Dienstbotenordnung das Zusammenleben, aber wirkungsvoller war das moralisch geprägte Patron-Klientel-Verhältnis zwischen Herr und Knecht: es basierte auf den landüblichen Vorstellungen vom gerechten Lohn, von der gerechten Arbeitszeit und gerechten Arbeitsverhältnissen. Der Bauer war verpflichtet, die Dienstboten auch in arbeitsarmen Zeiten zu behalten, eine

Foto 2.14: Besuch beim Bauern 1939, Gemeindearchiv Taxenbach.

gewisse Vorsorge im Krankheitsfall zu gewähren, im Einlegerwesen eine marginale Altersvorsorge zu sichern. Es war keine demokratische Einheit, sondern eine Vorrangordnung von Positionen, deren Ansehen mit Verfügungsgewalt, Alter, Muskelkraft und Geschlecht zusammenhing. Die Jungen, die Schwachen, die Frauen waren unten, Ältere, Stärkere, Männer oben. Die Sozialeinheit „Hof" ist eingebettet in die Bezugsfelder Verwandtschaft, Nachbarschaft – Foto 2.14 zeigt einen verwandtschaftlichen Besuch –, Gemeinde, Politik, Pfarre, Vereine und Verbände. (HANISCH 2002, 96–98, BRUCKMÜLLER 2002, 410)

Die bäuerliche Familie, insbesondere in ihrer Erweiterung auf den ganzen Hof, war nicht nur eine Gruppe von Harmonie und Geborgenheit, obwohl es die Lebenszeugnisse voll von Wärme und Zuneigung auch gibt. Sie war auch voll von Auseinandersetzung und Konflikten: die Hackordnung innerhalb der Geschwisterfolge und unter den Dienstboten, Konflikte aus Erbübergängen, die Anwesenheit von unehelichen Kindern und unverheirateten Weichenden, Einheirat oder Ehestreitigkeiten. (BRUCKMÜLLER 2002, 449ff.) Oft belegt ist die Schwierigkeit des Miteinanderredens. Theresia Oblasser schreibt über die Zeit nach dem Unfalltod der Mutter: „Es gelang uns nicht, über die Auswirkungen des Verlustes der Mutter miteinander zu reden. Wir mussten einfach schauen, dass es weiterging, jeder für sich. Lukas, Andi und Franz, die drei Jüngsten, waren am meisten betroffen. Sie sollten irgendwie weiterleben und parieren, möglichst ohne viel Aufwand und Zuwendung. Sie konnten erst recht nicht zum Ausdruck bringen, wie es ihnen ging, welche Fragen und Ängste ihnen zu schaffen machten." (OBLASSER 2006, 131)

In der Kindheitserinnerung von Peter Rathgeb treten zwei markante Elemente auf: ledig geboren und Dienstbote sein. Der hohe Ledigenanteil ist für den Pinzgau des frühen 20. Jahrhunderts charakteristisch: Um die Jahrhundertwende waren im Bezirk 91,4% der 25- bis 29-jährigen Männer unverheiratet. Kein anderer Bezirk der Monarchie erreichte diesen Wert. Aufgrund der geringen Möglichkeit einer Verehelichung war der Anteil der unehelich geborenen Kinder sehr hoch: 1934 wies der Pinzgau mit fast 19% nach den Bezirken Murau und Tamsweg den dritthöchsten Ziehkinder- und Pflegekinderanteil Österreichs auf. Mit den knapp 14.000 ehelichen Pinzgauer Bauernkindern wuchsen 2600 Zieh- und fast 500 Pflegekinder auf. Von gemeinsamem Aufwachsen konnte freilich keine Rede sein – Ziehkinder kamen in diesen Jahrzehnten alle drei bis vier Jahre zu anderen Pflegeeltern (ORTMAYR 1992, 374). Norbert Ortmayr hat den typischen Lebenslauf von Gesindekindern in der alpinen Landwirtschaft herausgearbeitet: uneheliche Geburt, frühe Trennung von der Mutter, Aufwachsen als Ziehkind bei fremden Müttern, Jugend als Knecht oder Magd in fremden Haushalten, späte Heirat und wiederum unehelich geborene Kinder (ORTMAYR 1992).

Von Pfarrer Walleitner sind für den Pinzgau einige Dienstbotenbiografien aufgezeichnet, die diese Muster zum Teil widerspiegeln: Hans Höller, Sohn eines weichenden Bauernsohnes und um 1900 geboren, war während seiner Kinderjahre Viehhüter auf der vom Vater gepachteten Alm; mit 15 Jahren trat er selbst in den Dienst, vor allem um seine Familie – Hans hatte 10 Geschwister – um einen Esser zu entlasten. Vom anfänglichen Jahreslohn, der etwa 60 Gulden ausmachte, ging ein Drittel an den Vater; allmählich konnte sich Hans auf einen Jahreslohn von 90 Gulden – dazu als Naturalien ein leinernes und ein lodenes Gewand, vier Hemden, drei Paar Strümpfe und zwei Paar Schuhe – hinaufarbeiten. Nach dem Ersten Weltkrieg begann er mit Holzarbeiten, danach war er sechs Winter Fuhrwerker bei einem Transportunternehmen. Im Sommer Melker auf verschiedenen Almen im Pinzgau und Pongau, hat sich „langsam zu immer besseren Höfen hinaufgearbeitet und schließlich auch ganz schön verdient". Seine Ersparnisse reichten dennoch nicht für ein eigenes Anwesen; Hans blieb unverheiratet. Mit über 40 Jahren versuchte er, Bauarbeiter zu werden und seinen Verdienst damit zu verbessern, kehrte nach längerer Krankheit allerdings wieder zu seiner ursprünglichen Arbeit zurück. Johann Maier kam, als lediges Kind zweier Dienstboten geboren, über Vermittlung der Gemeinde zu einem der „größeren Bauern". Seine ersten Ersparnisse gingen in den frühen zwanziger Jahren verloren, Johann war gerade zwanzig Jahre alt. Er verdiente sich dann beim Bau verschiedener Alpenvereinshütten als Träger und in den Wintermonaten in der Landwirtschaft. Ab Anfang der dreißiger Jahre arbeitet er auch im Sommer in der Landwirtschaft; mit dem Einverständnis des Bauern konnte er auf eigene Rechnung und Gefahr Vieh annehmen und es auf der Alm sömmern. Johann konnte einen kleinen Baugrund kaufen und mit der Unterstützung des Bauern, welcher ihm Fuhrwerk und Arbeitskräfte überließ, ein eigenes Haus bauen. (WALLEITNER 1947, 85–89)

Theresia wurde 1900 als lediges Kind einer Magd geboren und von deren Großtante, einer Bäuerin, aufgezogen. Bis zu ihrem 14. Lebensjahr blieb Theresia auf diesem Hof und kam, als die Ziehmutter nach dem Tod ihres Mannes und aufgrund Kinderlosigkeit den Hof verkaufte, zum Nachbarbauern in den Dienst. Mit 24 Jahren bekam sie – noch unverheiratet –, ihre erste Tochter Johanna; Johannas Zwillingsschwester überlebte das Säuglingsalter nicht. Heiraten kam für Theresia und Johann, den Bauknecht des nahegelegenen Hofes, nicht in Frage. Die Ziehmutter von Theresia übernahm die Obsorge für Johanna. Zwei Jahre später, Theresia erwartete ihr zweites Kind, heirateten Theresia und Johann, an der getrennten Wohnsituation änderte sich bis 1935 nichts, bis zum Einzug in das Eigenheim sah sich die Familie nur am Wochenende. Um das Einkommen der Familie einigermaßen zu sichern, war Theresia trotz der Kinder weiterhin zur Arbeit beim Bauern. Nach Beendigung der Schulpflicht trat Johanna auch beim Bauern ein. Später erhielt sie ein Angebot als Hausmädchen im Lungau, jedoch die Mutter war aus Angst um die Tochter dagegen (DILLINGER 2000).

Peter Rathgeb träumt schon früh davon, einmal aus der Landwirtschaft wegzugehen, „Damals, als junger Mensch, habe ich das alles nicht verstanden. Ich hätte gern einen Beruf gelernt, Zimmerer oder Metzger oder wenigstens auf eine Alm (gehen), als Hüterbua. Dieser Wunsch war absolut nicht möglich, das aus zwei Gründen: erstens hätte der Bauer eine Arbeitskraft verloren, die nichts kostet (ohne Lohn), und zweitens, wer hätte für mich das Lernen bezahlt? Damals musste für einen Lehrling etwas bezahlt werden. Heutzutage hat jeder Lehrling vom ersten Tag an seinen Lohn." (RATHGEB 2005, 59) „Die Holzknecht hab'm gesagt: bleib' da bei uns, (…) da geht es dir besser wie bei deinem Bauern. Das hätt' mir gut gefallen, aber wo geh' ich am Wochenende hin. Ich bin nirgends daheim. Habe ja keine Eltern und keine Heimat. Für mich waren das schöne drei Wochen, kein Mensch hat mich geschimpft! Im Gegenteil, (sie) haben mir auch eine Ehre gelassen, da habe ich auch eine Geltung erfahren." (RATHGEB 2006; siehe Teil 1) „Ansonst ist es mir gut gangen, nur der Monatslohn wurde mir zu klein. (…) Ich wusste, diese Arbeit wär' mein Leben, frei sein, und endlich einmal ein Geld verdienen. Aber wo geh' ich beim Wochenende hin. Außerdem, wenn ich jetzt im Sommer abhau', muss ich auf Schuhe und Bekleidung ebenfalls verzichten. Bei ernsthafter Überlegung bin ich dann doch bei mein Bauern geblieben." (RATHGEB 2006; siehe Teil 1) Nach dem Krieg begann Rathgeb dann gleich bei den Bundesforsten.

Mehr oder weniger Einbindung in das „ganze Haus" des Hofes fanden die in den Pinzgau verschleppten zivilen Zwangsarbeiter und Kriegsgefangenen – hier liegen durch die wissenschaftlichen Arbeiten von Peter Ruggenthaler erste umfassende Einsichten vor (RUGGENTHALER 2004). „Die Arbeitsleistung dieser Leute war anfangs fast Null", bemerkte der Landrat in Zell am See in seinem Lagebericht im Dezember 1939, zurückzuführen war dies auf ihre „äußerst schlechte Ausrüstung" mit Kleidung und Schuhen. Trotz angeblich „scharfer Bewachung" der polnischen Zwangsarbeiter musste der Landrat in Zell am See eingestehen, „dass sich eine Reihe von Volksgenossen und auch Parteigenossen nicht enthalten konnten, mit den Polen freundschaftliche Beziehungen anzuknüpfen und an ihren Tanzunterhaltungen teilzunehmen". Den Grund der entstehenden Freundschaften mit Polen sah der Landrat darin, dass „die Polen sich den Anschein großer Frömmigkeit geben und beim Eintritt in die Kirche sich gleich zehnmal (…) niederknien" und auf diese Weise Gefallen in den katholisch-bäuerlichen Kreisen des Pinzgau fanden.

In Einzelfällen liegen Dokumente von Anzeigen wegen „Arbeitsunlust", Arbeitsverweigerung oder überhöhten Lohnansprüchen vor. Die Betroffenen wurden über den Sonntag im Einvernehmen zwischen dem Landrat in Zell am See und der Gestapo in „Schutzhaft" genommen. Die meisten Straftaten im Pinzgau betrafen geringfügige Diebstähle, vor allem von Lebensmitteln, Kleidungsstücken und Schuhen. Zwangsarbeiter durften nur beschränkt öffentliche Verkehrsmittel benutzen und ihren Arbeitsort nur zu dienstlichen Fahrten oder mit Sondergenehmigungen verlassen. Im Februar 1940 wurde gegen einen Schaffner der Pinzgauer Lokalbahn, der „mit den Kriegsgefangenen in polnischer Sprache freundschaftlich" verkehrte und im Zug veranlasste, „dass deutsche Kinder aufstehen müssen, um den Kriegsgefangenen Platz zu machen", eine Untersuchung veranlasst. Den Zwangsarbeitern war es zweimal pro Monat erlaubt, eine Ansichtskarte – vorgedruckt und einheitlich gestaltet – in die Heimat zu senden. Manche der Briefe kamen nicht an, sondern landeten in Archiven – so sind die Postkarten einer jungen Zwangsarbeiterin in Taxenbach erhalten. Sie geben den bäuerlichen Arbeitslauf wieder, Ol'ga Skiba ging es beim Bauern ganz gut, der Winter im Pinzgau erschien ihr wie zuhause der Herbst, sie berichtete von Schicksalsgenossen, die ins Lager kamen, und dass ihr Winterkleidung fehle. Andere Erfahrungen kennen wir aus Interviews mit Überlebenden: Galina Petrova kam nach einjährigem Einsatz in Industriebetrieben in Berlin und im Schwarzwald im Februar 1945 nach Saalfelden. Sie arbeitete auch hier von früh morgens bis spät abends, der entscheidende Unterschied für sie war jedoch die Verpflegung: „Es war sehr schwer, aber dort gab es wenigstens zu essen. Alle Arbeiter aßen aus einem Topf, wer schneller aß, der bekam auch mehr. Die Bauern aßen nicht mit den Zwangsarbeitern an einem Tisch, wohl aber ein österreichischer Knecht. Die in der Küche arbeitenden Österreicher nahmen auch woanders das Essen zu sich. Neben dem Ehepaar arbeiteten einige Polen, Ukrainer, eine Griechin und weitere Einheimische auf dem Gut. Galina wurde zur Stallarbeit und zu Ernteeinsätzen herangezogen, arbeitete im Haushalt und trieb die Kühe auf die Alm." Nadezda Visinskaja war im Alter von 14 Jahren nach Österreich verschleppt worden und wurde in Maria Alm tätig. Sie arbeitete mit mehreren ausländischen Arbeitern zusammen, wobei vor allem Forstarbeiten verrichtet wurden. Die Männer fällten Bäume und sägten das Holz, ihre Aufgabe war das Wegtragen der geschnittenen Stämme und Äste und daneben auch die Feldarbeit. Bei allen Arbeiten hatte sie im Unterschied zu den Westukrainern das „OST"-Abzeichen zu tragen. Die Verpflegung war sehr schlecht, meist gab es Rübensuppe, ihre Schlafstätte war im Stall. Durch einen Wechsel zu einem anderen Bauern besserte sich die Verpflegung und es gab auch Anerkennung für die Arbeit. Michail kam im Alter von 15 Jahren nach Neukirchen am Großvenediger und erfuhr schlechte Behandlung, er wechselte später nach Zell am See, wo es ihm besser erging. Aus seinen Erinnerungen gibt es Informationen zum „gesellschaftlichen" Leben der Zwangsarbeiter: An Sonn- und Feiertagen konnten sich die Zwangsarbeiter in einem abgetrennten Raum eines örtlichen Gasthauses treffen, wo über die Heimat und die Grauen des Krieges gesprochen wurde. Die französischen und jugoslawischen Kriegsgefangenen hatten ihre eigenen Treffpunkte. Es gab auch einige sowjetische Kriegsgefangene, die in einem nahen Lager untergebracht waren und keinerlei Ausgangsmöglichkeit hatten. Sie wurden jeden

Morgen unter Bewachung mit der Schmalspurbahn zu ihren Bauern geführt und abends heimgebracht. Die Pinzgauerin Rosa Wimmer erinnert sich an den Abschied von einer Arbeiterin: „Ich weiß nur das, wie sie gegangen ist, ist sie mir um den Hals gefallen. Sie hat geweint, ich habe geweint, weil sie mir einfach abgegangen ist." Elena, bei Kriegsbeginn bereits Vollwaise, wurde mit 15 Jahren aus der Ukraine verschleppt. „An einem sich im Ort befindlichen Kreuz beteten wir um gesunde Rückkehr in die Heimat", erzählt sie, „dort war alles voller Deutscher, voller SS-Leute. Sie waren schlecht und haben sich über uns lustig gemacht." Der Transport Richtung Österreich erfolgte in Viehwaggons und dauerte für sie zwei Monate. Elena kam nach Zell am See zu einem Bauern, wurde im Großen und Ganzen gut behandelt, nie geschlagen, verrichtete die anfallenden Arbeiten. Die Mahlzeiten nahm sie alleine im Stall ein, meist gab es Erdäpfel mit Salat. Wenn sie weinte, wurde sie von der Mutter des Bauern getröstet – deren jüngster Sohn war mit 16 Jahren in Stalingrad gefallen. Nach Kriegsende kehrte Elena, von der Bauernfamilie mit Proviant versorgt, nach Hause zurück (RUGGENTHALER 2004, 333–365).

Nach dem Zweiten Weltkrieg verlor die Hofgemeinschaft als Sozialform rasch an Bedeutung. Die Landarbeiter gingen in andere Berufe, bauten sich ein Eigenheim, die Bauernfamilien wurden kleiner und von Verwandtschaft unabhängiger. Um die politische Integration der Landarbeiter kümmerten sich die Parteien, die soziale Sicherung übernahm zunehmend der Staat: Für den Krankheitsfall waren Landarbeiter und Dienstboten bereits seit 1921 pflichtversichert, Bauern nicht. Seit 1928 gibt es eine Unfallversicherung für alle Arbeitnehmer, in manchen Bundesländern auch für Bauern. Seit 1938 bestand eine Altersversicherung für Landarbeiter. Ab 1942 waren alle in der Landwirtschaft Tätigen unfallversichert, bei den Unselbständigen begann eine bescheidene Alters- und Invaliditätsversicherung. 1955 wurde Kinderbeihilfe für Bauernkinder beschlossen, 1957 eine Zuschussrente fürs Ausgedinge, 1965 das Krankenversicherungsgesetz für alle Bauern, 1969 die Bauernpension umgesetzt.

Nur wenige blieben in der zweiten Jahrhunderthälfte als unselbständige familienfremde Arbeiter in der Landwirtschaft: Rupert Wanger, der seit 1946 58 Sommer auf verschiedenen Almen arbeitete und dabei den gesamten Oberpinzgau zwischen Krimml und Kaprun kennen lernte, ist ein Beispiel dafür. Er meint: „Ich kann mir ein Leben ohne Alm gar nicht mehr vorstellen. Ich werde versuchen, so lange mit den Tieren den Almsommer zu verbringen, als es meine Kräfte zulassen." (STEIDL 2004, 104–105)

Die Schilderung der Kindheit von Peter Rathgeb drängt die Frage nach Aufwachsbedingungen im Pinzgau in anderen Jahrzehnten des 20. Jahrhunderts auf. Auszüge aus der durchgehend geführten Schulchronik der Gemeinde Uttendorf geben hier, zumindest aus Sicht des Schul- und Dorfgeschehens, Antwort und schlagen die Brücke in die Gegenwart. Kindheit ändert sich im Laufe des 20. Jahrhunderts auf vielen Ebenen: die Zahl der Geschwister – eine Familiengröße wie auf Foto 2.15 zu erkennen ist völlig unüblich geworden –, der Stellenwert der Kinder innerhalb der Familie, die Freizeitgestaltung, die Möglichkeit zu weiterführender Schulbildung.

Foto 2.15: Bauernfamilie, Stadtarchiv Saalfelden.

Für die Jahre des Ersten Weltkrieges schildert die Uttendorfer Schulchronik sehr ausführlich die Schlachtverläufe – ein Umstand, der nahelegt, dass die Kriegsaktualität auch in den Schulalltag der Kinder einfloss.

„Das Schuljahr 1920/21 nahm im November den Anfang. Der Alpenverein spendete wollene Knabenwesten, Handstützl und Handschuhe. (...) Mit Neujahr 1926 traten die Masern epidemisch auf, so dass zeitweilig 50% und mehr Schüler erkrankt waren. (...) Der Schule wurde von der Gemeinde circa ein Ar Grund als Schulgarten überwiesen. Dieser Grund wird als Baumschule benützt und (es) sind dort bereits 80 Stück Wildlinge gepflanzt worden. (...) Die Schule (besuchte) die Menagerie in Saalfelden, die Schau gestaltete sich für unsere Landjugend sehr lehrreich. (...) 1928/29: Heuer hatten wir den strengsten und kältesten Winter seit wohl hundert Jahren; über 6 Wochen kam das Thermometer nicht unter 22° R herunter und Temperaturen von 27–30° waren keine Seltenheit. (...) Unter Teilnahme von 75 Knaben fand der Skiwettlauf statt. Die dritte Gruppe startete neben dem Liebenberggut, das Ziel war im Dorf neben dem Bichlhäusl. (...) Der Eisschützenklub Uttendorf veranstaltete für die Knaben ein Eisschießen, (Sieger) blieben die Knaben vom Dorf gegen die ‚Sonnberger'. (...) Vom Wiener Volksbildungsverein (wurde) eine Vorstellung des Marionettentheaters gegeben, die große Begeisterung bei den Kindern fand. Schuljahr 1935/36 Sammlung für Abbrändler: Ein Großbrand in Uttendorf brachte viele Bewohner in Not und Elend. Die Schüler der Knabenschule stellten sich in den Dienst der Nächstenliebe und sammelten für die Abbrändler Geld und Lebensmittel. (...) In der III. Klasse (fand) für die Knaben eine gemeinsame Heldenehrung statt. Die Knaben erzählten nach einer Ansprache des Leiters der Schule von den Kriegserlebnissen ihrer Väter. Die hohen Tugenden des Soldaten wurden gefeiert und das Lied ‚Ich hatt' einen Kameraden' erklang. (...) Am 18. Jänner 1936 fand gemeinsam mit den Mädchen der Oberstufe eine Heimatstunde statt, bei welcher Herr Konrad Nusko einen gediegenen Vortrag hielt. (...) Aus Anlass des 200. Todestages des Prinz Eugenius fand (eine) würdige, eindrucksvolle Feier statt. Oberlehrer Straubinger würdigte die Verdienste dieses Helden in einer Ansprache. Hierauf hielten Schüler der Oberstufe Vorträge über das Leben Prinz Eugens. Mit der Absingung des Prinz Eugenliedes und der Bundeshymne schloss die Feier mit dem Gruße ‚Treu Österreich'. In würdiger Weise (wurde) der Tag der Jugend gefeiert. Um 8 Uhr war Kirchgang. Hernach wurden Kränze niedergelegt, am Kriegerdenkmal und an der Gedenktafel in der Kirche. (...) 1936/37 Als Ehrung des großen österreichischen Dichters und Schauspielers Ferdinand Raimund, dessen 100. Todestag gefeiert wurde, fand eine Schulfeier statt. (...) Die Sammlung für die Winterhilfe ist im vollen Gange. Das Ergebnis lässt trotz eifriger Propaganda der Lehrkräfte zu wünschen übrig, da die Notlage so vieler Eltern selbst unendlich groß ist. (...) Am 1. Mai wurde der Staatsfeiertag würdig gefeiert. Vormittags war gemeinsamer Kirchgang und am Nachmittag war Jugendfest. Zahlreich beteiligte sich an demselben die Bevölkerung. Der Jungvolkgruppe wurden neue Freunde geworben. (...) Am 26. VI. 1937 fuhr Bundeskanzler Dr. Schuschnigg durch den Ort. Die Schulkinder hatten sich (…) zur Begrüßung eingefunden. (...)." (SCHULCHRONIK UTTENDORF)

Die Schuljahre während des Zweiten Weltkrieges waren geprägt von zunehmendem Mangel an Werkstoffen bis hin zu gänzlicher Einstellung des Unterrichts aufgrund militärischer Bedrohung: „1940/1941: Durchwegs sind die Zähne unserer Kinder in sehr schlechtem Zustand und es ist höchst notwendig, dass die Behandlung der Kinder einsetze. (...) Große Mengen von Altmaterial wie Knochen, Altpapier, Lumpen und Metall sammelten die Schüler und es war eine Freude zu sehen, wie sie untereinander wetteiferten. (...) Heil- und Teekräuter wurden ebenfalls in großer Menge gesammelt. Sauber in Säckchen verpackt wurden sie bis zur Abgabe aufbewahrt.

1941/42: Die Flaschensammlung anfangs November zeitigte ein gutes Ergebnis, denn die Kinder brachten eine Unmenge leerer Flaschen, die gefüllt an die Fronten verschickt werden. Auch die Altmaterialsammlung bringt ständig schöne Ergebnisse, da die Mengen immer bedeutend die vorgeschriebenen Gewichtsansätze übertreffen. Am 20. März verunglückte der Schüler der Berufsschule, (er) arbeitete mit einem gefangenen Franzosen im Obstgarten. Ein Apfelbaum, den die beiden umschnitten, fiel dem Jungen auf die Brust. (...) Am letzten Schultag wurde noch gemeinsam ein ca. 1 a großes Stück Brachland umgearbeitet und mit Kartoffeln bestellt. Letztere finden im kommenden Schuljahr in der Küche der Haushaltungsschule Verwendung. (...) In der Nähe des Schulhauses wurde ein ca. 2 a großer vollkommen unproduktiver Grund mit Kartoffeln bepflanzt. Französische Kriegsgefangene machten die ersten Rodungsarbeiten und die Schüler und Schülerinnen vollendeten fachgemäß die Arbeit. (...) Sämtliche Lehrkräfte traten mit Beginn der Ferien ihren Dienst in den freiwilligen Arbeitseinsätzen bei Bauern oder in einer Fabrik an.

1942/43: (...) Im Zuge einer allgemeinen Altmaterialsammlung sammelten die Kinder am Anfang des Schuljahres über 1000 kg Altpapier, Lumpen und Altmetalle. 40 kg verschiedene Waldbeeren für unsere Soldaten (wurden) gesammelt. Die Kartoffelernte war sehr zufriedenstellend: am ehedem vollkommen unproduktiven steinigen Grund ernteten wir für die Schulküche von 48 kg Saatgut über 200 kg Kartoffel. (...) Am 28. Mai 43 wurde die Schule geschlossen, da bei etwa siebzehn Besitzern die Maul- und Klauenseuche ausgebrochen war. Alle Jungen und Mädels, die nicht im eigenen Elternhaus Verwendung fanden, wurden über Vorschlag der Schulleitung bei Bauern zur Arbeit eingesetzt. (...) Auch bei uns sind zahlreiche Familien aus den luftgefährdeten Gebieten untergebracht. 14 Kinder aus Düsseldorf, Bremen, Essen und anderen Städten besuchen gegenwärtig unsere Schule als Gastschüler. 1943/44: (...) Sechzig Schüler des 4. bis 8. Schuljahres (wurden) zur Kartoffelernte am Feld des Mooserbauern verwendet. In 8 Stunden häufelten die Kinder ca. 14.000 kg hinter dem Kartoffelpflug. Als Lohn erhielten die Kinder für die Schulküche kostenlos 200 kg Kartoffel. (...) Am 22. Oktober fand die feierliche Einweihung des in mühevoller Gemeinschaftsarbeit erstellten Heldenhaines statt. 34 Totenbretter künden bis heute den Opfertod der Helden der Heimat. 1944/45. (...) Immer häufiger müssen wir, oft schon um 11 Uhr, die Kinder unserer Schule heimschicken. Die Heimat wird meist von Süd nach Nord überflogen. Wenn die Verbände am Hinflug unsere Gegend passiert haben, was gegenwärtig im Feber fast täglich der Fall ist, entlassen wir die Kinder, damit sie zum Großteil zu Hause sind, wenn der Rückflug erfolgt. Angesichts des Kriegsgeschehens wurde der Unterricht im Schuljahr 1944/45 am 28.3.1945 eingestellt. Beide Schulgebäude wurden anschließend geräumt und ein Luftwaffenlazarett untergebracht. Am nächsten Tag wurde die große Eisentür (v)on amerikanischen Besatzungstruppen geöffnet und von ihnen sämtliche Räume geplündert und das Inventar zum größten Teil mutwillig zerstört. Musikinstrumente, Vorhänge, Bücher, Schreibpapier, Lehrmittel aller Art und ein Großteil der Schulkücheneinrichtung, Geschirr und Besteck wurden mitgenommen. Das restliche Geschirr wurde vom Bürgermeister an Bombengeschädigte leihweise zur Verfügung gestellt. Bilder wurden vielfach als Plakate und als Zielscheiben verwendet. Die Bücher der Gemeindebibliothek wurden beim Dachfenster heruntergeworfen und größtenteils von der einheimischen Bevölkerung weggetragen (...)." (SCHULCHRONIK UTTENDORF)

„Der Schulbeginn 1945/46 stieß auf besondere Schwierigkeiten, da nicht nur die Schule mit ihrem gesamten Inventar und die gesamten Lehr- und Lernmittel und sämtliche Einrichtungsgegenstände fast völlig geplündert waren, sondern weil auch die einschlägigsten Artikel wie Tinte, Kreide, Bleistifte, Federn und Hefte nur unter großen Schwierigkeiten und erst im Laufe der Zeit beschafft werden konnten. Ein Blatt Papier, aus alten halbausgeschriebenen Heften entnommen, und ein Fragment von einem Bleistift waren die Lernmittel der Schüler, 2 Stück Kreide das des Lehrers und damit wurde begonnen. Umso ernster wurde von allen Lehrkräften an die Arbeit gegangen und bereits um Allerheiligen konnte eine wesentliche Besserung dieser Zustände, eine Besserung der Kenntnisse der Schüler und eine straffe Schulzucht wahrgenommen werden. Eine teilweise Verlausung wurde bei den Mädchen festgestellt. (...)." Schulausflüge in die nähere Umgebung hinterließen in der noch kargen Zeit einen besonderen Eindruck, die Faschingsumzüge wurden zu einem bunten Fest: „Die 2. Klasse besuchte den Cirkus in Zell a. See, die erste Klasse machte einen Spaziergang auf den Sonnberg, die dritte Klasse fuhr mit einem Kraftwagen auf den Enzinger Boden und ging von dort auf den Grünsee weiter. Die 4. Klasse fuhr mit der Bahn nach Walchen, stieg von dort auf den Sonnberg und wanderte auf dem Herrensteig zur Schmittenhöhe. Mit der Seilbahn fuhren wir zu Tal, besichtigten die Molkerei und fuhren mit dem Motorboot nach Thumersbach. Durch ein Bad erfrischt, ging es wieder nach Zell am See zurück und die Fa. Leeb lud alle Uttendorfer Kinder zu Gast und löschte ihnen durch ‚Kracherl' ihren großen Durst. Auf einem Kraftwagen fuhr die ganze junge Schar wieder singend und hoch erfreut heimwärts. Am 21.12. fand für die Schuljugend von Uttendorf und Schneiderau eine gemeinsame Weihnachtsfeier statt, bei der auch der Herr Bürgermeister und der gesamte Ortsschulrat zugegen waren. Es wurden dabei auch ein Hirtenspiel von Kindern zur Aufführung gebracht und Weihnachtslieder gesungen. Die Freude der Jugend war aber besonders groß, als jedes einen Papiersack mit Süßigkeiten, Gebrauchs- und Spielwaren, gespendet von den amerikanischen Besatzungstruppen, erhielt. Ein reichliches und besonders gutes Festessen aus der Schulküche machte der schönen Feier ein Ende. (...) Wie im Vorjahre, so veranstaltete auch heuer die Schuljugend einen großen Faschingsumzug durch das Dorf. Nahezu vollständig nahmen daran die Schülerinnen und Schüler teil. Der Zug dürfte von ungefähr 220 Masken gebildet worden sein. Die Straßen, durch die der Umzug ging, waren beiderseits voll besetzt von Zuschauern. (...) Die Österreichische Liga der Vereinten Nationen übermittelte der Schule als Spende kanadischer Kinder ein Lernmittelpaket, welches Hefte, Bleistifte, Federhalter, Federn, Tintenpulver, Kreide und Kreidfarben, Schreibpapier und Lineale enthielt. Die Schüler der II. Klasse dankten brieflich den kanadischen Freunden für ihre überraschende und willkommene Gabe. (...)." (SCHULCHRONIK UTTENDORF)

Wie schon in der Ersten Republik, kam der staatsbürgerlichen Erziehung eine wichtige Rolle zu: „Am 24. April vollendete Bundespräsident Dr. h.c. Theodor Körner sein 80. Lebensjahr. Aus diesem Grunde veranstaltete die Schule eine Gedenkfeier im Kinosaal. Um 8 Uhr zogen Schulkinder, Lehrkräfte sowie die Geistlichkeit, der Herr Bürgermeister und ein Teil der Elternschaft in den Kinosaal ein. Nach einem Lied und einer kurzen Ansprache des Schulleiters sprach (ein) Kollege über das Leben unseres Staatsoberhauptes, über seine Stellung, seine Pflichten und Rechte. Mit der Bundeshymne schloss die Feier. Anschließend war schulfrei. Am 1. Mai wurde das Jugendsingen abgehalten. Es war wieder in Verbindung mit der Maifeier, die heuer tatsächlich neutral war. Der Festredner würdigte den Tag als Tag der Arbeit, jeder politische Einschlag blieb fern. Obwohl es im Freien für Kinder schwer ist, sich mit ihren Stimmen durchzusetzen, kann die Veranstaltung als wohlgelungen bezeichnet werden. (...). Am 25. Oktober 1955 wurde der Tag der Unabhängigkeit gefeiert. In den einzelnen Klassen wurde von den Lehrkräften dem Verständnis der Kinder gemäß über die Bedeutung des Tages gesprochen. (...) Am 18. Oktober 1956 wurde das neu errichtete Kriegerdenkmal feierlich eingeweiht. Am Vorabend waren die Häuser des Ortes festlich beleuchtet, Bergfeuer brannten und ein Schweigemarsch durch den Ort wurde gehalten. Das Heldendenkmal wurde von Scheinwerfern beleuchtet und eine feierliche Heldenehrung fand statt. Am nächsten Tag trafen zahlreiche Vereine mit Musikkapellen aus anderen Orten ein. Nach einem Festgottesdienst, bei dem Pfarrer Brunauer, selbst Kriegsteilnehmer, eine Gedenkansprache hielt, sprachen noch (weitere) Redner) in rührenden Worten von unseren toten Helden. Petrus scheint auch Kriegsteilnehmer zu sein, denn ein prachtvolleres Wetter hätte man sich nicht wünschen können. Nachmittags trafen sich noch viele alte Kameraden in geselligem Beisammensein. (...) Am 3. Jänner 1957 starb unerwartet der österreichische Bundespräsident Dr. Theodor Körner.

Bei der Trauerfeier zeigte Lehrer Schatzmann den Lebenslauf des Verewigten, sein Wirken und Schaffen für Österreich. Anschließend fand unter Beisein der Gemeindevertretung die Sendung des Schulfunks statt. (...)."

Immer mehr wurden Maschinen und Fahrzeuge eine Gefahr für die Schüler am Land: „Am 29. Juli verunglückte ein Schüler der 4. Klasse, der auf Erholung bei Verwandten in Bayern weilte, tödlich. Er wurde auf seinem Fahrrad von einem Lastwagen überfahren. 1954/55 (Bei Schulbeginn wurden den Schülern) die nötigen Weisungen gegeben – vor allem über das Benehmen in der Schule und auf der Straße belehrt." Und das Schulsparen wurde zum Bestandteil des Schuljahres, „Allein am Weltspartag wurde von den Kindern ein Betrag von 11.072,81 S eingelegt. Im Gesamten haben 192 Schulkinder ein Sparkonto. Der Sparbetrag beträgt insgesamt 56.708,84 Schilling. Wahrlich ein schöner Erfolg. (...)." Sanitäre Einrichtungen verbesserten sich: „(...) Es kann nun endlich auch das Schulbrausebad benützt werden. Die Eltern gaben dem Schulleiter hiefür ihre volle Unterstützung. Die Benützung erfolgt vorderhand auf freiwilliger Basis und unter Verwendung von Badekleidung. (...)." (SCHULCHRONIK UTTENDORF)

In den sechziger Jahren wurde das Bildungsangebot für junge Menschen stark ausgedehnt. Mädchen-Handarbeit und Werken hatten noch einen zentralen Stellenwert, moderne Medien wie Radio und Fernsehen gewinnen an Bedeutung: „Am 9. Oktober wurde die Tätigkeit der Zweigstelle der Salzburger Volkshochschule eröffnet. Mit 200 Hörern in 10 Kursen konnte ein schöner Anfangserfolg verzeichnet werden. (...) Die Schule (führte) im Rahmen der 2. Salzburger Landesschulausstellung eine große Ausstellung von Handarbeiten, Bastelarbeiten und Zeichnungen durch. (E)s konnten ca. 600 erwachsene Besucher gezählt werden. (...) Im Mai nahm die 6. Klasse erstmalig an der ‚Wien-Aktion' teil. Der Theaterbesuch fand in der Wiener Volksoper statt, die ‚Zauberflöte' erschloss unserer Jugend ein neues und wunderbares, aber noch völlig unbekanntes Reich. (...) Von der Stelle ‚Filmerziehung' wurde im Uttendorfer Kino der Film ‚Treue' gezeigt, der die Freundschaft zwischen Kind und Tier besonders in den Mittelpunkt rückte. (...) Österreich (hatte) die Ehre, die IX. Olympischen Winterspiele in Innsbruck abhalten zu dürfen. Leider ist Fernsehen noch immer nicht möglich, aber Rundfunkübertragungen wurden abgehört. (...)." Gesundheitserziehung, Umweltbewusstsein, Gratisschulbus, Fremdsprachenunterricht und Förderung bei Teilleistungsschwächen sind die prägenden Elemente einer Schulzeit in den siebziger und achtziger Jahren. Eine Kindheit in den neunziger Jahren steht im Banne von PC und Computerspielen: „1971/72 Im Februar war der Röntgenbus in Uttendorf stationiert, wobei auch alle Volks- und Hauptschüler untersucht wurden. Im Rahmen der Aktion ‚Sauberer Pinzgau' waren (mehrere) Klassen unterwegs. 1975/6 war es endlich so weit, dass die Schülerzubringung durch (Taxis) beginnen konnte. 1978/79 Erstmals kam ein türkisches Kind ohne deutsche Sprachkenntnisse an die Schule und wird nun in der Sonderklasse gefördert. (...) Die Elternwahl zur 5-Tage-Schulwoche wurde ordnungsgemäß durchgeführt. (...) 1981/82 Sprachheilunterricht wurde eingeführt. (...) Die Feier zum 125-jährigen Bestehen der Trachtenmusikkapelle war ein großer Tag für Uttendorf. Etwa 30 Gastvereine und Musikkapellen nahmen an den verschiedenen Feierlichkeiten (Umzug, Feldmesse, Festzelt) teil. (H)euer erstmals wurde die ‚Verbindliche Übung

Lebende Fremdsprache Englisch', außerdem die ‚Verbindliche Übung Verkehrserziehung' unterrichtet. (...) Von den Volksschülern wurde der Schulgarten wöchentlich von Abfällen gesäubert. Ab Mai sammelt die Volksschule, als kleiner Beitrag zum Umweltschutz, Altbatterien. 1984/85 (...) Die schönen Maitage konnten heuer leider nicht für Wandertage mit den Kindern genutzt werden, da die Landesregierung wegen des Reaktorunfalles in Tschernobyl ein Ausgehverbot für Schulklassen erlassen hatte. (...) Schüler-Skitag 1988 bei zwar herrlichstem Wetter, jedoch mit vielen unzufriedenen Eltern. Das Schulforum hatte beschlossen, dass heuer die Kinder einen Preis erringen sollten, die am nächsten der Mittelzeit kommen. 1991: Das Computerzeitalter ist ausgebrochen – die Schulverwaltung wird mit Hilfe eines PC's erledigt (...)." (SCHULCHRONIK UTTENDORF)

Der Übergang vom Kindsein ins Jugendlichen- und Erwachsenenalter – die Frage nach dem Jungsein im Gebirge – lässt sich für das erste Jahrhundertdrittel anhand der Biografie von Peter Rathgeb nachzeichnen. Zunehmend stärker werden, zurückschlagen können, ein wenig Bargeld haben, abends fortgehen, einmal eine eigene Familie ernähren können, sind hier entscheidende Stationen. „Ja, die größt' Gaudi war ja, wie der Bauer wieder einmal geschimpft und geschrieen hat. Der Franz hat nur gelacht, er hat den Bauern regelrecht ausgelacht. Zufällig war das die beste Wirkung. Der Bauer war machtlos, was soll er tun? Er ist auf und davon und wir haben wieder eine Ruh' gehabt, so hat eigentlich der Franzei dem Bauern die Schneid' abgekauft. (RATHGEB 2006; siehe Teil 1) Gemeinsam mit anderen Männern zu arbeiten und immer mehr berufliche Fähigkeiten zu erlernen, stärkte das Selbstvertrauen: „Der Bauer hat damals an Holzknecht eingestellt, der gleich selber zwei Zugsägen mitgehabt hat, eine längere für große Stämme und eine kürzere für das schwächere Holz. Diese Sägen sind für den damaligen Begriff sehr gut gegangen. Das war ein richtiger Berufsholzknecht, ein ganz ein netter Mann, der hat gleich gesagt zum Bauern, lass' mir den Buam zum Schneiden, des ist ein kräftiger Bua, den richt' ich mir ab, wie ich ihn brauchen kann. Du redest nichts drein und er wird von Tag zu Tag besser. (...) Mit dem Mann hab' ich sehr viel gelernt, fürs ganze Leben, viel Vorteil', auch viele Gefahrenerkenntnisse erlernt, der hat nie geschimpft, im Gegenteil, er war wohlauf zufrieden mit mir. Einmal hat er mich gefragt, ob ich nicht ein Holzknecht werden möchte." (RATHGEB 2006; siehe Teil 1.) Und dann, in der Arbeitsleistung besser zu sein als die Alten – im Fall von Peter Rathgeb war das beim Heidelbeerenpflücken, eigentlich einer Frauenarbeit: „(...) und da war es einfach ganz blau mit Heidelbeeren, so viel wie damals hab' ich mein Leben lang nie mehr gesehen. Bald hat es geheißen, da müssen wir hinein, Beeren riffeln, und ich eine Freude, weil ich des gut können habe. Diese Arbeit hab' ich mit jeder Frau oder Mädchen aufgenommen. Ich war zu dieser Arbeit damals ungeheuer schnell (...). Der Bauer (hat) ausnahmsweise nicht geschimpft, weil es ihm selber viel zu letz gewesen ist." (RATHGEB 2006; siehe Teil 1).

Die kirchliche Feier des Erwachsenwerdens, die Firmung, geht an Peter Rathgeb in ihrer Bedeutung eher vorbei: „Nach der Firmung hat es geheißen, jetzt essen wir beim Metzgerwirt eine heiße Würstelsuppe, nachher müssen wir schnell heim, daheim haben wir eine kranke Kuh. So war es auch, Würstelsuppe-Essen und abgehaut. Wie es in Embach zwölf geläutet hat, bin ich schon oben gewesen bei den Kühen (...)." (RATHGEB 2006; siehe Teil 1) Und dann der Widerstand gegen das Geschlagenwerden: „Er haut mir ein Hartholzstück drüber (...) von wegen Tränen, hat es da schon keine mehr gegeben. Im Gegenteil, das Blut ist mir vor Wut in den Adern stehen geblieben. Wenn ich irgendetwas, einen Werkzeug oder ein anderes Trum erreicht hätte, ich (...)." Schulausbildung war in diesen Jahrzehnten noch nicht Bestandteil ländlicher Jugendzeit, „na da hat's g'heißen, arbeit'n ist wichtiger als lernen. Wortwörtlich neb'm mir, gleich habe ich den Schaden noch nicht verstanden, was mich betrifft. Zum Arbeiten wird er (also ich) gescheit genug, und so Halbstudierte lauf'n ohnehin genug umher." (RATHGEB 2006; siehe Teil 1)

Jungsein bedeutet auch einen größeren Freiraum haben und – fortgehen können: „Bald hat's hoaßen, am Samstag ist's zum Sonnwendfeuerbrennen. Das ist was für die jungen Leut'. Ich natürlich mit dabei, ich war das erste Mal bei einer solchen Veranstaltung. Etliche Ältere waren auch dabei, ansonsten halt ein Hauf'n Burschen und Dirndl; allerhand Spiele sind da gemacht worden, der Franzei, mein Jugendkamerad, war auch gekommen. (...) Wie wir halt da so gesitzt sind, neben dem Feuer, wie ein Bienenschwarm. Einen Haufen Dirndln um uns herum, eine hat angfangen, Witz erzählen (...)." Und dabei die ersten intimen Erfahrungen: „Ohne eine Absicht hat es sich ergeben und ich war mit dieser Kathi unterwegs." (RATHGEB 2006; siehe Teil 1)

Für diese Generation brach Jugend durch die Erfahrungen des Krieges und die Entbehrungen der Nachkriegsjahre jäh ab. Bedingt durch den Krieg erfuhr Rathgeb die Grundausbildung in seinem späteren Beruf als forstwirtschaftlicher Holzarbeiter erst als Erwachsener und dies in relativ kurzer Zeit – ein fortschrittlicher Holzknecht riet ihm: „Ich soll nach Erpfendorf in Tirol hinüberfahren, dort hat sich schon eine größere Werkstatt entwickelt. Vielleicht kannst du ein paar Tag dort bleiben, dann kannst du gleich eine Grundausbildung machen. (...) das ist das Beste und da kannst gleich ein paar neue Sägen kaufen und (unter) Anleitung tipp topp herrichten." Rathgeb fuhr nach Erpfendorf. „(Ich) bin am vierten Tag erst heimgefahren. Habe viel gelernt und Erfahrung gesammelt, (...) Habe 1500 Schilling bezahlt, da war alles enthalten, Unterkunft, Verpflegung, die Grundausbildung, die Sägen und einige Hilfsgeräte. Es war nicht billig, aber ich war zufrieden." (RATHGEB 2005, 109) Nach Monaten des Arbeitens als Holzknecht kam der Gedanke an Familiengründung. „Ich wollte ja mit meiner alten Liebe wieder Frieden schließen und vielleicht sogar eine Familiengründung planen. Ich wusste, dass ich mir allerhand leisten könnte, nur wo ist eigentlich meine zweite Ehehälfte??" Der erste Schritt war eine Wohnung und eine Schlafzimmereinrichtung, seine spätere Frau sprach er an, als ein guter Küchenherd bereits im Auftrag war – die Kücheneinrichtung sollte sie aussuchen. (RATHGEB 2005, 27b)

Was Aufwachsen für die weiteren Generationen im Pinzgau bedeutete, ist noch nicht untersucht – die Begegnung mit Coca-Cola und die 68er im Gebirge sind eine ebenso spannende Frage wie die nach den Wirtschaftswunderkindern und der No-Future-Generation, bis hin zur Jugend zwischen Wohlstand, Weltöffnung und Arbeitslosigkeit.

Dass Fragen des Mann-Seins und der Männer-Rollen Thema der historischen Forschung sein können, hat Ernst Hanisch aufgezeigt (HANISCH 2005). Mann-sein ist zentral verbunden mit körperlicher Betätigung.

Im 20. Jahrhundert erfuhr männliches Auftreten starke Einschnitte – die militärische Niederlage im Ersten Weltkrieg, die Einführung des Frauenwahlrechts, dann extrem männliche Schübe in den autoritären und faschistischen Bewegungen, gefolgt von einem breiten Demokratisierungsschub nach dem Zweiten Weltkrieg und neuen gesellschaftlichen Zugängen zu den Bereichen Liebe, Erziehung, Sexualität. Die bäuerliche Bevölkerung hat zu all dem einen tiefgreifenden wirtschaftlichen Wandel zu bewältigen – eine jahrhundertealte Produktions- und Lebensform löste sich in rasanter Geschwindigkeit auf (Foto 2.16). Die Betroffenen verspürten den Bedeutungsschwund sehr wohl – nach

Foto 2.16: Mann beim Sensendengeln 1975, Gemeindearchiv Taxenbach.

dem Weggehen der Dienstboten waren nur die Selbständigen übrig geblieben und selbst von denen wechselten viele in andere Berufe. Noch zu Jahrhundertanfang fühlte sich die Bauernschaft als erster Stand des Staates, die Hungerperioden und der politische Diskurs hatten dieses stolze Selbstwertgefühl gestärkt. Mitte des 20. Jahrhunderts war diese Rolle verloren gegangen – die wirtschaftliche Notwendigkeit des Nebenerwerbs und die Notwendigkeit von Subventionen, ökologisches Krisenbewusstsein, der aufkommende Feminismus kratzen am Selbstwertgefühl. Eine Einheirat bieten zu können, war früher der Stolz des Hofübernehmers – während in Zeiten des Wirtschaftswunders der Kreis jener, die Bäuerin werden wollten, plötzlich nicht mehr groß war. Was hingegen die Männlichkeitsrolle des Bauern bis heute kennzeichnet, ist die Selbstbestimmung der Arbeit und die Unabhängigkeit der Zeiteinteilung. Auch für den Arbeiter verlief das 20. Jahrhundert nicht linear. Die sozialen Verbesserungen in der Ersten Republik gaben das Gefühl, auf der richtigen Seite der Geschichte zu stehen, im Parteilokal und Arbeiterheim entstand eine Gegenwelt zur Enge des bäuerlichen Dorfes. Die Weltwirtschaftskrise war das Ende davon, die Arbeitslosigkeit zermürbte das männliche Selbstbewusstsein, das auf die eigene Arbeitsleistung und die Fähigkeit, eine Familie ernähren zu können, gebaut war. Erst das NS-Regime gab wieder das Gefühl, Mann zu sein, umflötet von der Propaganda der Arbeiterehre und der Aussicht, auch als Ungeübter ein kleiner Führer zu werden. Die Nachkriegsjahre brachten für viele einen deutlichen und nachhaltigeren Zugewinn an

Lebenschancen. Der Ausbau des Sozialstaates entlastete die Männer von der zentralen Versorgungspflicht. Landleben bietet übrigens Raum für manche der Männlichkeitsdomänen – Sport, Jagd, Alpinismus, Entgrenzung und Bewährung in der Gefahr (HANISCH 2005, 372–378).

Um in seiner beruflichen Arbeit anerkannt zu werden, galt es für Peter Rathgeb, neben viel und hart, auch mutig und sauber zu arbeiten. Hier ein Ausschnitt aus einer Zeit, die er als Holzarbeiter in der Steiermark verbrachte: „Das zweite Erlebnis war gefährlicher, da ist mitten im Fichtenwald eine große Buche gestanden. Wie es der Teufel haben will, fällt uns beim Umschneiden ein Fichtenbaum in diese Buche hinein und verhängt sich. Die alten Buchen haben ja bekanntlich fürchterlich lange starke Astgabeln, da geht nichts mehr. Am besten ist, alle Männer her: dann fahren wir mit dem Baum talwärts bergab, so lang bis er dann auslassen wird. Wir haben den Stamm wohl bergabwärts gerissen, (a)ber der Stamm hängt jetzt in der Luft, die ganzen Äste haben sich verwickelt. Was fangen wir jetzt an?? Da kannst du nimmer viel anfangen! Den lassen wir hängen, sagte einer. Das geht überhaupt nicht, das dürfen wir auf keinen Fall machen: da würden die steirischen Holzknecht sagen, schaut's euch dieses Salzburger Denkmal an (...)." Rathgeb kletterte selber auf die Buche, wusste, dass es eine höchst gefährliche Aktion war. Es gelang: „Den Wipfel habe ich oben hängen lassen, damit die Forstleute sehen, dass die Salzburger Holzknecht auch zu so einer frechen Tätigkeit imstande sind. Bin heruntergestiegen, habe geschwitzt, mein ganzer Körper war patschnass, aber ich war erleichtert, weil dieser Akt doch so gut ausgegangen ist. (...) So war unser Holzknechtleben, man braucht viel Glück, einen gesunden Hausverstand und absolut keine Feigheit." (RATHGEB 2005, 125) Mit dem Einsatz von Maschinen zählte in der Forstwirtschaft immer mehr die Masse an geschlagenem Holz, die Genauigkeit wurde nebensächlich: „Vor dem Holzmessen haben wir unserem Förster schon erzählt, wir haben das erste Mal das Holz so schlampig bearbeitet, wie es der Herr Forstmeister verlangt hat. Wir haben mit so einer schlampigen Arbeit keine Freude. Es geht ohne sauberes Arbeiten der ganze Holzknechtstolz verloren." (RATHGEB 2005, 101b)

Gesund sein, arbeitsfähig sein war wirtschaftliche Notwendigkeit, aber auch Teil der Erwartung an sich selber. Als Kind durfte Rathgeb die geschenkten Ski nicht verwenden, die Arztkosten wären schlicht nicht zu bezahlen gewesen. Die Bekleidung war äußerst bescheiden: „Was glaubst, wie ich bei kaltem Wetter gefroren habe. Aber (...) krank ist keiner geworden, das hat es nicht gegeben." Ein Blinddarmdurchbruch im Alter von 28 Jahren ging dann beinahe schlimm aus, die Entzündung war vom Arzt zuerst nicht richtig erkannt worden, „was soll dem Kerl fehlen, vielleicht hat er zu viel Krapfen gegessen. Hat mir ein paar Tabletten mitgeben." (RATHGEB 2006; siehe Teil 1). Peter Rathgeb hatte sein gesamtes Arbeitsleben Glück, trotz der schwierigen Arbeit ging es mit einigen Verletzungen ab, „(einmal) habe ich mich beim linken Fuß verletzt, hatte eine Wunde, musste ins Unfallkrankenhaus und bin für ein Monat ausgefallen. Was machen wir jetzt? Einen Haufen Holz übernommen und (ich) bin drei Wochen im Spital gelegen. (...) Als ich dann wieder bei meiner Partie war, haben wir das Tempo wieder angezogen, ich war ausgerastet und es ging voller Energie drauflos." (RATHGEB 2005, 96) Die Statistik schaut weniger gut aus, die Landwirtschaft ist eine der gefährlichsten Arbeitsbereiche und Männer häufige Unfallopfer – es kommen 10,2 tödliche Unfälle auf 1000 Arbeitende, bei Arbeitern sind es 6,6 je 1000. Auch dauernde Erwerbsunfähigkeit ist in der Landwirtschaft wesentlich häufiger – im Durchschnitt 25 auf 1000 Arbeiter, in der Land- und Forstwirtschaft 82. In der zweiten Hälfte des 20. Jahrhunderts sank die Gesamtzahl der Unfälle, der Anteil tödlicher Unfälle jedoch nahm zu: 1990 war jeder 172. Unfall in der Land- und Forstwirtschaft tödlich, im nicht agraren Bereich jeder 588. (BRUCKMÜLLER 2002, 469f.)

Was eher nicht männlich besetzt war, ist der Makel der ledigen Geburt – der schiefe Blick der Gesellschaft traf hier Mutter und Kind. Laut Pflegschaftsakten anerkannten die meisten Männer zwar ihr uneheliches Kind, feilschten aber zäh um die Höhe der Alimente. War der Vater nicht imstande, Alimente zu zahlen, traf die Versorgungspflicht die Frau, zuletzt ihre Heimatgemeinde. Um den Zahlungen zu entgehen, versuchten Männer, die Kinder in der eigenen Familie unterzubringen. Oder sie wechselten wiederholt den Arbeitsplatz, was vor allem bei Holzknechten gut ging. Mitunter wählten Frauen den Mann als Vater, bei dem die besseren Aussichten auf Alimente bestanden. Peter Rathgeb, von einer Sennerin aufgefordert, die Hebammenrechnung zu bezahlen, erzählte seinen lachenden Kollegen, er hätte ihr Folgendes zur Antwort gegeben: „Wenn du es beweisen kannst, dass ich dieser Täter geworden bin, so habe ich um ein lediges Kind mehr, bis jetzt habe ich drei. Ein Heiraten kommt bei mir nicht mehr in Frage. Diesen Brief habe ich aufgegeben, es ist nichts mehr angekommen." (RATHGEB 2005, 144)

Geschlechterrollen drücken sich, wie Roman Sandgruber aufzeigt, auch in Dingen und Räumen aus: Es gab in der ländlichen Gesellschaft streng festgelegte Rollenbilder, wer mit den Pferden arbeitete, wer pflügte, wer dengelte, wer für die Schmierung der Maschinen sorgte, wer den Dampfkessel heizte.

Es war nicht nur eine Trennung in Haus und Feld oder nach Kraftbedarf, sondern auch nach Wichtigkeit der Tätigkeit: Pferde und Ochsen wurden von Männern betreut, Kühe – vor der industrialisierten Milchwirtschaft, wohlgemerkt – von Frauen. Das Beladen der Wägen und Aufladen der Fuhren war Männerarbeit, das Schlichten oben auf dem Wagen Frauenarbeit, wie auch das Nachrechen. Viehhandel, Reparaturen an Geräten und Gebäuden, Pflege der Zugtiere sowie alle Arbeiten im Ochsen- und Pferdestall galten als typische Männerarbeit; Garten, Haushalt, Kuh-, Schweine- und Hühnerstall waren Frauenarbeit. „Die Stallarbeit war in unserer Gegend nie allein Sache der Frauen. Durch den Nebenerwerb der Männer müssen die Frauen jetzt allerdings mehr Stallarbeit machen. Viehverkauf und Verkauf ist aber (fast) immer Männersache. Bäuerinnen sind in dieser Gegend selten Mitbesitzerinnen des Hofes. Ist der Mann in einem Nebenerwerb tätig, werden sie aber jetzt immer öfter als Betriebsführerinnen angemeldet (...)." (OBLASSER 2002) Männern und Frauen standen unterschiedliche Räume zu – vielzitiert ist, dass beim Essen der Bauer nahe dem Herrgottswinkel saß und die übrigen Männer auf den wandfesten Bänken Platz nahmen, der Bäuerin der Stuhl zustand, während die Mägde mit der lehnlosen, beweglichen Bank vorliebnahmen (SANDGRUBER 2002, 273, SANDGRUBER 2006).

In der traditionellen bäuerlichen Gesellschaft mussten die Rollen von Bauer und Bäuerin immer besetzt sein, heute ist durchaus möglich, dass eine Person mit Hilfe von Maschi-

Foto 2.17: Hofmuseum 1997, Gemeindearchiv Taxenbach.

nen oder der Unterstützung der Herkunftsfamilie den Betrieb alleine führt. Die Jahre zwischen 1950 und 1980 waren die große Zeit von Ehe und Familie – während im 19. Jahrhundert ein nicht unwesentlicher Teil der Erwachsenen ständig unverehelicht blieb, stieg im 20. Jahrhundert die Chance auf Heirat und Hausstandsgründung stark an, der Höhepunkt wurde nach dem Zweiten Weltkrieg erreicht. Das Jahrzehnt nach dem Staatsvertrag war die Zeit des Baby-Booms. Dann änderten sich die Zahlen wiederum: waren um 1980 noch 60 Prozent aller Menschen in Österreich verheiratet, so waren es um 1990 nur mehr 50 Prozent. Die Zahl der Geschiedenen stieg von etwas mehr als 5 Prozent auf fast 12 Prozent, wobei bäuerliche Paare hier unterrepräsentiert sind (BRUCKMÜLLER 2002, 435f.).

Aus den Lebenserinnerungen von Peter Rathgeb folgen nun Ausschnitte zum Frauenleben am Land. In den Kinderjahren Rathgebs ist der Mann, so vorhanden, der Ernährer der Familie: „(Dann) ist mein Großvater an Staublunge erkrankt. Weil jetzt niemand mehr da war, der die Familie ernähren konnte, wurde alles verkauft." Innenarbeit und Erziehung lag in den Händen der Frau: „Die Großmutter hat ihren Töchtern nichts als arbeiten und beten beigebracht und hat ihnen fest eingeredet, ja nichts mit Männern anfangen." „Das", so Peter Rathgeb in der Rückschau, „ging nicht gut: Anna hat sich Hals über Kopf in einen Mann verliebt. Aber diese Verbindung wurde nicht geduldet. Und weil diese Liebe nicht sein durfte, wurde Anna unheilbar geisteskrank." (RATHGEB 2006; siehe Teil 1)

Am Bauernhof, auf dem Peter Rathgeb dann als Ziehkind aufwuchs, kam ihm die Bäuerin manchmal – und das gegen ihren eigenen Ehemann – zu Hilfe. Doch im Alter von 30 Jahren wurde die Frau schwer krank. Diese Passage aus den Erzählungen sei ausführlicher zitiert, denn sie thematisiert einen wichtigen Aspekt des Lebens im Pinzgau. Der Bezirk hat historisch eine vergleichsweise hohe Selbstmordrate, er unterscheidet sich in Depressionserkrankungen, Suchtgiftmissbrauch, Alkoholkonsum kaum von anderen, auch städtischen Bereichen. Das Bild von der Romantik, von der Leichtigkeit des Lebens am Land zerfällt spätestens hier.

„Das hatte langsam begonnen, kein Mensch hatte eine Ahnung. Sie wurde immer schlechter. Ihre Nerven wurden vom Bauern total zerstört. (…) Während der Zeit, als wir uns angezogen haben, wurde gestritten, sogar oft zu Mittag, vor dem Essenbeten und auch nachher, das ging Monate lang so ähnlich dahin, es wurde sogar immer schlimmer. Kein Mensch hatte eine Ahnung, wie diese Frau in ihrem Herzen gelitten hatte." „(…) Diese Bäuerin war in gesundem Zustand ganz eine lustige, fesche, starke Frau. In ihrem kranken Geisteswahn ist sie das Gegenteil geworden. Plötzlich hat diese Frau kein Wort mehr gesprochen. Anfangs hat sie noch etwas gekocht, aber bald auch schon nichts mehr gegessen. Dann ging es schnell, (sie hat) nichts mehr gekocht. Sie hatte sich ganz einfach eingesperrt und nicht mehr aufgemacht. (Eines Tages) ist die Bäuerin bei der oberen Ausgangstür hinaus und spurlos verschwunden (…)." (RATHGEB 2006; siehe Teil 1)

Die Männer am Hof brechen auf, um nach ihr zu suchen. Sie finden sie bei einem Heustadel: „Tatsächlich, da sitzt sie drin. Sie spricht kein Wort. Ihr ist wohl fürchterlich kalt. Sie hat auf und auf gezittert (…). Wir haben die Frau heimgebracht. Sie hat kein Wort gesprochen, hinein in ihre Schlafkammer (Zimmer). Natürlich eiskalt und putzfinster, wir haben das kaputte Fenster sofort zugehängt mit einem alten Deckenfetzen. Inzwischen hat sich die Bäuerin ohne Ausziehen mitsamt ihrer Kleidung in ihr Bett gesteckt, ihre Decke weit über den Kopf gezogen, wahrscheinlich hat sie geweint. (…)." „Die Bäuerin ist öfter verschwunden (…) in alle verschiedene Winkel hat sie sich versteckt, es hat es öfters gegeben, dass sie vielleicht (am Hang unterhalb des Stalles) gewesen ist. Wenn einer beim Suchen in die Nähe kam, ist sie abgewichen, es kam sogar vor, dass sie um Haus und Hof herum immer ausgewichen ist (…). So schreck und wild, (sie hat) keine Körperpflege mehr angenommen. Sie hatte lange schwarze Haare, keine Zöpfe mehr, ihre schönen Haare kreuz und quer her übers Gesicht. Eben durch das so wenig essen ist ihr Körper auch zamg'fallen. (…) Ein schrecklicher Zustand war das damals, wie diese Frau mit ihrer Krankheit ausgeschaut hat. Abgemagert, nur Haut und Boana, die Händ', die Füß' natürlich immer ohne Strümpf' und ihr Gesicht ganz blau. Ihre Augen ganz tief drin und ganz dunkel (eben schwarz), fast nicht mehr zum Erkennen." Da kam die Mutter der Frau auf den Hof, „das war eine Mutter mit Gefühl. Diese Mutter konnte bald mit der Bäuerin wieder sprechen, sie hat die kranke Frau getröstet, hat ihr gut zugeredet, so ist es ihr gelungen, dass die Bäuerin auch vom Arzt Medikamente angenommen hat, somit wieder mehr zu essen begonnen. Es ist wieder Ruhe eingekehrt, ist in ihrem Zimmer geblieben." Die Verzweiflung der Frau war damit nicht aus dem Weg zu räumen, einer der Knechte kann sie von einem Selbstmord zurückhalten, „plötzlich sieht da weit unt' beim Nachbarn sein

Foto 2.18: Bäuerinnen 1990, Gemeindearchiv Taxenbach.

Feld der Franz etwas Blaues, der Franz ist weg wie ein Hund, (er) war schnell und er hat auch genau gewusst, dass er sie unbemerkt überraschen muss, sonst erreicht er sie nicht, der Graben da unten, in dem Felsengebiet, des ist eine gefährliche Gegend. Genauso wär' es kemma, weil der Franz halt so schnell war, so hat er die Bäuerin ganz am äußersten Rand vor der Felswand bei ihre Kleider an ihrem Rücken noch erwischt." (RATHGEB 2006; siehe Teil 1)

    Das Bild einer anderen Bäuerin aus diesen Erinnerungen: „Ich bin beim neuen Bauern gelandet. Alles war ruhig, mir hat es sofort gut gefallen. Der Bauer war ganz ein netter, ein grundehrlicher, mit dem hab' ich mich glänzend verstanden. Die Bäuerin hat ein Kind erwartet, diese Frau war nicht immer in bester Laune. Bei ihr hat man sofort gemerkt, dass man nur ein Dienstbote ist. In dieser Familie waren schon fünf Kinder, das sechste war unterwegs, eine Stalldirn (Magd) und ich als junger Knecht. Zum größten Glück haben sie eine Dienstmagd eingestellt, Anna war ihr Name. Das war ganz eine tüchtige, fesche, junge Frau mit 21 Jahren, ja eigentlich sagt man Fräulein. Diese Anna war überall brauchbar und verlässlich, im Stall, bei den Kühen, auf dem Feld und in der Küche bei der Bäuerin. Diese Anna ist von auswärts gekommen. Sie hatte keine Ahnung, wie es bei dem Bauern oft zugeht. Ich habe mich mit dieser Anna bald sehr gut verstanden. Dass wir zwei zusammenhalten müssen, das kam automatisch (...)." (RATHGEB 2006; siehe Teil 1)

Für den aufwachsenden jungen Mann dann die Begegnung mit der – älteren – Femme fatale: „Ich dachte: ‚Das ist der Generalangriff auf meine Unschuld'. Das war für mich eine ungeheuerliche Überraschung: so viel überstürzende neue Erlebnisse auf einmal. Ich war doch so rückständig in Bezug auf Liebe mit Frauen, sogar herzlich schmusen mit diesen herrlichen Gefühlen. Alles, jede Bewegung, alles war mir ganz was Neues. (...) Aber sie hat mich aufgeklärt, und noch vieles, vieles mehr in dieser Nacht." (RATHGEB 2006; siehe Teil 1)

Wie zahlreiche andere Lebensberichte schildern, spielten Frauen in der Überlebenssicherung der ersten Nachkriegsjahre eine sehr zentrale Rolle. Peter Rathgeb von der Zeit als Holzknecht: „Ich war immer der Hungrigste in der Partie, vielleicht gerade deshalb war mein Wunsch, doch einmal genug Butterbrot essen können. Aber wer würde mir als fremder Mensch in dieser gottverlassenen Gegend so viel Vertrauen schenken und mir vielleicht ein Kilo Butter verkaufen. Es ist verboten, daher natürlich strafbar, das wusste ich genau. Wir waren ja ganz hint in Graben drinnen und draußen neben der Landstraße war eine kleine Landwirtschaft. Dort hatten wir unser Fahrrad eingestellt. Natürlich jedes Mal zukehrt und ein bissl sitzen blieben. Das waren grundehrliche nette Leute. Natürlich fragten sie, wie es uns geht, wir erzählten von unseren Erlebnissen, mit der Hütte, mit den Bohnen, und von unserem Hunger, dabei erzählte ich von meinem Wunsch. Ob ich etwa doch irgendwo ein Kilo Butter auftreiben könnte. Nach einer Zeit sagte diese ältere Frau, die Bäuerin: Peter, wenn du mich nicht verratest, wollen wir dir helfen, habe dieser Frau hoch und heilig versprochen, absolut nichts zu verraten. Ich habe eine Riesenfreude gehabt, dass ich für dieses Kilo 80 Schilling bezahlt hab, das war mir momentan ganz egal." (RATHGEB 2005, 74)

„Irgendwann war da einmal ein Holzknechtball. Da bin ich natürlich auch dabei, da brauch ich eine flotte Kranzltänzerin, a solche finden oder kriegen, das war kein Problem. (...) Diese Frau war vier Jahre älter als ich, eine Bäuerin von an kloan Hoamatl, ganz a fesche, gleich groß mit mir. Dazu ihr Temperament, aber halt ein bissl verheiratet. Wir waren dann beim Mittagessen, wie es schon Brauch ist, allerhand getrunken, die Stimmung kreuzfidel, kannst dir vorstellen. Während des Tages habe ich schon allerhand erfahren, mit der Zeit hat der Alkohol alles geöffnet, da gings schon über die Grenze. (...) Dabei hat sie in ihrem doch leichten Alkoholzustand ihre Ehegeheimnisse verloren und hat mir über dieses und jenes erzählt. Ihre Ehe ist zerrüttelt." (RATHGEB 2005, 84f.) Als Holzknecht in der Steiermark erfährt Peter Rathgeb beim Milchholen über das Leben der Hofnachfolgerin: „Die Bäuerin, schon ein wenig kränklich, und die Tochter waren in Arbeit begraben. Es waren wohl noch ein Älterer und ein Jüngerer als Männer vorhanden, aber die waren mehr mit den Pferden beschäftigt. Der Alte, der Bauer, hat einen geschwollenen Herrn gespielt. Die Tochter, Anni war ihr Name, diese Frau hatte den Kuhstall zum Versorgen. Sie war eine kerngesunde starke, fesche Frau." „So einen Burschen würde ich mir als Mann wünschen", erzählt sie ihm, „aber bei mir will ja der Vater den Lebenspartner bestimmen. (...) Die Mutter ist kränklich, der Vater tut trinken anstatt mehr arbeiten. Ich soll das alles einmal weiterführen, ich bin die einzige Nachfolge. Diesen Burschen, was er für mich bestimmt, den mag ich nicht. Wenn ich mir selber einen finde, der hat keine Geltung, solchem Unfrieden weicht jeder aus. (...) Zudem, stell dir vor, ich bin in mein

Schlafzimmer eingesperrt. Den Eingang in mein Zimmer geht nur übers Schlafzimmer der Eltern, Fenster ist nur glei eines, und das mit Eisengitter." (RATHGEB 2005, 89)

Als Beispiel ganz schlimmer Gewalt an Frauen finden sich in den Schilderungen die Lebensumstände einer jungen Frau, bei der Peter Rathgeb während eines Winters in Verpflegung war.

Nur Wochen vor der Geburt ihres zweiten Kindes war ihr Ehemann unerwartet tot im Bett gelegen, sie war damit allein mit den Kindern: „Abends haben wir uns meistens mit dieser Frau über allerhand unterhalten. Sie hatte Angst um ihre Wohnung, das ist die Wohnung für einen Mann, der bei diesem alten Gutshof die Wirtschaft führt. Sie erzählte uns, dass sie in der Oststeiermark aufgewachsen und durch das Heiraten da gelandet (ist). Dann hat sie uns erzählt, wie es war, als in ihrer Heimat die russischen Soldaten gekommen sind, wie brutal sich diese Menschen den Mädchen gegenüber verhalten haben. (Sie) war damals etwa 25 Jahre, wir haben uns im Wald oben und in die Hütten in die unmöglichsten Schlupfwinkel versteckt, das half nicht viel, nur wenige sind verschont geblieben. Wahrscheinlich sind wir verraten worden. Die Russen sind mit Pferde in Galopptempo uns nachgeritten. Mich und meine Freundin haben sie aus dem Wald herausgesprengt. Wir wollten über eine große Lichtung laufen, da wurden wir wahrscheinlich gesehen, schon haben sie uns erwischt, die Pferde waren schneller. Freiwillig wollten wir natürlich nicht mitmachen. (...) Es wurden mir die Kleider vom Leib gerissen, zwei Mann haben die Füß auseinandergerissen, der dritte ist über mich hergefallen, hat mir den Mund zugehalten, weil ich aber trotzdem noch schreien wollte, hat ein anderer schon um die Waffe gegriffen (...) Meine Freundin lag fünf Meter daneben, sie hat das gleiche Martyrium mit der gleich grausamen Gewalt erlebt, nur beim Abwechseln hat der Zweite nicht können, von einer Verletzung ist sie verschont geblieben. Als dann doch endlich alles wieder ein Ende genommen hat, waren die sechs Kerle mit den vier Pferden sofort verschwunden. Sie hat uns erzählt, meine Freundin wollte mich trösten, wollte mir gut zureden. Sie sagte, wir müssen sofort zu einem Arzt, wir müssen uns untersuchen lassen, nicht dass wir eine Geschlechtskrankheit davongetragen haben. Ich konnte mit ihr momentan gar nicht sprechen, ich konnte nur weinen, ich war so fertig, hatte keine Kraft, alles hat weh getan. Nach einer Weile habe ich mich dann doch erholt, wir haben unsere zerrissenen Kleider zusammengesucht und angezogen, dann sind wir heimwärts gegangen." (RATHGEB 2005, 140–143)

Frauenleben konnte auch volle außerhäusliche Erwerbstätigkeit bedeuten – Rathgeb über die Situation von einer der fünf Pflanzgartenfrauen in seiner Gruppe während Aufforstungsarbeiten in Rauris: „Die fünfte Frau, sie war a liabe fesche Frau, war 27 Jahre alt, diese Frau war arm. Ihr Mann hatte einen Autounfall und ist seitdem querschnittgelähmt, kann den Rollstuhl nie mehr verlassen und zwei kleine Kinder sind da. Die Kinder sind bei der Oma." (RATHGEB 2005, 41b) Und über seine eigene Familie, seine Ehefrau: „Bei unserer vorherigen Wohnung haben wir auch kein elektrisches Licht gehabt. Sogar auch kein Wasser. Ich habe beim Grundkauf für mein Eigenheim eine Quelle gekauft um 1000 Schilling (...). Bis in die Küche eine Zuleitung gelegt und genau am Weihnachtstag 1957 war kein Wasser mehr in der Leitung. Die Quelle ist ausgetrocknet. Das war schlimm! Zwei kleine Kinder, kein Wasser mehr und auch noch kein Licht. Aber meine Frau ist nicht verzweifelt, sie war nicht verwöhnt und hatte sich überall zu helfen gewusst. Habe am Weihnachtstag Gartenschläuche ausgeborgt, in der Nachbarwiesen ein Oberflächenwasser aufgefangen und mit fremden Gartenschläuchen in mein Basin geleitet. Wir haben den ganzen Winter dieses Wasser getrunken und zum Haushalt verwendet. Es ist niemand krank geworden. Im Frühjahr sofort bei der Gemeinde um einen Wasseranschluss angesucht. (...) Im ersten Winter stand unser Haus völlig im Rohbau da. Im Obergeschoss habe ich Fenster und Türen zugemacht, beim Stiegenhaus das große Loch habe ich mit Bretter vermacht und mit unserer Unterstandshüttenplane zugedeckt, damit es nicht so kalt wird. Das Haus war nur mit Papp abgedeckt. Es war dann 10 Jahre immer im Sommer eine Baustelle. Über jeden Fortschritt haben wir uns gefreut." (RATHGEB 2005, 51b)

Von Peter Rathgeb erfahren wir dann nichts mehr über Frauen, seine folgenden Berichte drehen sich um die Entwicklungen in der Holzarbeit – Motorsägen, Messband, Plastikkeil, wetterfeste Kleidung, Holzraupe und Seilwinde. Die bäuerliche Welt der Nachkriegsjahre bleibt vorerst männlich geprägt – der Innenbereich und das Kleinvieh war der Aufgabenbereich der Frauen, sie mussten gute Wirtschafterinnen sein, waren stolz über ihre Vorräte, qualifizierten sich in Kleiderverarbeitung, Nahrungsmittelkonservierung und Kindererziehung. In den Jahren des starken Wirtschaftswachstums verlor die Position der Bäuerin an Ansehen, es gab so viele andere Arbeitsplätze, ohne Schmutz, ohne Lärm, ohne Stallgeruch. Verunsicherung machte sich breit – die Bäuerinnen genossen nicht mehr das hohe Sozialprestige ihrer Vorgängerinnen, hatten aber mindestens genauso viel Arbeit, waren damit noch dazu allein. Und es taten sich so viele neue Wege auf –, in der Art, die Arbeit am Hof zu erledigen, in der Welt des Konsums, im öffentlichen Engagement – es wurde für viele schwer, dies mit dem Eigenbild der „ordentlichen" Bäuerin in Einklang zu bringen. Junge Bäuerinnen der letzten beiden Jahrzehnte quälen derartige Fragen weniger, sie haben durch ein anderes Aufwachsen und auch andere Schulbildung ihr gesellschaftliches Selbstbewusstsein wiedergefunden (SANDGRUBER 2002, 278).

Die Frage, die sich für heute zunehmend stellt, ist die nach den Bedingungen des Altwerdens am Land. Die längere Lebensdauer hat einen neuen Abschnitt entstehen lassen, zwischen „Jung" und „Alt" schob sich ein „Mittelalt". Peter Klammer bezeichnete das Einlegerwesen des frühen 20. Jahrhunderts als eines der traurigsten Kapitel alpiner Sozialgeschichte – Menschen ohne eigene Bleibe im Alter wanderten innerhalb ihrer Heimatgemeinde von Hof zu Hof, wo sie jeweils für einen bestimmten Zeitraum aufgenommen wurden (KLAMMER 1992, 3). In der autoritären Gesellschaft war das Prinzip relativ einfach, irgendwann drehte sich die Richtung des Druckes – oder einer von beiden segnete das Zeitliche. Das moderne Sozialwesen konnte durch die fast lückenlose Versorgung der Menschen im Alter eine entscheidende Verbesserung der Lebensqualität schaffen. Indem das staatliche System jedoch zunehmend an die Grenzen seiner Finanzier- und Belastbarkeit stößt, sind am Ende des Jahrhunderts wiederum neue Lösungen im Bereich der Altersversorgung gefragt.

Peter Rathgeb kaufte noch einige Monate vor Pensionsantritt einen neuen Traktor und arbeitete nach seiner Pensionierung vorerst normal weiter, so etwa beim Hausbau seiner Kinder. Gesundheitsbedingt waren die Kontrolltermine bei der Krankenkasse und dem Arzt sowie ein Kuraufenthalt dann doch markante Termine. Als seine Frau stirbt, ist vieles umzudenken, viele der Lebensbereiche waren ziemlich neu zu gestalten. Mit diesen Erfahrungen kam dann auch Verständnis für „das alte Mandei" während seiner aktiven Holzknechtzeit, der mit dem Arbeitstempo der Jungen altersbedingt nicht mithalten konnte und aus Erschöpfung manchmal weinte.

Die Skizze unterschiedlicher Lebensphasen am Land in ihrer historischen Dimension schließt die Frage ab, was in diesen Jahrzehnten die Zuversicht zum Leben gab. Die Antworten werden freilich individuelle sein. Zum Ersten, man lebte mit der Erfahrung, dass der Alltag schwierig ist und manches nicht gut geht. So die Kindheitserfahrungen von Peter Rathgeb: die Mutter großteils auswärts bei der Arbeit, zudem eine ledige Mutter, die Patentante war krank und starb jung, der Vater unbekannt, die Großmutter mit der Pflege des kranken Großvaters beschäftigt, das Essen knapp. Und: „So erging es allen Bergbauernkindern, da ist keiner verschont geblieben." (RATHGEB 2006; siehe Teil 1) Dennoch, man war eingebunden in stabile Strukturen und hatte die tägliche Aufgabe vorgegeben, ohne ständig hinterfragen und entscheiden zu müssen. Die Kirche gab Halt – der Herrgott, die Muttergottes, die Schutzengeln. Dann, wie in manchen Berichten aus der Landwirtschaft deutlich wird, verband der Umgang mit den vertrauten Tieren. Hierzu Rathgeb: „So war es bei mir tatsächlich. Dumm geboren und nichts dazugelernt. Eigentlich recht lustig: der Ochse und ich, wir sind miteinander aufgewachsen, in dieser Zeit, auch jede Arbeit erlernt." (RATHGEB 2006; siehe Teil 1) Gestärkt hat die Erfahrung gelungener Arbeit – schon als Kind gab es ein besonderes Gefühl, verschiedene Arbeiten fast wie ein Erwachsener zu beherrschen. Bei Peter Rathgeb war das die Arbeit im Wald: „Wenn mir dann oft das Wasser hinten in den Knien hinuntergeronnen ist, da war ich dann so verzweifelt, dass ich mir denkt hab', wär' besser sterben, als so ein aussichtsloses Leben. So ist das wochenlang dahingegangen. Beim Schönwetter hab' ich mich seelisch wieder erholt, damals bald einmal gespürt, der Wald ist eigentlich doch wunderbar (…)!! Das ist hängen geblieben und so bin ich später ein staatlich geprüfter Forstfacharbeiter geworden." (RATHGEB 2006; siehe Teil 1)

Weiters verbanden und stärkten persönliche Freundschaften, „das war der Brugger Franzei, 16 Jahre alt, ein Blonder, aber ganz ein kräftiger, ein lustiger Bua. Mit dem hab' ich mich gleich gut verstanden. Den Franzei, den haben alle gern gehabt (…)." (RATHGEB 2006; siehe Teil 1) Für Peter Rathgeb ist es auch die Musik, die begeistert – hier über seinen Freund: „Juchizen und singen hat der (können) mit seiner gewaltigen Stimme." Abwechslung von den eigenen schwierigen Erfahrungen bot die lockere Gemeinschaft in der Stube, im Wirtshaus oder auf den Hütten: „Wir haben meistens damals bei an kleinem Wirtshäusl samstags unsere Plattlerprob' abhalten. Weil ja zufällig zwoa Dirndl mit 17 und 18 Jahren vorhanden warn, zum Tanzenhelfen. Eine hat zum Singen eine Stimme g'habt. Natürlich, ein bissl zum Narren halten ist auch nicht ausbleiben. Ich hatte natürlich oft kein Geld, aber daheim bleiben, das war nicht möglich." (RATHGEB 2006; siehe Teil 1)

Woher die Frauen die Kraft nahmen, ist im Lebensbericht schwer zu sagen. Vermutlich hatten sie ähnliche Quellen, dazu kam wohl auch das Verantwortungsgefühl für die Familie. Und dass sie manchmal die Kraft fürs Leben nicht hatten, schilderte Rathgeb ohnedies eindrücklich genug – die Tante starb an gebrochenem Herzen, der Ziehmutter wurden von den Lebensumständen „die Nerven ganz aufgerieben" und bei einigen anderen Frauen blieb ihm in Erinnerung, dass sie „damals schon ein wenig kränkelten".

III. 2. Festzeiten im Dorf

Der Umgang mit „Zeit" hat sich am Land zentral verändert. Der Ablauf eines Jahres richtet sich am Ende des 20. Jahrhunderts nach anderen Kriterien als zu dessen Beginn – nach touristischer Winter- und Sommersaison zum Beispiel, viele Berufe orientieren sich nach der metrischen Uhr und unterteilen in Arbeitszeit und Wochenende. Mit etwa Mitte des 20. Jahrhunderts wurden viele der zuvor gewohnten Rituale des Jahres aufgeweicht und durch die Vielzahl weiterer Veranstaltungen und Beschäftigungsmöglichkeiten überlagert, ohne jedoch je ganz aufgegeben worden zu sein. In Wellen wieder aufgegriffen oder auch neu gestaltet, sind sie nach wie vor, manchmal auch unverstanden, Bestandteil des Jahresablaufs. Die traditionelle Landwirtschaft, insbesondere die Viehwirtschaft, hatte einen anderen Zeitbegriff – sie kannte keine feste, nach Stunden genau bemessene oder geregelte Arbeitszeit. Man musste da sein, wenn die Arbeit anfiel, es musste regelmäßig, auch am Feiertag, gearbeitet werden, Arbeitsende war erst, wenn auch die Aufgabe erledigt war. Sich hinsetzen und nichts tun entsprach nicht dem bäuerlichen Selbstverständnis: da die Leute ohnedies ganzjährig verköstigt werden mussten, erledigte man Füllarbeiten, ohne deren Sinnhaftigkeit genau zu hinterfragen – Rationalität ist ein Begriff aus der neueren Betriebswirtschaftslehre. Die Länge der Arbeitszeit wurde vom Tageslicht bestimmt, erst elektrisches Licht und der Scheinwerfer am Traktor verlängerten die Tageszeit zusätzlich. Freilich, man arbeitete nicht ohne Zeitordnung – Pausen und Essenszeiten waren fix festgelegt. Bei Tisch herrschte Ordnung – man begann mit dem Tischgebet, aß so lange, wie der Bauer oder Großknecht vorgab. Haus- oder Kirchenglocke, Sirene oder vorbeifahrende Züge ermöglichten zeitliche Orientierung, die Armbanduhr war etwas für den Sonntag. Mit dem Kirchgang verband sich der Einkauf, der Gang zur Bank, auf die Gemeinde, das Wirtshaus. In den Arbeitskalender verwoben war das bäuerliche Festjahr – Arbeitsrhythmen, kirchliche Ereignisse, Brauchtumsüberlieferung, Gemeinschaftsbezeugungen, Gesellschaftshierarchie, das Bedürfnis zur Abgrenzung von „anderen", politische Ziele flossen hier ineinander (BRUCKMÜLLER 2002, 528–534). An Feiertagen wurde mehr oder anderes gegessen, es wurde gesungen und getanzt, schönere Kleider getragen. Die Lungauerin Flora Gappmeier hielt hierzu pragmatisch fest: „Diese Bräuche waren ganz schön und wichtig. Die Leute spürten die harte Arbeit nicht so, weil alles mit Gaudi wieder abgerundet war, es war nie eintönig oder langweilig ..." (BRUCKMÜLLER 2002, 532)

Für die Pinzgauer Gemeinde Unken hat Christine Becker vor wenigen Jahren den regionalen Festkreislauf aufgezeichnet, welcher hier exemplarisch wiedergegeben wird. Unken als Grenzort zeigt bayrische Einflüsse, die in Teilen des Pinzgaus mitunter weniger bekannt sind, dennoch wird in der Darstellung das Weiterbestehen jahrealter Gewohnheiten ungeachtet des veränderten Gesellschaftskontextes offensichtlich: „Silvester wird in religiösen Familien mit der Jahresschlussandacht und dem Rosenkranzbeten, dem Rück- und Ausblick des Einzelnen, dem Rauchengehen und Korkenknallen begangen. Neujahr ist ein Frautag und wird verbracht mit Kirchengehen und Skifahrengehen. Das Sternsingen am 6. Jänner ist ein verhältnismäßig junger Brauch. In der Zeit der Finsternis sollen die Perchten böse Geister der Finsternis vertreiben, sie schauen furchterregend aus und verbreiten viel Lärm. Schiachperchten und Schönperchten werden von Teufel, Pater, Kasperl, Bettelmandl und Hexe begleitet. Zuerst treten die drei Schiachperchten, der Teufel, die Hex' und das Bettelmandl auf. Sie stellen böse Geister und Dämonen der Finsternis dar. Erst wenn sie lautstark ihr Unwesen getrieben haben, vertreibt der Pater diese Geister aus dem Hause. Jetzt erst dürfen die Schönperchten das Haus betreten. Der Kasperl treibt sich schon vorher zwischen allen herum. Er hat eine große Schere als Symbol für die Trennung vom Alten und Neubeginn bei sich. Der Kasperl treibt auch Schabernack im Haus, während die Schönperchten im Hausgang den Tresterer tanzen. Die Schönperchten sind die eigentlichen Hauptdarsteller, sie sind bekleidet mit einem weißen Leinenhemd, einem farbigen Seidenhalstuch, schwarzen Lederkniebundhosen, einem breiten federkielbestickten Bauchranzen, ledernen Hosenkraxen, weißen Strümpfen und schweren, genagelten Schuhen. Auf dem Kopf tragen sie einen flachen, mit Goldflitterwerk geschmückten Hut mit einem Hochzeitsbüscherl. Auf der Krempe sind ringsum bunte Bänder befestigt, sodass sie über Schultern und Rücken herabfallen, das Gesicht aber freilassen – früher vermummt und unkenntlich. Die Perchten drücken das Nebeneinander von schön und hässlich, von hell und dunkel, von gut und böse aus, ihr Stampfen soll die Wurzeln in der Erde erreichen und Fruchtbarkeit bei allem im Boden bewirken, der Klang der Glocke soll alles über der Erde günstig beeinflussen.

Als nächster Festtag ist Sebastiani, der Namenstag des Heiligen Sebastian am 20. Jänner, ein römischer Märtyrer und Patron der Schützen und Fürsprecher in Krankheiten; gegen die Sebastianikälte und als Gesundheitstrunk hilft das Sebastiani-Schnapserl. Der 22. Jänner ist Vinzenzi, der Namenstag des Heiligen Vinzenz von Saragossa, einem spanischen Märtyrer und Patron der Holzknechte. Am 2. Februar das Fest Maria Lichtmess, der Tag, an dem die Dienstboten ihren Jahreslohn ausbezahlt bekamen und an dem man seinen Arbeitsplatz gewechselt hat oder ein weiteres Jahr blieb. Lichtmess ist auch Beginn der Außenarbeiten. Am Namenstag des Hl. Blasius, der einen Knaben vor dem Ersticken durch eine Fischgräte mit seinem Segen rettete, wird in der Kirche der Blasiussegen erteilt – am Blasentag wurde die Habe der neuen Dienstboten beim vorhergehenden Dienstgeber abgeholt.

Der Fasching ist die Zeit der überschäumenden Lebensfreude und reicht vom Dreikönigstag bis Aschermittwoch. Die Lust, sich zu verkleiden und in die Rolle eines anderen zu schlüpfen, eröffnet die Reihe der großen Bälle – regional sind das die Feuerwehrbälle, der Garnisonsball, Schützen- und Schulbälle. In Saalfelden findet seit den zwanziger Jahren in Abständen von einigen Jahren der Faschingsumzug statt – beliebte und wiederkehrende Themen sind die Altweibermühle, in der alte Weiber verjüngt werden, die ‚heilenden'

Bader, Ereignisse des Ortes oder des Weltgeschehens. Sportliche Bewerbe – Eisstockschießen, der Jugendskitag spätestens seit der Nachkriegszeit – nutzen den winterlichen Schnee. Am Faschingsdienstag wird der Fasching eingegraben, am Aschermittwoch – Kehraus und Heringsschmaus sind eine neue Gepflogenheit – ist alles vorbei, am Aschermittwoch ist Kirchgang angesagt, man bekommt ein Aschenkreuz auf die Stirn, ein Zeichen für Umkehr und Sühne.

Aschermittwoch ist strenger Fasttag, lange gab es Fastenbrezen oder Brezensuppe. Valentinstag als Namenstag des Hl. Valentin am 14. Februar wurde früher als Namenstag aller Valentine gefeiert, ist nun der Tag, an dem man farbenhungrig Blumen schenkt. Josefitag, der 19. März, ist der Namenstag des Heiligen Josef, Schutzpatron der Zimmerleute, regional ein stiller, inoffizieller Feiertag. Am Palmsonntag ist es zum Palmtragen – Weidenzweige mit bunten Bändern oder gefärbten Spanlocken geschmückt, mit ungesalzenen Brezen behängt und mit frischem Buchs am Stamm werden in die Kirche getragen. Der gesegnete Palmbaum kommt auf den Acker oder unter den Dachfirst, ein Zweig in den Herrgottwinkel und soll gute Ernte, Segen und Schutz bringen. Am Gründonnerstag werden Ostereier gefärbt – Gründonnerstagseier gehörten dem Bauern –, sie gaben besondere Kräfte, auf dem Feld vergraben schützten sie vor Hochwasser, eines über das Hausdach geworfen schützte gegen Feuer und Sturmschaden, eines vor der Haustür bewahrte vor Bösem und sie verdarben nicht. Nach Gründonnerstag ersetzen Ratschen das Geläute der Kirchenglocke. Am Gründonnerstag fand früher die Pferdeschätzung für die Pferdeversicherung statt, Karfreitag ist strenger Fasttag, am Karsamstag werden Osterkerze und Taufwasser geweiht und das Osterfeuer abgebrannt, das Feuer heimgetragen. Die Auferstehungsfeier war früher eindrucksvoll inszeniert – seit Fernsehen und Kinofilm bewegt das weniger. Wichtig zu Ostern ist das Eiersuchen, Festessen, die Patengeschenke. Der Ostersonntag beginnt mit frühem Gebet am Kalvarienberg, Böllerschießen und Hochamt. Im Weihekorb – sauber unter einem Tuch, verziert mit Buchszweigen – ist ein Ei für jeden, ein Stück Geräuchertes, ein Osterbrot und ein Stück Butter in Form eines Lammes, Salz. Zu Hause wird er gemeinsam verzehrt, die Eierschalen verstreut man im Garten, Ostermontag ist ein ruhiger Familienfeiertag.

Der weiße Sonntag, der erste Sonntag nach Ostern, war früher Tag der Erstkommunion und häufig in Erinnerung für besonderes Essen. Für den Mai ist die Aufstellung des Maibaumes der dörfliche Höhepunkt, gestiftet und geschmückt, während der Walpurgisnacht sorgfältig bewacht.

Das Fest des Heiligen Florian am 4. Mai ist Festtag der Feuerwehr. Christi Himmelfahrt – wiederum theatralisch aufbereitet – ist vieles: kunstvolle Frisuren, Kränzchen im Haar, weiße Kleider, Sommergefühl und noch ein bisserl frieren. Der Monat Mai gilt als einer der besonderen Marienmonate. Der Muttertag wurde in den dreißiger Jahren offiziell eingeführt, Pfingsten ist das dritte Hauptfest der katholischen Kirche. Fronleichnam, auch Kranzltag, an dem die katholische Kirche den eucharistischen Leib Christi feiert, ist mit seiner Prachtentfaltung das vielleicht eindrucksvollste religiöse Fest. Früher mit Schießen, Glockenläuten und Prozessionen an drei Tagen besteht das Fest heute aus einem Gottesdienst und einer Prozession durch den Ort.

Zur Sonnenwende leuchten im Pinzgau die Höhenfeuer. Peter und Paul am 29. Juni wurde früher groß gefeiert.

Der Jaggerstag, der 25. Juli als Namenstag des Heiligen Jakobus, mit einem festlichen Gottesdienst und einem bunten Jahrmarkt begangen – für die Bäuerin gab es einen neuen Schürzlstoff, für die Kinder einen Taschenfeitl, ein Windradl oder ein Pfeiferl und vielleicht ein Stückerl vom Türkischen Honig. Die Sommer- und frühen Herbstmonate kennzeichnen die Wallfahrten: neben der Bartlmäwallfahrt ist die Wallfahrt über den Großglockner am 28. und 29. Juni seit dem Gelöbnis zum Schutz vor Pest und vor Wölfen die bekannteste. Maria Himmelfahrt, der 15. August, ist wieder ein Marienfeiertag. Schon Tage vor dem Fest werden Kräuter gesammelt und kunstvoll zu Sträußen gebunden, in der Kirche gesegnet. Sie werden in den Rauchnächten dem Vieh ins Futter gemischt, dem Weihrauch beigegeben und am Abend vor der Almfahrt im nächsten Frühjahr verfüttert. Es sollen mindestens neun verschiedene Kräuter sein – Fuchskreuzkraut, Echter Dost, Frauenmantel, Johanniskraut, Wasserdost, Schafgarbe, Ochsenauge, Kälberkopf, Glockenblume –, Gartenblumen werden nicht verwendet.

Der 8. September ist in Saalfelden Tag für den Schafabtrieb. Der Zusammentrieb am Vorabend ist mit Tanz auf der Hütte verbunden. Um den Rupertitag ist die Heimfahrt von der Alm, die Almleute nehmen Abschied vom Almsommer und als Freude über einen gelungenen Sommer gibt es beim Wirt den Hiatatanz. Schaftltanz ist im Oktober oder November bei einem größeren Bauern, hier wurde und wird die Schafalpung abgerechnet – Gräser, Löhne –, dazu gab es Schafbraten. Die Einheugerfeier war Abschluss der Erntearbeit beim jeweiligen Bauern, der Abdreschtanz nach dem letzten Drusch – meist im Dezember. Der Rupertitag, der 24. September, ist in Salzburg Landesfeiertag, mancherorts Erntedankfest – mit der Erntekrone, die von den Pferden zur Kirche geführt wird. Nationalfeiertag ist ein freier Tag, ohne einen allgemein festgelegten Ablauf.

Zu Allerheiligen und Allerseelen werden die Gräber geschmückt, die Gräbersegnung vorgenommen, den Kriegsgefallenen gedacht – in manchen Gebieten gibt es Geschenke für die Patenkinder. Am letzten Herbstsonntag vor Kathrein, dem 25. November, fand in Unken das Holzsuppen statt, hier im Herbst. Einmal im Jahr gingen alle Holzarbeiter gemeinsam zur Kirche, dankten für ein unfallfreies Jahr, gedachten der Toten und Verletzten, anschließend war man gesellig beisammen. Beim Schüssellauf ging es um Schnelligkeit und Geschicklichkeit. Zum gemeinsamen Mahl, es gab Suppe mit Leberknödel oder Würstel, Lunge und Braten, das bayerische Forstamt zahlte dafür einen Hirsch oder ein weibliches Tier, lud man als Begleitung ein junges Mädchen ein, ihr wurde der Braten „vorgeschnitten". Der erste Ehrentanz gebührte dem Amtsvorstand der Bayerischen Forste, es folgten Ehrentänze für die Försterschaft, die Jäger und Kanzleiangestellten, die Vorarbeiter, für die einzelnen Forstarbeiterpartien und die Herrenschichtler – diese waren mit der Instandhaltung der Ziehwege, der Brücken und Hütten und dem Wildbachverbau, mit dem Pflanzen und den Gattern beauftragt. Es folgten die Pflanzgartenfrauen, die Fuhrleute, Sägewerksbesitzer und Holzhändler, Wagner und Schmiede, der Doktor und die auswärtigen Gäste sowie die holzverarbeitenden Betriebe und die örtlichen Wirtsleute. Bei der Gemeinde wurde beantragt, die Sperrstunde außer Kraft zu setzen, das Holzsuppenessen endete mitunter erst am folgenden Werktag. Über die Jahre veränderte sich dieses Fest zu einer heute kleinen Abendveranstaltung.

Der 25. November ist Kathreintag, der Namenstag der Patronin der Mägde und Spinnerin, ihr Namenstag ist Beginn der Schafschur und stellt den Tanz ein – bis zum 6. Jänner gibt es keine Tanzveranstaltung und keine Hochzeit.

Mit dem ersten Adventsonntag beginnt das katholische Kirchenjahr. In der Kirche werden die Lieder von der Sehnsucht nach dem Erlöser gesungen, in der Küche duftet es nach Weihnachtsgebäck, in den Schulen wird Weihnachtsdekoration gebastelt, die Dorfstraße mit Lichtgirlanden geschmückt, Christkindbriefe geschrieben, Kletzenbrot gebacken. Buben stellen möglichst höllische Kostüme fürs Kramperllaufen her, andere bereiten sich fürs Anklöckeln vor. Die kalten Tage sind vorrangig die Zeit des Schlachtens, Adventkranzbinden. Der Barbaratag als Festtag der Bau- und Bergleute und der Fürbitte gegen den jähen Tod steht im Zeichen der Barbarazweige – Forsythien-, Kirsch- oder Apfelzweige geschnitten und in der Wärme des Hauses sollen sie zum Blühen gebracht werden. St. Nikolaus, der 6. Dezember, als Patron der Kinder in aller Welt bringt, begleitet von Kramperl, Geschenke, ermahnt zu Besserung, hört sich Gebete und Gedichte an. Neuere Entwicklung in dieser Zeit sind Glühweinhütten zum feuchtfröhlichen Treffpunkt nach Büroschluss.

Der 8. Dezember als Festtag Maria Empfängnis – in Zeiten, wo Geburten ohne wichtige ärztliche Versorgung geschahen, wurden die Mütter Anna und Maria besonders oft um Hilfe angerufen – war während der Kriegsjahre offiziell abgeschafft, er wurde 1955 wieder eingeführt und ist nun vorweihnachtlicher Einkaufstag. An Donnerstagen während der Adventszeit gehen die Anklöckler von Haus zu Haus und singen und spielen von der vergeblichen Herbergssuche. Gab dies ursprünglich den Armen der Gemeinde die Möglichkeit, Backwerk und Süßigkeiten für die Feiertage zu bekommen, ist der Erlös nun für sozialen Zweck. Weihnachten – ein altes Fest des Lichtes – hat viele vorchristlich-heidnische Elemente: geweihtes Feuer, Wasser, Öl, Brot, Wein, Weihrauch, Kreuzzeichen, Wachen und Beten, Kerzenbrennen, etc.

Mit dem 24. Dezember endet die vorweihnachtliche Fastenzeit, zu Mittag gab es das Bachlkoch – ein einfaches Mehlkoch. Besuch um die Mittagszeit war unerwünscht, er bedeutete Unglück im kommenden Jahr. Messer und Scheren wurden geschliffen, die Bachlschneid hält länger als sonst. Beim Rauchengehen nimmt am frühen Abend der Hausherr eine alte Pfanne, holt Glut aus dem Ofen, gibt Weihrauch dazu und die trockenen Kräuter der Kräuterbuschen und geht mit der duftenden Schale betend durch alle Räume des Hauses und in den Stall. Er wird meist von einem Kind begleitet, das die Kerze trägt und die Weihwasserflasche – Weihwasser aus Lourdes war besonders geschätzt. Am Heiligen Abend geht er einmal, am letzten Tag des Jahres zweimal und am Abend des 5. Jänner dreimal um sein Haus; rauchen geht man nur, wenn alle daheim sind – ansonsten droht Tod im kommenden Jahr. Dann wird der Rosenkranz gebetet, die Bachlkerze brennt dann, bis der Letzte von der Christmette zurückkommt. Die Bitte um Gesundheit, für Frieden, für Kranke, für Sterbende, der Dank für das Jahr wird in dieses Gebet eingeschlossen. Um die weihnachtlichen Gaben entwickelten sich wiederum viele Bräuche: Der Scherz des Bachlzelten gehört dem ältesten Sohn oder dem ersten Knecht, den er seiner

Liebsten schenkt. Alle Bewohner bekommen ihren Kletzenstrutzen mit ihrem Namen darauf, das Vieh bekommt getrocknete Kräuter. Vor der gemeinsamen Mitternachtsmesse kommt noch das Mettenscheidl – ein mächtiges Stück Holz – ins Feuer, damit es auch bei der Heimkehr noch warm ist. Die Christmette mit Glockengeläut, vielen Ministranten, dem großen Gloria, dem Stille Nacht der Blasmusik, dem Weihnachtenwünschen und Turmblasen geben ein Gefühl von der Tiefe des Festes. Daheim gibt es die Mettensuppe zum Aufwärmen, die alten, bekannten Figuren in der Weihnachtskrippe zum Bestaunen. Der erste Weihnachtsfeiertag verläuft ohne Höhepunkt mit Familienbesuchen, Christbäumebestaunen, Essen, Trinken, Skifahrengehen." (BECKER 2003).

Neben den jährlich wiederkehrenden Festtagen gibt es die ganz besonderen Anlässe, die nur einmalig oder aber im Abstand von Jahren stattfinden. Die Geschichte der Musikkapelle von Taxenbach als ein Beispiel erinnert folgende besondere Ereignisse: 1875 die feierliche Eröffnung der Bahnlinie von Salzburg, 1881 besuchte Kaiser Franz Josef den Ort, 1903 wurde das Anton-Wallner-Denkmal enthüllt, 1907 die Wasserleitung eingeweiht. 1908 fuhr der Kaiser neuerlich durch Taxenbach, 1926 feierte der Ort Primiz. 1927 gab es ein Musikfest, den Heimwehraufmarsch in Innsbruck, 1935 eine Kundgebung in Salzburg. 1937 besuchte Dr. Kurt Schuschnigg den Ort, 1937 erfolgte die Einweihung des Volksschulneubaues. 1953 wurde 1000-Jahre-Taxenbach gefeiert. Dann spielte die Musik auswärts – 1963 machte die Kapelle ihre erste von mehreren Werbefahrten nach Deutschland, 2004 eine Reise nach China. Ein Blick auf die Tracht – 1961 erhielt die Kapelle die Bauerntracht nach Vorbild von 1807, im Jahr 1974 erfolgte die Einkleidung mit Salzburger Anzügen (www.taxenbach.at).

Ergänzt und getragen wird der ländliche Festkreis des 20. Jahrhunderts vom Vereinswesen. Die Feuerwehren waren historisch die ersten Vereinigungen, die die Menschen von ihren Höfen ins „Dorf" kommen ließen, um den Ersten Weltkrieg bestand bereits eine Vielzahl landwirtschaftlicher Vereine, politischer Verbände, die Geld- und andere Nutzungsgenossenschaften entwickelten sich, um das Alltagsleben strukturell zu verbessern. Die unterbäuerlichen Schichten, Landarbeiter und Gesinde, sowie Frauen konnten an solchen Vereinen noch lange nicht teilhaben, lediglich die Forstarbeiter waren aufgrund ihrer selbständigen Arbeit außerhalb des Hofes schon früh selbständig organisiert. Im Laufe des Jahrhunderts ist das Vereinswesen im Dorf unübersehbar groß geworden, Mehrfachzugehörigkeit ist keine Seltenheit: vorgenannte Vereine und Genossenschaften, Jagdverein und Blasmusik, Kirchenchor, unzählige Sport-, Hobby- und Freizeitvereine (BRUCKMÜLLER 2002, 548–556). Nicht zu übersehen ist allerdings auch zunehmende Individualisierung der Freizeitgestaltung – längst kennt auch im Dorf nicht mehr jeder jeden.

Die Buntheit der Prozessionen, die Ausgelassenheit des Faschings, die Fröhlichkeit der Hiatatänze, die Besinnlichkeit der Rauhnächte sind nur ein Teil des Kulturlebens am Land. Kunstwerke, die auf den Ebenen des Handwerks, der Handarbeit, Musik, Literatur, Tanz hervorgebracht werden, können in ihrer Fülle hier nicht erfasst oder erwähnt werden. Selbst die Sprache änderte sich – verändertes Leben hat sprachlich andere Inhalte zu transportieren, benötigt andere Wörter, kommt mit anderen Spracheinflüssen in Berührung. Als ein Beispiel einer neuen Ausdrucksform von Kultur am Land sei hier das in der

Gemeinde Rauris praktizierte „Silo-Boin-Painting" genannt – die relativ farblos auf den Feldern herumliegenden, in Plastikfolie eingerollten Heu- und Siloballen erfahren hier künstlerische Verwendung (www.rauris.net).

Die Dorfkultur, die Dorfgemeinschaft hat auch ihre Außenseiter, Menschen, die aus den unterschiedlichsten Gründen nicht „dazu"gehören. Neben den ledigen Kindern, den ledigen Müttern, den Kleinhäuslern, Abbrandlern, den Zugezogenen waren dies zum Beispiel Menschen mit psychischen oder physischen Schwierigkeiten, sie wurden belacht, bespöttelt, auch gefürchtet.

In der traditionellen ländlichen Gesellschaft waren sie „irgendwie" mitgelaufen, sie wohnten den Großteil des Jahres in einem Heim oder auch bei einem Bauern, zuweilen bei Verwandten. Das änderte sich mit der Verkleinerung der Haushaltsgrößen, die Tendenz des 20. Jahrhunderts war das Unsichtbarmachen der Behinderten – mit dem Höhepunkt der vorsätzlichen Tötung während des Nationalsozialismus. Die letzten Jahrzehnte sahen nun das Bemühen um die Öffnung der Kliniken und um Wege der Integration, wo gerade auch die Landwirtschaft gute Beispiele gelungener Einbindung zeigt (BRUCKMÜLLER 2002, 580).

III. 3. Kirche im Dorf

Alltag und Leben am Land waren begleitet von der Religion und vom Gebet – die Heiligentage, das tägliche Tischgebet, der Rosenkranz in einer eigenen, abgeschliffenen Gebetssprache, die nicht mehr für den Alltag, sondern für Gott und die Heiligen bestimmt war, der gemeinsame Kirchgang. Zum Schutz der bäuerlichen Arbeit gab es Flurbittgänge, Wetterämter, Wettersegen, Wetterläuten, bei schwerem Gewitter wurde eine geweihte Kerze angezündet, und zur Danksagung hielt man Kräuterweihe, Erntedank (Foto 2.19) und machte drei Kreuze auf jeden Laib Brot.

Die Gebete lernte man von der Mutter oder Großmutter. Es waren Abend- und Morgengebete, Gebete zum Schutzengel und zum Jesus-Kind, zum Namenspatron und, rechtzeitig für die Schule, das Vaterunser. Kirche im traditionellen Leben auf dem Land war vieles: starke Festung in einer für den Menschen unberechenbaren Welt, Abwechslung vom Alltag – kirchliche Feste wie Fronleichnam, Pfingsten oder Weihnachten waren prächtig inszeniert, Kirche war gesellschaftlicher Treffpunkt: „Gerade in der Kirche fielen uns lustige Erlebnisse ein, und wir mussten dann laut darüber kichern, es war nicht zu bremsen. Es gab Frauen, die – der Andacht wegen – solche Schwätzerinnen an den Haaren oder Ohren nahmen und vor die Kirchentür zogen", schreibt Theresia Oblasser über ihre Kinderzeit (OBLASSER 2006, 73). Kirche war auch erstickende Enge, erdrückende Sozialkontrolle (BRUCKMÜLLER 2002, 505–511). Grundsätzlich stand das Leben früher stärker unter dem Aspekt der Jenseitigkeit, als es dies heute tut – damit hatte Kirchlichkeit einen anderen Stellenwert.

Foto 2.19 Erntedank um 1960, Gemeindearchiv Taxenbach.

Mit weltlichen Elementen verbunden, waren die besonderen Übergänge im ländlichen Leben wie Geburt, Mündigwerden, Heirat und Tod im Grunde von kirchlichen Riten getragen.

Erwartete eine Frau ihr erstes Kind, sah sie sich um einen Taufpaten für das Kind um, dieser übernahm dann auch die Patenschaft über alle nachfolgenden Geschwister. In der Regel wählte man jemanden, mit dem man in gemeinsamer Familientradition verbunden war. Die Taufe fand oft schon am Tag nach der Geburt statt, sie war für 12 Uhr Mittag angesetzt. Hin zur Kirche trug das Kind die Hebamme, aus der Kirche die Patin, danach gab es den Taufschmaus für die Patenleute, Geistliche, Ministranten, den Vater und Hebamme, wenn möglich im Gasthaus. Nudelsuppe, Braten oder Huhn, schließlich Torte und Kaffee, im Winter Glühwein mit Zimtrinde, die Kosten trugen die Paten. Für daheim brachten die Taufpaten ein Geschenk – einen Korb mit Mehl, Butter, Zuckerhut oder Würfelzucker, als Besonderheit Bohnenkaffee, Kindergrieß und Eier. Die Wöchnerin gab ein Gegengeschenk – ein Stück Stoff, ein Kaffeehäferl, ein Hemd – und es wurde gut aufgekocht (BECKER 2003).

Bei Peter Rathgeb verlief die Taufe leicht anders: „Es war eine schwere Geburt, um 2.00 Uhr nachmittags wurde ich bereits getauft, so steht es im Taufschein. Als Taufpatin war (die Schwester der Mutter) Anna bestimmt. Sie ging über das enge Wegerl und es bestand die Befürchtung, dass Anna wegen ihres Geisteszustandes den Buben nicht wohl und gesund heimbringen könnte. Ich denke, hier hat zum ersten Mal der Schutzengel mitgeholfen (...)." (RATHGEB 2006; siehe Teil 1)

Die Geburtstage verliefen üblicherweise unbemerkt, nur die Namenstage waren aufgrund der Namenspatrone wichtig. Geschenke waren auch hier eher nicht üblich – vielleicht ein Taschentuch oder ein Kaffeehäferl oder eine der Jahreszeit entsprechende Besonderheit – ein paar frische Beeren vielleicht.

Zur Firmung bat man wiederum jemand aus dem Verwandten- oder Freundeskreis, die Patenschaft zu übernehmen. Als Zeichen der Annahme wurde ein kleines Geschenk ausgetauscht. Zur Firmung gab es eine Uhr, in bäuerlichen Krisen eher ein Kleidungsstück, dazu ein Gebetbuch und einen Rosenkranz – auch den Firmtaler, ein größeres Geldgeschenk. Nach der Firmung ging man zum Mittagsmahl in ein Gasthaus, wo der Firmling selber wählen durfte, was er essen und trinken wollte (BECKER 2003).

Für junge Leute dann war der wöchentliche Kirchgang eine Möglichkeit zur Verabredung, Peter Rathgeb erzählt: „Ich hab mir eine gewusst, was mir zum Tanzen extra guat passt. An einen Sonntag beim Kirchengehen hab ich sie getroffen, natürlich ums Kranzltanzen angesprochen." (RATHGEB 2005, 84f.) Die Hochzeit von Peter Rathgeb war schlicht. „Am 21. April 1954 war dann unsere bescheidene Hochzeit. Am nächsten Tag musste meine Braut um 5 Uhr aufstehen, um 6 Uhr hat für mich die Arbeit begonnen. Nicht einmal eine ordentliche Brautnacht, geschweige eine Hochzeitsreise: So hat bei uns das Eheleben begonnen." (RATHGEB 2005, 28b)

Größere Bauernhochzeiten liefen anders ab: Am Vorabend der Hochzeit kam der Bräutigam mit seinen Kameraden zu einer Blitzerei zusammen, Hochzeiten fanden meist an Montagen um 9 oder 10 Uhr statt. Die Brautleute wurden vom Beistand abgeholt, getrennt zur Kirche gebracht. Noch in den fünfziger Jahren gab es vor dem Kirchgang eine Würstelsuppe im Wirtshaus. Ab der Aufstellung des Hochzeitszugs zur Kirche wurde der Ablauf durch einen Hochzeitslader geregelt. Nach der Messfeier und dem „Viemachen" – dem Vorspielen lustiger Ereignisse aus dem Jugendleben der Brautleute – erfolgt das Brautstehlen in ein Wirtshaus, während die Hochzeitsgäste mit Musikanten in ein Festlokal gehen. Der Brautbeistand suchte die Braut wieder, holte sie zum Mahl, danach erfolgt das Glückwünschen, zu dem man dem Gratulanten ein Glas Wein anbot. Früher brachte man Geschenke praktischer Art, wie ein Heiligenbild für das Ehebett von der Patin. Im Hochzeitslokal nahm man das Abendessen ein, dem Anlass entsprechend, Rostbraten oder Gulasch, und vergnügte sich dann bei der Abendunterhaltung. Gegen zwölf folgte der Brauttanz – ein Freund des Brautpaares sang Vierzeiler mit lustigen Begebnissen aus dem Leben der Brautleute ab, unter wehmütigen Weisen wurde dann das Brautpaar nach Hause verabschiedet. Der Rest der Hochzeitsgesellschaft kehrte in den Tanzsaal zurück, um den Anlass gehörig zu feiern (BECKER 2003).

Lag jemand im Sterben, wurde möglichst rechtzeitig um den Pfarrer geschickt, und sobald dem Messner das Ableben bekannt war, läutete die Sterbeglocke. Die Leichenwäsche, das Ankleiden des Toten, das Falten seiner Hände um einen Rosenkranz und ein kleines Sterbekreuz besorgte eine im Haus lebende Frau oder eine Nachbarin. Dann erfolgte die Aufbahrung: wenn in der Stube, dann wurde vom Herrgottswinkel eine leere Bettstatt in den Raum gestellt, über die man der Länge nach Bretter legte und über sie schöne weiße Leinentücher. Erhöht und den Kopf auf einen Polster gebettet, konnte der Verstorbene nun von den Abschiednehmenden betrachtet werden, ein wenig unscharf und geheimnisvoll unter einem tüllähnlichen Schleier – für Erwachsene hatte man schwarze Schleier mit Goldrand, für Kinder und Jugendliche weiße Schleier. Zu Füßen war ein Tischchen aufgestellt, mit einem Kruzifix, einem Kerzenleuchter und einer Weihwasserschale, später auch einer Fotografie und, jahreszeitabhängig, Blumen. Bis in die sechziger Jahre war es neben dem Schließen der Fensterbalken auch üblich, über die Wände schwarze oder weiße Tücher zu spannen. Nur das Licht der Kerzen erhellte den Raum. Nicht immer gab es Patenzettel, oft gab ein Angehöriger persönlich allen Betroffenen den Tag der Beerdigung bekannt. In den Tagen vor der Beerdigung kamen Verwandte, Freunde und Bekannte zum Beten ins Haus des Verstorbenen. Im Nebenraum gab es einen Imbiss mit Brot und Käse, Tee oder Schnaps.

Am Tag vor der Beerdigung schloss sich an das Zwölfuhrläuten der Kirchenglocken das Schidumläuten an, das Zusammenrufen zum letzten Gebet. Begräbnisse fanden oft vormittags statt, mit Ross und Wagen wurde der Sarg zur Kirche gebracht. Der Tote wurde mit den Füßen voran aus dem Haus getragen, und unter der Haustüre wurden drei Kreuze beschrieben. Vor der Kirche aufgestellt, wurde der Sarg vom Pfarrer ausgesegnet und anschließend die Messe gelesen. Nach der Beisetzung traf man sich zum Totenmahl im Gasthaus. Als Erinnerung an die Verstorbenen gab es mancherorts Leichlädn – ein Brett mit den Daten des Verstorbenen wurde unweit des Sterbehauses an einem frequentierten Stadel, einem Wegkreuz oder einem Zaun befestigt, jährliche Gedenkmessen erinnerten an den Verstorbenen (BECKER 2003).

Im Dorf kam der Person des Pfarrers gesellschaftlich eine zentrale Rolle zu – seelsorgerisch, aber auch sozial, politisch, erzieherisch. Im Zusammenhang mit seiner Firmung schildert Peter Rathgeb den Dechant in der Gemeinde als eine eher polternde Person: „Vorerst eine langmächtige Belehrung, wie wichtig so eine Firmung fürs Leben für einen jungen Menschen ist. Wir sollen halt fleißig lernen, da haben sie uns vier Strophen im Katechismus zum Auswendiglernen aufgegeben. (...) Der damalige Dechant hatte eine sehr laute Stimme und so hat er halt geschimpft und geschrien, das hab' ich schon gar nicht vertragen (...) (Da) haben sie mir erklärt, wenn du nicht lernen willst, kannst nicht zur Firmung!!" (RATHGEB 2006; siehe Teil 1) In den fünfziger Jahren setzte sich Pfarrer Walleitner in zahlreichen Büchern mit der sozialen Lage der Bevölkerung im Pinzgau auseinander. Aus diesen Arbeiten eine Aufzeichnung zu Predigtthemen für den Sonntag, die ebenso eine starke sozialregulative Stellung des Pfarrers vermuten lassen: „1. Wichtigkeit des Bauernstandes. Kaiser-Papst-Bauer. Was tut der Bauer ohne Landarbeiter. 2. Was erhält die Welt? Die Arbeit im Stillen, treue Pflichterfüllung. 3. Der Landarbeiter ist viel geplagt, genießt wenig öffentliche Ehrung, kommt nicht so vornehm daher wie der Stadtmensch, hat wenig Vergnügungen. Eheverhalten, Einfluss auf die Kinder. 4. Heilige Dienstboten: Wendelin, Zita, Notburga, Gunthilde. Jungfräulichkeit, Dienen, Gehorsam bringt dem Haus Segen. Ägyptischer Josef." Aus ebenderselben Quelle stammen die „Zehn Gebote für den Landarbeiter": „1. Treue und Verlässlichkeit. 2. Bedacht auf Schadenverhütung. 3. Befolgung der Anordnungen. 4. Kein Tratsch außer Haus. 5. Kein grundloses Marodieren. 6. Nichts widerrechtlich wegnehmen. 7. Christlicher Lebenswandel. 8. Kein Verkehr in und außer dem Haus mit dem anderen Geschlecht. 9. Ein gutes Beispiel den Kindern geben. 10. Nüchternheit und keine ‚blauen Montag-Menschen'." Die „Zehn Gebote für den Bauern": „1. Menschenwürdige Behandlung (...), 2. Ordnung auf dem Hof und Mitarbeit der Vorgesetzten, 3. Zeit für religiöse Obliegenheiten – der Dienstbote hat auch eine Seele, 4. Gemeinsamer Familientisch, 5. Anschluss an die Familie überhaupt, 6. Zeit für genügend Schlaf; Sorge für gutes Essen, 7. Keine Arbeit über die Kräfte. Der Arbeiter ist kein Sklave. 8. Rücksicht auf die Gesundheit. 9. Angemessener Lohn. 10. Pünktliche Zahlung desselben." (WALLEITNER 1957, 28f.)

Im Verlauf des 20. Jahrhunderts ist vieles anders geworden: In den Familien wurden die Tischgebete kürzer, sie reduzierten sich auf ein Kreuzzeichen oder fielen ganz weg, das Gebet wurde individueller und sporadischer, der Rosenkranz nur mehr zu Weihnachten und bei Todesfällen gemeinsam gebetet. In den zwanziger Jahren blühte das kirchliche Vereinswesen, es erfolgte aber auch eine erste Kirchenaustrittswelle. Um 1938 verließen, politisch motiviert, wiederum viele die Kirche. In den fünfziger Jahren kehrten die Leute in die Kirchen zurück, bis in einer neuerlichen Austrittswelle Kirchlichkeit stark zu verdunsten begann. Bekennende Katholiken begnügen sich mit Taufwasser, Hochzeitsorgel und nur mehr sporadischem Messbesuch. „Das Konzil in Rom verfolgten wir mit Interesse", schreibt Theresia Oblasser, „es brachte manche Änderung in die kirchlichen Gewohnheiten und Gebräuche. Manche älteren, treuen Katholiken ärgerten sich sehr und konnten sich nicht so leicht damit anfreunden. Die lateinische Sprache, das Freitagsgebot, das Nüchternheitsgebot waren so mit dem praktischen Glauben verknüpft, dass manchen eine Welt einzustürzen schien. (...) auch zu Hause lockerte sich die strenge Ordnung. Der Samstag-Rosenkranz wurde immer seltener gebetet. Die Großmutter fragte: ‚Ja, ist's jetzt zum Beten oder nicht?' Sie betete dann meistens allein in ihrer Kammer, manchmal beteten die Mutter und ich noch mit. (...) Wir junge Leute lehnten uns dagegen auf, denn wir konnten zu den – unserem Empfinden nach – ausgeleierten Gebeten keine Beziehung mehr herstellen. Manchmal probierten wir eine neue Form, aber mit zu wenig Überzeugung." (OBLASSER 2006, 125–126)

Die Landwirtschaftspolitik hat auch wenig Veranlassung, Landbevölkerung und Kirche in Verbindung zu halten – weit weniger zumindest, als es dies für die Politik der ersten Jahrhunderthälfte gewesen war. Innerhalb der Kirche wurde Ökumene und Laienarbeit denkbar und kirchliches Leben so auf eine neue Basis gestellt. Statt priesterlicher Ein-Mann-Betriebe gestalten engagierte Laien Kirche mit. Die Pastoralarbeit ging von einer versorgenden zu einer sorgenden Kirche. Bilder von der ewigen Verdammnis – die Mutter von Peter Rathgeb musste sich noch anhören, dass ihr Verhalten ihr eine abscheuliche Himmelfahrt einbringen würde – sind Ende des 20. Jahrhunderts nicht mehr Bestandteil der Predigten (SPATZENEGGER 1991, 1349–1520). Kirche meint am Land nicht mehr automatisch die katholische Kirche – Menschen gehören unterschiedlichen Konfessionen an, unterschiedliche Formen der Spiritualität haben an Bedeutung gewonnen. Doch Kirche steht noch im Dorf, das Projekt Rationalität hat sich am Land nicht flächendeckend durchgesetzt. Volkskundlich ist zu bemerken, dass es seit einigen Jahren so etwas wie eine Renaissance der Kreuze, Bildstöcke und kleinen Wegkapellen gibt (BRUCKMÜLLER 2002, 534).

III. 4. Wort-gewaltige Dorfbürger

Wer hat das Sagen im Dorf? Mit welcher Berechtigung? Und welche Inhalte werden kundgetan? Im Bereich der Politik geht es einerseits um die Akteure – das Landwirtschaftsministerium, politische Parteien, Interessensverbände, Experten, Agrarbevölkerung, Kirche.

Dann um ihre Auftrittsorte – die Straße, das Wirtshaus, Versammlungen, in Expertengruppen, im Parlament, im Ministerrat. Drittens um ihre Ideologien – Ideen, Überzeugungen, Werte, Absichten, diese sowohl von oben bestimmt als auch in Wechselbeziehung mit den Menschen „unten". (HANISCH 2002, 19–21) Drei große Ideologien prägen das politische Leben auf dem Land im 20. Jahrhundert. Zunächst die Bauerntumsideologie. Sie sakralisierte die Beziehung zwischen Bauern, Hof, Boden und Gesellschaft, sie mythologisierte das Land, sah die Bauern als Quelle des Lebens. Diese Denkrichtung hat vielfältige Funktionen, verwendet bodenständige Bilder und füllt sie je nach den Bedürfnissen des jeweiligen Regimes.

In den Jahren der blühenden Weltwirtschaft kam, zweitens, die technologische Perspektive in eine dominante Position. Produktivitätssteigerung, der Bauer als Unternehmer, der Segen der Betriebswirtschaft und vor allem das Credo des Wachsens prägten die Zeit. „Bald geisterte der Mansholtplan, die Lehre vom ‚Gesundschrumpfen', in den Köpfen herum," erinnert sich Theresia Oblasser, „die Söhne gut situierter Land- und Großbauern nannten in den landwirtschaftlichen Fachschulen ihre Kameraden, die von Klein- und Bergbauernhöfen kamen, Schmarotzer, für die sie arbeiten müssten; sie würden den Staat nur Geld kosten, aber wirtschaftlich nichts bringen." (OBLASSER 2006, 123)

Die Ölkrise, die Debatten über die Grenzen des Wachstums, die Diskussionen um das Kernkraftwerk Zwentendorf und die für jedermann sichtbare Umweltverschmutzung lösten gesellschaftlich apokalyptische Ängste aus. Die Bauern, bislang Kultivatoren, wurden als Naturzerstörer angesehen. Die dritte Denkrichtung – das Zurück zur Natur, der biologische Landbau, der Ruf nach Nachhaltigkeit, Bescheidenheit und Sensibilisierung – rekrutierte sich am Land, an der Basis und weniger in den agraren Fachgremien. Die Politik versuchte dann zwischen den beiden radikalen Positionen, der liberalen Marktökonomie und dem grünen Fundamentalismus, einen Mittelweg zu gehen – das Konzept der ökosozialen Marktwirtschaft sucht ökonomische Leistungsfähigkeit mit ökologischer Verantwortung und sozialer Fairness zu verbinden (HANISCH 2002, 21–40). Die handelnden Personen der Landwirtschaftspolitik folgten in den Grundzügen den genannten drei Mustern. Sie reichte von einer Werteelite, die durch Geburt, Stand und Besitz ausgezeichnet war, zu einer Funktionselite, die aufgrund ihrer fachlichen Fähigkeiten Positionen bekleidete. Das Ackerbauministerium der Monarchie wurde von hochadeligen Grandseigneurs oder geadelten Hochbürokraten geführt. Auf sie folgten die Großbauern – sie kamen vom Acker in die Politik, hatten meist nur Volks- oder Bürgerschulbildung, sammelten frühzeitig reiche politische Erfahrung und vertraten so als gestandene Politiker die Interessen der Landwirtschaft. Auf sie folgten die Agrarexperten – auf Ministerebene schon um 1960, auf regionaler Ebene in den achtziger Jahren. (HANISCH 2002, 72–79)

Für den Pinzgau ist ausgenommen der Parteichroniken derzeit relativ wenig Material zur Frage der politischen Agitation vorhanden. Wer ein relativ dichtes Netz der politischen Beziehungen im Dorf zeichnet, ist Alois Rieder in seiner Chronik Saalfelden um 1900. Er kommentiert in seinen Beschreibungen ihm vorliegende Fotografien, wobei seine Bemerkungen Einblick in Status und Fähigkeiten der jeweiligen Person zulassen. Zunächst in Auszügen die in der Gemeinde tätigen Beamten – Verwaltungshauptsitz war freilich die nahegelegene Bezirkshauptstadt Zell am See. „Der Herr Bezirkshauptmann, (ist) ein recht tätiger arbeitsamer Bezirkshauptmann, ein Mann des Fortschrittes. Die Eisenbahn von Zell am See nach Krimml ist durch seine Bemühungen zustande gekommen. Der Forstinspektionskommissär, er beaufsichtigt Waldungen, Wildbäche und Flüsse, kam sehr oft nach Saalfelden, (hat) besondere Verdienste in der Einführung der Wassergenossenschaften, sodass das Hochwasser nun nicht mehr so leicht schaden konnte. Der Bezirkskommissär, ebenfalls zuweilen in Saalfelden, (dann) der Landestierarzt, (dieser ist) sehr verdient durch die Einführung der Pferdezuchtgenossenschaften, (durch) Pferdevorführungen und seine guten Vorträge. (Ferner), der Oberstleutnant, (dann) der Bezirksrichter, der Saalfelden bei den Hochwassern stark zu Hilfe kam und auch sonst auf den Bezirk schaut." Weiters abgebildet und von Rieder beschrieben sind der Steuereinnehmer, der Forstverwalter, der Eisenbahnvorstand, der Streckenchef der Eisenbahn, beide wurden dann abberufen zur Vermessung der Tauernbahn, der Steueramtskontrollor, der Grundbuchführer – „dieser (war) schon lange in Saalfelden, weiß über alles Auskunft zu geben, ein freundlicher und braver Beamter". Die zweite von Rieder beschriebene Fotografie zeigt die Honoratioren der Gemeinde: die Geistlichkeit, der Bürgermeister, der Oberlehrer, der Notar, die Ärzte, ferner Grundbesitzer und Gewerbetreibende. Neben Berufsstand und Besitz sind es Eigenschaften wie Durchsetzungsvermögen, Engagement, Beliebtheit, beruflicher und familiärer Erfolg, ein überregionales Netzwerk, die Zugang zu örtlichen Funktionen eröffnen. Vielfach waren es diese Personen, die Pionierarbeit für die dörfliche Infrastruktur – Feuerwehr, Wasserbau, Elektrifizierung, Genossenschaftswesen – legten. Als Drittes beschreibt Rieder ausführlich das Gruppenbild von den Saalfeldner Bauern, damit „die Nachkommen etwas zum Schauen haben." Die Kommentare zu jedem individuell lassen ein Bild von den Beziehungen der Bauern in der Gemeinde entstehen – wirtschaftliche Tüchtigkeit, Aufgeschlossenheit, Vielseitigkeit, gute Ausbildung, langjährige Erfahrung und Religiosität sind die Eigenschaften, die Rieder wichtig schienen. Der Reichsratsabgeordnete Alois Klinger zum Beispiel war in vielerlei Hinsicht vorbildhaft – sein berufliches Engagement, die freundliche Erscheinung, seine anständig verehelichten Kinder. Beim Reichsratsabgeordneten Georg Schider vermerkte Rieder dessen überregionale Verbindungen, den guten Draht zur Bürokratie, bei Christian Hirschbichler lobte er dessen Geselligkeit und bei Friedrich Egger war zu erwähnen, dass er das zu Viehmarktzeiten stark frequentierte Einkehrwirtshaus führte. Liest man die Chronik, entsteht das Gefühl, in der Gemeinde war ein geordnetes Zusammenspiel zwischen Bauer, Hof und Gesellschaft eine Selbstverständlichkeit. „Wären da nicht die Wahlen", so Rieder, „so würde man glauben, es ist alles ein Herz und ein Sinn (...). Aber bei den Wahlen, da muss jeder Farbe bekennen, (es) sammeln sich die verschiedenen Parteien und gehen parteiweise einig vor, um einen Wahlsieg zu erringen (...) Merkwürdig, alle sind wir Katholiken, nur bei den Wahlen (da sind) mehrere Parteien." (NEUMAYR 2001, 120–133)

Bei Peter Rathgeb erfahren wir wenig über die Macht im Dorf. Klar wird, dass in seinem Leben die Konfliktzonen zwischen Knecht und Bauer, zwischen Waldarbeiter und Forstmeister verlaufen. Die Kammer als gesetzliche Interessensvertretung kommt ihm bei Lohnverhandlungen mit dem Forstmeister zu Hilfe, „ganz viel später, nach 20 Jahren bin ich draufgekommen, dass (diese) Organisationen ganz wichtig sind. Dass überhaupt einmal etwas entstanden ist, damit wir nicht die gleichen Bettler werden wie unsere Vorfahren." (RATHGEB 2005, 81b)

Einige Pinzgauer Politiker haben an zentralen Stellen Landes- und Bundespolitik mitgetragen. Hier ein kurzer Blick auf zentrale Persönlichkeiten der Zwischenkriegs- bzw. Nachkriegszeit: Alois Hölzl, Klinglerbauer in Saalfelden, war Landtagsabgeordneter und Reichsratsabgeordneter, war über mehrere Jahre Vizepräsident und Präsident des Landeskulturrates. Seine autobiografischen Aufzeichnungen vermitteln den Eindruck eines abwartenden, aber durchaus handlungsbereiten Politikers.

Bartholomä Hasenauer, Stoffenbauer in Maishofen, kennzeichnen sein von sozialem Verständnis getragenes politisches Engagement sowie Wortkargheit und Nüchternheit, „ein Handschlag, der die unverfälschte Wärme des Herzblutes ahnen lässt, sagt ihm mehr als betriebsame Lobpreisung von Jahrmarktschreiern", er war ein Mann, so zeitgenössische Kommentatoren, „der in den Chiemseehof geht wie der bedächtige Bauer auf seinen Acker, der erst einmal schweigt, ehe er mit hartem Pinzgauer Akzent ein paar kurze Worte, die er nicht korrigieren und belegen braucht, zum (jeweiligen) Thema sagt". Hasenauer war ab Beginn der ersten Republik Bürgermeister und auch Vorsitzender der Pinzgauer Bürgermeisterkonferenz, wurde 1931 Nationalrat, 1934 zum Staatssekretär im Landwirtschaftsministerium bestellt. 1938 wurde er aller seiner Funktionen enthoben. Hasenauer prägte Politik und Wirtschaft der Nachkriegsjahre. Als Mitglied der provisorischen Landesregierung, dann als Landesrat, von 1949 bis 1963 als Landeshauptmannstellvertreter war er maßgeblich am Aufbau der Bauernkammern, im Güterwegebau, der Elektrifizierung und dem Aufbau des landwirtschaftlichen Schulwesens beteiligt.

Isidor Griessner, 1906 geboren, eine nicht weniger gewichtige Persönlichkeit, kam 1934 in den Landtag, arbeitete in der Führung des Bauernbundes, war 1938 kurz Landesrat. Ihn kennzeichnet insbesondere auch die Langjährigkeit seiner Tätigkeit in politischen Gremien: von 1945 bis 1970 war Griessner im Nationalrat, von 1950 bis 1970 Präsident der Salzburger Landwirtschaftskammer, von 1949 bis 1952 ÖVP-Landesparteiobmann, er führte mehrere Jahre die Präsidentenkonferenz der Landwirtschaftskammer, war weiterhin auch regional an politisch führender Stelle tätig (NEUMAYR 2002, 40–45).

IV. Entwicklungsstränge des agraren Lebens im abgelaufenen 20. Jahrhundert

Wo nun ist das Leben am Land Ende des 20. Jahrhunderts anders als zu dessen Beginn? Zunächst einmal, der Wandel in der ländlichen Gesellschaft verlief im Vergleich zur urbanen Gesellschaft langsamer, bedächtiger, vielfach schien es nicht notwendig, die Dinge zu ändern, vieles Langerprobte hatte auch weiterhin Gültigkeit. Doch – der Wandel verlief am Land nicht grundsätzlich anders und aus der Perspektive eines ganzen Jahrhunderts betrachtet ist er dennoch ein enormer: die ländliche Gesellschaft am Beginn des 20. Jahrhunderts war eine überwiegend agrare, zu seinem Ende macht landwirtschaftliche Bevölkerung einen zahlenmäßig sehr geringen Teil aus. Die Prozesse waren von sehr unterschiedlicher Qualität: manche Zustände gibt es schlicht nicht mehr – keiner sammelt mehr Streu im Wald. Manche Situationen sind historisch völlig neu – die Bäuerin im ständigen außerhäuslichen Nebenerwerb etwa. Trends gewinnen oder verlieren an Intensität, andere verlaufen in Wellen – so etwa die gegenwärtigen Bestrebungen zu Extensivierung und dies nach Jahrzehnten der Intensivierung und Mengenmaximierung. Manches bleibt erstaunlich unverändert – die Art des Brotbackens zum Beispiel.

Der LebensRaum Land wird am Ende des 20. Jahrhunderts anders bewirtschaftet als zu dessen Beginn.

Betrachtet man die Landwirtschaft aus ökonomischer Sicht, so liefen die Leitlinien im 20. Jahrhundert von der Bedarfssicherung in Form der Selbstversorgung zur Spezialisierung auf Milchwirtschaft bzw. Viehzucht. Die Zahl der in der Pinzgauer Landwirtschaft beschäftigten Personen reduzierte sich im behandelten Zeitraum auf ein Zehntel des Anfangsstandes, parallel dazu verdreifachte sich die Wohnbevölkerung des Bezirks. Die Sozialstruktur ist damit eine völlig andere – andere Berufszweige, unterschiedliche Nationalitäten und Konfessionen, zu dem kommt eine Verschiebung der Altersgruppenaufteilung.

Die Abnahme landwirtschaftlicher Betriebe verlief im Pinzgau vergleichsweise verhaltener als im Österreichtrend, ein Umstand, der sich auf den Mangel beruflicher Alternativen, aber auch auf die regional zum Teil sehr fruchtbringende Kombination Tourismus/Landwirtschaft zurückführen lässt. Auffallend ist im Pinzgau eine hohe Konstanz der Betriebe mit 10–20 ha bzw. jene der Großbetriebe mit über 100 ha Fläche; ferner besticht die rasante Abnahme der Vollerwerbsbetriebe nach 1951 sowie das sprunghafte Ansteigen der Nebenerwerbslandwirtschaften in den siebziger Jahren – Anfang der achtziger Jahre übertraf die Zahl der Nebenerwerbsbetriebe jene des Vollerwerbs. Hinsichtlich der Produktionsart fällt der Rückgang des Ackerlandes, die Reduktion von Sumpfwiesen und Hutweideflächen sowie die Ausdehnung der Wiesenflächen am stärksten auf. Die Almwirtschaft als eine der zentralen Bewirtschaftungsformen der Region erfuhr ausgenommen einer Renaissance in den siebziger und achtziger Jahren einschneidende Veränderungen: verbesserte Heimweidenutzung ließ die Bedeutung der Alpweide stark zurückgehen und zog die Extensivierung der Staffelwirtschaft, den zahlenmäßigen Rückgang des Almpersonals, den Übergang zu Galtviehalmen bis hin zur gänzlichen Auflassung der Almen nach sich.

Die Viehzählungen über das Jahrhundert zeigen klar die Zunahme des Rinderbestandes im Gebirge, zeitgleich mit einem Rückgang dieser Tierart im Österreichschnitt. Die Zahl der Pferde verlief ab Jahrhundertmitte ebenso rückläufig, die Zahl der Schafe schrumpfte bis 1950 stetig und erfuhr erst in den 1980er Jahren eine Zunahme. Der regional geringe Anteil von Schweinen erhöhte sich bis 1970 kontinuierlich, um dann, völlig konträr zur bundesweiten Entwicklung, stark abzuflauen. Die Ziegenhaltung erfuhr in den Jahren 1950–60 massive Einbrüche. Der Geflügel- und Kleintierhaltung kam mit Ausnahme der Eigenbedarfsdeckung regional geringe Bedeutung zu, Mitte der sechziger Jahre verschwanden die Gänse schlagartig von den Bauernhöfen. Sowohl Vieh- als auch Milchabsatz wurden im Verlauf des Jahrhunderts zunehmend zentral abgewickelt, wobei bäuerliche Direktvermarktung und Direktabsatz im Zug des Tourismus immer eine Rolle spielten.

Im Blick auf den historischen Ackerbau des Pinzgaus fällt der hohe Stellenwert des Roggenanbaus auf, Weizenanbau blieb flächenmäßig weit zurück. Der Haferanbau verlor zeitgleich mit dem Rückgang des Pferdebestandes an Bedeutung, der Anbau von Gerste hingegen verlief lange auf relativ konstanter Höhe. Von den Hackfrüchten hatten im Pinzgau die Kartoffel, hier die Spätkartoffel, Bedeutung. Der Feldgemüsebau blieb auf die Eigenversorgung begrenzt und erfuhr zusätzliche Ausdehnung lediglich in den Krisenzeiten der Kriegs- und Nachkriegsjahre. Die Gespinstpflanzen, hier Flachs und Hanf, verloren in den Nachkriegsjahren rasch an Bedeutung. Der Stellenwert von Obst- und Gartenbau blieb im Pinzgau klein – ein eigenständiger Erwerbsobst- bzw. -gartenbau entwickelte sich aufgrund der klimatischen Bedingungen nie. 1960, und diese Zahl spricht für sich, bezogen nur drei von knapp dreitausend Pinzgauer Betrieben laufende Einnahmen aus dem Obstbau. Beginnend in den sechziger Jahren, erfuhr der biologische Landbau in der historisch ohnedies nur wenig chemisierte Gebirgslandwirtschaft in den frühen neunziger Jahren eine äußerst virulente Zunahme. Mechanisierung, Wasser- und Stromversorgung, Bargeld- und Betriebsmittelbereitstellung, der Ausbau des Wege- und Straßennetzes, Austausch von Werkstoffen, die Errichtung funktionell anderer Gebäude, die Rationalisierung sämtlicher Arbeitsschritte mit der gänzlichen Auflassung einzelner Arbeitsbereiche veränderten ab den Nachkriegsjahren die Lebens- und Arbeitsbedingungen sowie das Landschaftsbild. Auch die mit der Landwirtschaft verbundenen Berufssparten unterlagen einem Wandel – Huf- und Nagelschmied verschwanden, neue Berufe wie etwa Landmaschinenhändler, Mechaniker und Futtermittelberater werden wichtig.

War in der ersten Jahrhunderthälfte der Mangel abzudecken, ist gegen Ende des Jahrhunderts mit dem Überfluss umzugehen – Fragen der Müllentsorgung, der Überflussverwertung, die Suche nach ertragsträchtigen Nischen prägen die Arbeit am Land.

Sozial verliefen die Leitlinien am Land „vom ganzen Haus" zur Kernfamilie bzw. dem Singlehaushalt. Es gibt keine Dienstboten mehr. Das für die bäuerliche Gesellschaft charakteristische Patron-Klientel-Verhältnis mit gegenseitigen Verpflichtungen von Bauer und Dienstboten verschwand im Zuge von Abwanderung, Ausbau der Sozialversicherung und politischer Integration der Landarbeiter.

Kulturell verliefen die Leitlinien von einem strikt geregelten Jahres- und Lebenskreislauf zu einer Wahlmöglichkeit von Werten, Lebensrhythmen, Zugehörigkeiten. Ausschlaggebend für gesellschaftliche Zugehörigkeit ist es nicht mehr, die vorgegebenen Regeln bestmöglichst einzuhalten, sondern die richtigen Entscheidungen zu treffen. Viele der bäuerlichen Traditionen sind im Grunde noch existent, jedoch überlagert und ergänzt von neuen „Inszenierungen".

Die katholische Kirche als ehemals starker Kulturträger im Dorf teilt ihre Position mit anderen Angeboten. Kirchenaustritt ist möglich geworden, der kirchliche Grundrhythmus – Weihnachten und Ostern, Taufe, Erstkommunion, Firmung, Hochzeit und Begräbnis – gehört aber noch zum Jahres- bzw. Lebenslauf.

Auch zentrale Rollenbilder unterlagen einem Wandel. Kind-Sein am Land hat sich geändert: die Kinderzahl je Familie ist geringer, Kindern kommt eine umfangreiche Schul- und Fachausbildung zu, Mitarbeit im elterlichen Betrieb ist, mit Ausnahme von Arbeitsspitzen oder persönlichem Interesse, in den Hintergrund gerückt, Kinder treten Erwachsenen gleichberechtigter gegenüber.

Dem Mann-Sein stellten sich im Laufe des 20. Jahrhunderts einschneidende Herausforderungen, nicht zuletzt durch den Feminismus. Spätestens Mitte des Jahrhunderts war zudem die zentrale wirtschaftliche Bedeutung des Bauern für die Gesellschaft verloren gegangen. Die Erfordernis zum Nebenerwerb, die Notwendigkeit von Subventionen und das kritische Bewusstsein der Konsumenten erzwangen wiederholt Neupositionierung. Frau-Sein am Land hatte ebenso viele verschiedene Gesichter. Es verlief, um mit dem Titel einer äußerst gelungenen Ausstellung zu sprechen, „vom Korsett zum Internet" (LUIDOLT 1998). Es verlief für Bäuerinnen von der Verfügungsgewalt über die weiblichen Dienstbotinnen, von der Gestaltungsmöglichkeit im bunten Bauerngarten, von der Freiheit auf der Alm zur Überforderung in der oft alleinigen Verantwortung über Familie, Haushalt und (Nebenerwerbs-)Betrieb. Es führte von einer arbeitsintensiven, aber doch angesehenen Position zum Gefühl, gesellschaftlich eigentlich nicht ganz dazuzugehören.

Die politischen Leitlinien des 20. Jahrhunderts liefen von der Monarchie über Demokratie und Diktatur zu einer gefestigten Demokratie. Die Inhalte der Agrarpolitik reichten von der traditionellen Bauerntumsideologie – die Land und Landwirtschaft gleichsam sakralisierte und die sich am Land länger hielt als auf Bundesebene – zu der ab Jahrhundertmitte dominanten technokratischen Perspektive mit Mengenwachstum, effizientem Technikeinsatz und Unternehmertum als ihren Maximen. Drittens, stark von unten kommend und am Land stark aufgenommen, wurde ab etwa den siebziger Jahren der ökologisch-ökonomische Diskurs dominant. In diesen Zeitraum fällt im Pinzgau die Ausweitung des biologischen Landbaus, die Realisierung des Nationalparks Hohe Tauern, die gezielte Regionalvermarktung und das Aufweichen parteipolitischer „Lager"-Zugehörigkeiten.

Nachdem das hier Beschriebene *Geschichte* – und damit *vorbei* – ist, stehen wir nun vor der eigentlich zentralen Frage, wo die aktuellen Chancen und Schwierigkeiten der Gebirgslandwirtschaft liegen.

V. Anstatt eines Ausblickes

Mit „Leben 2014" und der Frage nach zukünftigen Entwicklungen von Gesellschaft und Landnutzung haben Agrarwissenschaftler und Soziologen für neun Gemeinden des Oberpinzgaus eine umfassende Datengrundlage geschaffen (GLANZER 2005). Für Historiker jedoch gibt es von diesen Jahren noch keine Fundstücke, damit keine Arbeitsgrundlage. Der Ausblick hier ist deshalb eine – erfundene – Geschichte. (Historiker beneiden ja manchmal die Literaten, dass diese die besseren Instrumente zum Präsentieren ihrer Botschaften haben.) *Klassentreffen* ist eine Geschichte, wie sie vielleicht einmal stattgefunden haben wird können.

Klassentreffen

Johanna sitzt am Computer und erledigt Rechnungen. Für morgen Abend gibt es eine Einladung zum Klassentreffen. Zehn Jahre sind es her, seit die 4a die Hauptschule abgeschlossen hat. Was soll sie den Kollegen morgen von sich erzählen? Ob sie Fotos mitnehmen soll? Rasch wandern Johannas Gedanken von den Rechnungen auf dem Tisch vor ihr zu den Jahren seit damals. Morgen werden wohl alle einmal wissen wollen, wer was beruflich macht, wer verheiratet ist, wer wie viele Kinder hat und wer beim Hausbauen ist. Ob viele kommen?

Sie selber ist verheiratet und hat eine kleine Tochter, die gerade drei geworden ist. Nach der Hauptschule hatte sie eine Floristenlehre gemacht und dann eine Büroausbildung in der Landeshauptstadt. Sie redete damals davon, vielleicht einmal selber ein Blumengeschäft zu führen. Heute schmunzelt sie darüber, wichtiger war ihr wohl, in die Stadt zu kommen. Wie viele andere Teenager der Region meinten sie auch, am falschen Ort geboren worden zu sein.

Im Sommer darauf war sie mit Freundinnen in England – das war toll. Die Fotos könnte sie morgen mitnehmen. Johanna erinnert sich, wie sie, begeistert von der Größe Londons, der Verschiedenheit der Menschen, der Vielfalt in den Straßen, plötzlich verwundert war, welches Selbstbewusstsein man daheim an den Tag legt. So als ob der Rest der Welt zwar auch vorhanden, aber zweitrangiger wäre. An den Steilküsten Südenglands, am Trafalgar Square, in der Oxford Street und erst recht im British Museum erahnte sie, welche Kostbarkeiten die Welt barg. Johannas jüngere Schwester, Katharina, hat Matura gemacht, sie ist jetzt Kindergärtnerin. Der ältere Bruder ist technischer Zeichner und arbeitet in der Bezirkshauptstadt.

Johannas erste Stelle war im Büro eines Transportunternehmens. Im Rückblick gesehen eine sehr schöne Zeit. Sie hatte Kontakte in alle mögliche Richtungen – in die österreichischen Bundesländer, nach Italien und Deutschland, sogar nach Frankreich. Dann verlegte das Unternehmen seinen Firmensitz ins Ausland. Zu dem Zeitpunkt, erinnert sich Johanna, stürzte für sie die Welt ein. Ohne Arbeit dazustehen. Und das, obwohl sie sich so eingesetzt hat. Glücklicherweise kannten sich Simon und sie zu der Zeit schon, das half. Die Chancen auf eine neue Stelle in der Nähe waren nicht sehr groß. Vaters Rückenprobleme wurden damals auch immer schlimmer. Eigentlich klar, denkt Johanna heute, dass sie nicht mehr weggegangen ist. Sie hat daheim geholfen und gehofft, irgendwo eine Stelle zu bekommen. Es ergaben sich zeitweise gutbezahlte Aushilfsarbeiten – Johanna arbeitete bei Hochzeiten oder Beerdigungen im Blumengeschäft, führte Touristen durch den Kräutergarten, den ein ausländischer Kosmetikkonzern im Ort angelegt hatte. Sie absolvierte auch die Ausbildung zur Wanderführerin. Schon damals, denkt Johanna, hätte sie die Eltern fragen sollen, wer von den Geschwistern daheim übernehmen wird. Die ungeklärte Frage zieht sich nun schon eine Zeit durch die Familie und eigentlich ärgert sie das. So richtig wusste sie nicht, wie sie dran waren. Ihren Bruder reizt die Arbeit in der Landwirtschaft weniger, für ihn ist das alles ein wenig von gestern. Er hat es viel lieber, wenn die von ihm geplanten Projekte realisiert werden, wenn Bewegung ins Land kommt. Dass ihn der Betrieb nicht interessiert, das hat er allerdings auch nie gesagt. Erst vor ein paar Tagen hat er mit dem Vater über einen Kunden gesprochen, der Flächen für einen Campingplatz sucht. Johanna wüsste zu gern, worum es bei den beiden genau gegangen ist. Bei der nächsten Gelegenheit wird sie den Bruder fragen.

Dass sie auf die Idee mit der Wanderausbildung gekommen ist, ist ein Segen. Sie kann jetzt geführte Wanderungen machen, und ihre Liebe, die Pflanzen, mit Verdienst verbinden. Die erste Zeit war schon ein wenig mühsam, aber jetzt hat sie ein paar Kontakte und das reicht. Eines der Hotels im Ort zum Beispiel, früher ein Zweisaisonenbetrieb, hat sich auf ganzjährige Sprachkurse spezialisiert. Wie Leute sonst nach Malta oder in die Provence fahren, um in schöner Umgebung Sprachen zu lernen, kommen die jetzt hierher. Die einen wollen gemütlich verstaubte Sprachkenntnisse auffrischen und dabei Urlaub machen, andere, die international arbeiten, brauchen intensive Fachkurse. Lustig eigentlich, wie die slawischen Sprachen jetzt gefragt sind, zu ihrer Schulzeit war das ganz und gar nicht so. Um das Programm aufzulockern, wandert Johanna mit den Sprachkurslern für einen Tag in eines der Täler. Da laufen ganz unterschiedliche Dinge. Johanna schmunzelt, davon muss sie morgen erzählen. Den einen kann sie das Blaue vom Himmel erzählen, die kennen keine einzige Pflanze selber. Und anderen muss sie wieder und wieder klarmachen, dass sie keine lateinischen Bezeichnungen weiß. Einer fragte gar einmal, wie die Pflanzen hier mit denen im Himalaya und in den Anden verwandt sind. Johanna schüttelt energisch den Kopf, dem hätte sie sagen sollen, er soll sich besser die Blumen um sich herum anschauen und die genießen und seinen botanischen Kodex einpacken. Stimmt schon, für einige sind ihre Wanderungen zu gewöhnlich – wenn jemand nach Hochgebirgstour fragt oder vom Raften redet oder Wellness wünscht, den schickt sie lieber ins Eventbüro.

Mit einem anderen Betrieb arbeitet sie auch zusammen, den gibt es erst kurz, aber der kommt auch gut an. Claudia und Herbert haben vorher in der Stadt gelebt und bieten jetzt auf ihrem Hof Landwirtschaftswochen an. In der Frühlingswoche können die Besucher mithelfen beim Säen und Pflanzen, beim Zäuneausbessern, beim Blumeneinsetzen oder Jäten, einmal in der Woche wird Brot gebacken, wer will, kann Kreuzsticken oder anderes Kunsthandwerk üben. Im Rahmen der Sommerwochen helfen sie im Garten oder beschäftigen sich mit Einkochen. Wer Verwendung hat, kann die erzeugten Produkte kaufen und mit heimnehmen. Besonderen Anklang finden interessanterweise die Herbstwochen – das Kartoffelfeld ist immer zu klein für die Zahl der Helfer, das Brennholzschlichten wird zelebriert wie ein Fest. Das Honigschleudern lieben die Leute – keiner jammert über stundenlanges Gläserwaschen. Mit offenen Augen hören sie zu, wie all die Arbeitsschritte früher gemacht wurden, wie die Tage und das Jahr und das Leben früher abliefen. Das erzählt ihnen einer, der sein Leben lang in der Landwirtschaft gearbeitet hat und weiß, worum es ging. Die Leute sagen, sie wollen zur Abwechslung einmal Dinge mit beiden Händen tun, es ist ihnen egal, das Urlaubsgeld diesmal nicht in eine Fernreise zu investieren. Für eine kleine Gruppe gibt es Arbeit in der Küche. Johanna hat erst gemeint, es geht da um Über-drüber-Küche. Tatsächlich geht es „nur" ums Selberkochen und die Leute sind begeistert. Verständlich, Johanna kommt die Fertigküche ja langsam auch ein wenig eintönig vor. Wenn im Betrieb Arbeiten anstehen, wo betriebsfremde Leute im Weg sind, gibt es Aktivitäten wie eben die Wanderungen. Johanna zeigt ihnen, wie man effektvoll einen Blumenstrauß zusammenstellt oder einen Kranz bindet, zu Beginn trauen sich das viele selber gar nicht zu. Sie selber erfährt immer wieder Dinge, denen sie bisher keine Bedeutung geschenkt hat. Dass die Gletscher enorm zurückgehen, ist ihr auch aufgefallen. Ja, wo das mit dem Verkehr und den vielen Einkaufszentren hingeht, wird man abwarten müssen. Ja stimmt, wenn man die Weltentwicklung sieht, ist es super, dass so viele Landwirte in der Region biologisch wirtschaften. Erstaunt hat Johanna, dass sie manchen Gruppen gar nichts erklären brauchte, denen war stundenlanges Gehen ausreichend. Die setzen sich vielleicht irgendwo hin und schauen dem Wasser im Bach zu, wie es in verschiedenen Geschwindigkeiten dahinfließt oder sich seinen Weg um einen Felsen sucht. Mancher nimmt einen Skizzenblock heraus oder fängt an, sich seitenweise Notizen zu machen. Die Klarheit und Lebendigkeit des Wassers fesselt viele – in ihren Alltagserfahrungen ist Wasser das, was sie in Flaschen verschlossen nach Hause schleppen oder was körpertemperaturwarm aus dem Duschkopf kommt. Ob das von ihrer Klasse irgendwer glauben wird? Für sie war es ja lange komisch, bezahlt werden fürs zuhören und mitwandern. Aber bisher hat nie jemand ihr Honorar in Frage gestellt. Im Gegenteil. Eine Therapeutin, mit der sie darüber gesprochen hat, war ganz begeistert. Die hält viel von Bewegung und der Natur. Vielleicht macht sie mit Johanna einmal etwas gemeinsam für ihre Klienten. Nette Wege mit Wasser und Felsen und Blumen und verschiedenen Tieren und Aussichten gibts ja genug in der Region.

Einziger Nachteil für Johanna an all diesen Tagen ist, dass sie eine Betreuung für die Kleine braucht. Meist bringt sie sie auf den Kinderhof, da ist die Bäuerin eine ausgebildete Kindergärtnerin und die Kinder haben das Paradies. Morgen muss sie sich umhören, was die anderen mit ihren Kindern machen, wie die den Spagat zwischen Familie und Arbeit schaffen. Mit öffentlichen Einrichtungen ist es schwierig, und die Eltern will sie auch nicht immer fragen. Ahja, die Rechnungen liegen noch da.

Die Arbeit am Hof machen sie seit Jahren gemeinsam. Die Eltern, ihr Mann Simon und sie. Simon arbeitet halbtägig in der Fahrschule, den Rest daheim oder bei einem anderen Bauern. Die Fahrschule wird, bleibt zu hoffen, wohl nicht so schnell ins Ausland verlagert. Das Zusammenhelfen-Müssen wird bei anderen Klassenkameraden mit Landwirtschaft ähnlich sein. In der Früh und am Abend das Melken. Um halb sieben kommt das Milchauto, das war schon zur Schulzeit so. Auf Mutterkuhhaltung umstellen will der Vater nicht. Für ihn schaut das aus, als würde er die Stallarbeit nicht machen wollen. Einen Teil ihrer Produkte liefern sie an Johannas Onkel, der hat ein Gasthaus – Milch, Salat, Gemüse, Kochobst, Fleisch, Eier und Milchprodukte wie Käse, wenn sie dazukommen. Das funktioniert gut, der Onkel weiß, dass die Sachen was wert sind, und zahlt einen guten Preis. Zumindest seit der Zeit, wo ihn die Gäste nach der Herkunft der Produkte fragen. Der eine ist allergisch, ein anderer verträgt irgendeinen Stoff nicht. Johanna ist froh, dass bei ihnen in der Familie alle gesund sind, vor allem die Kleine. Da hat sie bei anderen Kleinkindern schon einiges gesehen. Asthma, dass sie nicht in den Stall dürfen, oder Hautprobleme, sodass ständig Behandlung nötig ist. Der Onkel nimmt natürlich nur dann ab, wenn Saison ist. Und alles können sie ihm auch nicht liefern – sie können nicht auch noch Fische züchten oder Wild liefern und Schwammerl suchen gehen. Vor allem, er braucht immer nur die gewissen Mengen und die gewissen Stücke. Früher hat die Mutter auch an die Geschäfte in der Umgebung geliefert, aber da gibt es jetzt keine mehr. Schade eigentlich. Neben der Schule war eines, wo sie sich in der Mittagspause die Wurstsemmeln gekauft haben.

Eine Riesenarbeitserleichterung für die Familie ist, dass das Holz in ihrem Eigentumswald jetzt von einer Firma geerntet wird. Seit die Nachfrage nach Bioenergie so gestiegen ist, haben die große Flächen in der Region unter Vertrag genommen und bearbeiten die, inklusive Wiederaufforstung. Der Vater ist viele Jahre Holzarbeiten gegangen und weiß, wie gefährlich und anstrengend die Arbeit ist. Ihm hat das System gleich zugesagt, die können mit ihren Maschinen und ihrem Wissen von der Forstwirtschaft ganz anders arbeiten. Johanna war ganz froh darüber, Simon war sowieso keiner für den Wald.

Das Finanzielle war in ihrer Familie immer in Mutters Hand. Außer jetzt mit den Computersachen, da macht es immer mehr die Johanna. Und da gehen manchmal die Welten auseinander!! „Wer billig kauft, kauft teuer", ist einer von Mutters Leitsprüchen. Aber der gilt oft einmal für sie selber nicht. Wenn es irgendwo drei zum Preis von zwei gibt, kauft sie sicher. Auch, wenn sie nur eins brauchen. Oder „sale", das klingt auch immer interessant für sie. Wo „golden" draufsteht, ist für sie das Produkt besser. Als Simon gemeint hat, den Viehanhänger gemeinsam mit dem Nachbarn zu kaufen, wurde sie ganz unruhig. Man könnte ja meinen, sie hätten das Geld nicht. Und das Sparen! Seit sie nicht mehr vermietet, hat sie zum Beispiel keine Balkonblumen mehr. Als ob das wirklich ins Gewicht fällt! Johanna wird ein wenig bang. Was kommt da auf sie zu? Allein, wenn die Eltern älter werden.

War da irgendwer in der Klasse in einer ähnlichen Situation wie sie? Ob sich jemand bei Übergabefragen auskennt, so bei Rechtlichem und bei Notaren? Und bei der Sozialversicherung? Redet man solche Sachen überhaupt bei einem Klassentreffen?? Es kennt ja jeder jeden und noch war bei ihnen gar nichts spruchreif. Wer weiß, wie die Leute reagieren – neidisch, weil sie den Betrieb erbt, oder von oben herab, weil sie dann Bäuerin ist?! Nein, dieses Mitgefühl will sie nicht. Oder gar, wenn es dann anders kommt und doch der Bruder – oder die Katharina – daheim übernehmen. Nein, kein Thema für morgen.

Mit Simon hat sie bei einem Radurlaub am Gardasee lange darüber gesprochen, wie ihre Zukunft aussehen wird, wenn sie nicht daheim übernehmen. Für Simon wär das ok, wegen ihm müssten sie den Betrieb nicht haben. Sie könnten sich selber ein Haus bauen oder eine Wohnung, Johanna hätte Zeit für die Kinder. Das Wochenende könnten sie auch einmal woanders, in der Stadt verbringen. Ach ja, Stadtleben! Durch Ausstellungen gehen, an einem schönen Ort die Zeit verstreichen lassen. Ungeniert ungewöhnliche Kleider tragen, an einem Regentage ungefragt zwei Kinofilme anschauen. Sich in einem Konzert zu verlieren, ohne alle Anwesenden aufmerksam grüßen zu müssen. Johanna liebt es, wenn da stürmisch applaudiert wird und es tönt, als ginge das Konzerthaus ein. In ihrer Region gibt es auch schräge Kulturveranstaltungen und engagierte Kulturinitiativen, nur ihre Familie geht da nie hin. Vielleicht ist morgen wer, der schon da manchmal dabei ist, wäre ja eine Idee, einmal mitzugehen. In der Stadt, denkt Johanna, gehen die Menschen weniger starr miteinander um, sind spontaner. Hier zu Hause ist es, als ob jeder das ganze vergangene Jahrhundert mit sich herumträgt. Dennoch, der Gedanke, nicht daheim zu übernehmen, passt ihr immer weniger. Und da gibt es einen Grund: einmal, sie war bei der Cousine in der Stadt, stand da ein Schüler, ein Erst- oder Zweitklässler, mit seiner übergroßen Schultasche am Gehsteig und wartete auf seine Straßenbahn. Er sah nicht traurig aus. Gar nicht. Aber ihr war in dem Moment klar, dass ihre Kinder nicht so aufwachsen sollen – den Straßenlärm, schien ihr, kann nicht ein größeres Schulangebot wettmachen. Und lieber als Jugendlicher einige Jahre fadisiert sein als als Kind keinen Raum zum Spielen haben. So kann sie das freilich nicht erzählen, für eine Lebensentscheidung braucht man schon andere Gründe. Aber tatsächlich, es war so, das Kind am Gehsteig, da wars ihr klar geworden. Sie müssen halt dran bleiben, immer hinhören, mit welchen Produkten und mit welchen Arbeiten sie Geld verdienen können.

Wie jeden Abend noch kurz ein Blick ins Internetdepot. Nur um zu sehen, was sich den Tag über getan hat. Sie ist schon ganz gespannt, was die anderen morgen erzählen werden. Ob sich bei denen seit damals was Besonderes getan hat? Mit einem Klick trennt Johanna die Internetverbindung. Zu ärgerlich, die Meldung an die Agrarstelle hat sie übersehen. Das muss morgen als Erstes sein, das ist ja ihr Geld.

V. Anstatt eines Ausblickes | 155

Literatur und Quellen

Becker Christine (2003). Unkener Spaziergänge. Brauchtum und Feste in Unken. Unken.

Bruckmüller Ernst (2002). Vom „Bauernstand" zur „Gesellschaft des ländlichen Raumes" .In: Ernst Bruckmüller (u. a., Hg.). Geschichte der österreichischen Land- und Forstwirtschaft im 20. Jahrhundert. Wien. 409–592.

Dax Thomas (u. a., 2003). Perspektiven für die Politik zur Entwicklung des ländlichen Raumes. Wien.

Dillinger Andrea (2000). Die sozialen Strukturen der bäuerlichen Familienwirtschaft im Pinzgau in der Ersten Hälfte des 20. Jahrhunderts. Salzburg.

Dirninger Christian (2005). 100 Jahre Raiffeisenverband Salzburg. Salzburg.

Dreiseitl Hellmut (1991). Der Salzburger Obstbau. Thalgau.

Effenberger Max (1990). Heimatbuch Piesendorf. Salzburg.

Enzinger Hans (2004). Bergmähder. Nationalparkregion Hohe Tauern – Salzburg. Saalfelden.

Glanzer Michaela (Hg., 2005). Leben 2014. Perspektiven der Regionalentwicklung in der Nationalparkregion Hohe Tauern Oberpinzgau. Neukirchen.

Global Marshall Plan Initiative (2005). Impulse für eine Welt in Balance. Hamburg.

Groier Michael (1999). „Mit'n Biachl heign": soziokulturelle und ökonomische Aspekte von Aussteigerlandwirtschaft in Österreich. Wien.

Hanisch Ernst (2002). Die Politik und die Landwirtschaft. In: Ernst Bruckmüller (u. a., Hg.). Geschichte der österreichischen Land- und Forstwirtschaft im 20. Jahrhundert. Wien. 15–189.

Hanisch Ernst (2005). Männlichkeiten. Wien.

Herbst Hubert (2000). Heustadel im Land Salzburg. Bestandsaufnahme 1995–98. Saalfelden.

Hörmann Fritz (1990). Wald und Holz. Werfen.

Hubatschek Gertraud (1948). Bäuerliche Siedlung und Wirtschaft im oberen Salzachtal. Dissertation. Innsbruck.

Huber Roswitha (2005). Das Buch vom Brotbacken. Salzburg.

Hutter Clemens M. (1996). Das tägliche Licht. Eine Salzburger Elektrizitätsgeschichte. Salzburg.

Innerhofer Franz (1974). Schöne Tage. Salzburg, Wien.

Johann Elisabeth (2000). Wald und Mensch. Klagenfurt.

Klammer Peter (1992). Auf fremden Höfen. Anstiftskinder, Dienstboten und Einleger im Gebirge. Wien.

Luidolt Lucia (u. a., 1998). Frauen in den Hohen Tauern. Vom Korsett zum Internet. Salzburg.

Mannert Josef (1981). Lebenseinstellung und Zukunftserwartung der ländlichen Jugend. Wien.

Marktgemeinde Saalfelden (Hg., 1992). Chronik Saalfelden. Band I, II.
Mitterauer Michael, Peter Paul Kloß (Hg., 1983 ff.). Damit es nicht verloren geht … Wien, Köln.
Mooslechner Walter (1993). Aus der Jagdgeschichte des Großarltales. Salzburg.
Mooslechner Walter (1997). Winterholz. Salzburg.
Neumann Otto (1934). Das obere Salzachtal bis Bruck als Wirtschaftsraum. Dissertation. Wien.
Neumayr Ursula J. (2000). Österreicher. Oder doch Salzburger? In: Ernst Hanisch (Hg.). Salzburg. Zwischen Globalisierung und Goldhaube. Wien. 3–28.
Neumayr Ursula J. (2001). Unter schneebedeckten Bergen. Dissertation. Salzburg.
Oblasser Theresia (2002). Arbeit und Situation der Bergbäuerinnen. In: Koryphäe 32 (Kopie Archiv Gemeinde Taxenbach).
Oblasser Theresia (2006). „Das Köpfchen voll Licht und Farben …". Eine Bergbauernkindheit. Wien.
Ortmayr Norbert (1989). Späte Heirat. Ursachen und Folgen des alpinen Heiratsmusters. In: Zeitgeschichte 16, 119–134.
Ortmayr Norbert (Hg., 1992). Knechte. Wien.
Preuss Rudolf (1939). Landschaft und Mensch in den Hohen Tauern. Beiträge zur Kulturgeographie. Würzburg.
Rathgeb Peter (2005). Der Lebenslauf von einem ledigen Buam. Unveröffentlichtes Manuskript. Gemeindearchiv Taxenbach. [Seitennummerierungen teilweise nicht fortlaufend].
Rathgeb Peter (2006). Peter Rathgeb, Jahrgang 1920. Ein Arbeitsleben in der Land- und Waldwirtschaft. Teil 1 in diesem Band.
Ruggenthaler Peter (2004). Zwangsarbeit im Pinzgau. In: Stefan Karner, Peter Ruggenthaler. Zwangsarbeit in der Land- und Forstwirtschaft auf dem Gebiet Österreichs. Wien. 333–370, 544–549.
Salzburger Jägerschaft (Hg., 1997). 50 Jahre Salzburger Jägerschaft 1947–1997. Salzburg.
Sandgruber Roman (2002). Die Landwirtschaft in der Wirtschaft. In: Ernst Bruckmüller (u. a., Hg.). Geschichte der österreichischen Land- und Forstwirtschaft im 20. Jahrhundert. Wien. 191–408.
Sandgruber Roman (2006). Frauensachen und Männerdinge. Wien.
Schjerning Wilhelm (1897). Die Pinzgauer. Stuttgart.
Schoibl Heinz (2001). Armut im Wohlstand ist verdeckte Armut. Regionaler Armutsbericht für das Bundesland Salzburg. Salzburg.
Schulchronik Uttendorf, http://land.salzburg.at/vs-uttendorf.
Schweinberger Christa (2001). Der Bauer als Hotelier. Der Aufstieg Saalbach-Hinterglemms zum Weltdorf im Kontext sozialer und kultureller Begleiterscheinungen. Salzburg.
Spatzenegger Hans (1991). Die Katholische Kirche von der Säkularisation (1803) bis zur Gegenwart. In: Heinz Dopsch (u. a., Hg.). Geschichte Salzburgs. Band II, Teil 4. 1429–1520.

Stadtgemeinde Zell am See (1997). Festschrift zum Pferdeschlitten- und Trachtenfest. Zell am See.
Steidl Albert (2004). Almleben. Eine kulturgeschichtliche Dokumentation. Saalfelden.
Steinmaßl Franz (1992). Arsen im Mohnknödel. Eigenverlag.
Stöckl Hans (1998). Pinzgauer. Eine österreichische Rinderrasse mit Tradition. Eigenverlag.
Thurner Erika (Hg., 1996). Die andere Geschichte. Salzburg.
Walleitner Josef (1946). Volkskundliche Studie zur sozialen und wirtschaftlichen Lage der Dienstboten im Oberpinzgau. Habilitationsschrift. Salzburg.
Walleitner Josef (1947). Der Knecht. Volks- und Lebenskunde eines Berufsstandes im Oberpinzgau. Salzburg.
Walleitner Josef (1957). Kirche im Volk. Religiös-Volkskundliche Beiträge zur Bauern- und Landarbeiterfrage. Salzburg.
Weigl Norbert (2002). Die österreichische Forstwirtschaft im 20. Jahrhundert – Von der Holzproduktion über die Mehrzweckforstwirtschaft zum Ökosystemmanagement. In: Ernst Bruckmüller (u. a., Hg.). Geschichte der österreichischen Land- und Forstwirtschaft im 20. Jahrhundert. Wien. 593–740.
Weitlaner Siegfried (1982). Heimatbuch Saalbach-Hinterglemm. Saalbach.
Wirleitner Franz (1951). Die Bauernkost im Lande Salzburg. Eine volkskundliche Betrachtung. Salzburg.
Wölfle Burgi (um 1980). Gartenbuch. Unveröffentlichtes Manuskript.
Wölfle Burgi (o. J.). Seife. Unveröffentlichte Notiz.
Wokac Ruth (2002). 40 Jahre Tauernschecken – ein Inzuchtproblem? In: Ziegenzucht und Ziegenhaltung. 2002. 1–16.

Grafik 1: Berufszugehörigkeit im Pinzgau, 1869–1991 (S. 66)
Grafik 2: Flächennutzung im Pinzgau 1880 und 1990 im Vergleich (S. 68)
Grafik 3: Betriebsgrößen Pinzgau und Österreich im Vergleich (S. 69)
Grafik 4: Nebenerwerb Pinzgau, Salzburg, Österreich, 1951–1990 (S. 70)
Grafik 5: Viehstand Pinzgau, 1890–1991 (S. 72)
Grafik 6: Viehstand Pinzgau und Österreich, 1938–1990 (S. 73)
Grafik 7: Almwirtschaft im Pinzgau, 1950–1986 (S. 75)
Grafik 8: Getreidebau im Pinzgau, 1930–1990 (S. 77)

Fotonachweise:

Foto 1.1 Volksschulklasse Peter Rathgeb, Gemeindearchiv Taxenbach (S. 13)
Foto 1.2 Holzarbeit am Hoferberg 1930, Anton Hartl, Stadtarchiv Saalfelden (S. 36)
Foto 1.3 Holzziehen auf der March um 1955, Gemeindearchiv Taxenbach (S. 39)
Foto 1.4 In der Gschwandtstube 1937, Gemeindearchiv Taxenbach (S. 40)
Foto 1.5 Heimatgruppe Taxenbach 1938, Gemeindearchiv Taxenbach (S. 50)
Foto 2.1 Pferd und Traktor 2003, Gemeindearchiv Taxenbach (S. 56)
Foto 2.2 Ansicht Taxenbach, 1935, Gemeindearchiv Taxenbach (S. 67)
Foto 2.2.1 Taxenbach 2000, aufgenommen von Erwin Wieser, Gemeindearchiv Taxenbach (S. 67)
Foto 2.3 Pinzgauer Kühe, www.rinderzuchtverband.at (S. 73)
Foto 2.4 Heuernte mit Kuh, Gemeindearchiv Taxenbach (S. 85)
Foto 2.5 Zaunlegge 1955, Gemeindearchiv Taxenbach (S. 89)
Foto 2.6 Käsekeller, Gemeindearchiv Taxenbach (S. 95)
Foto 2.7 Nachschauen bei den Pinzgauerziegen, um 1950, Gemeindearchiv Taxenbach (S. 97)
Foto 2.8 Bergmahd um 1950, Gemeindearchiv Taxenbach (S. 98)
Foto 2.9 Bauerngarten um 1980, privat (S. 103)
Foto 2.10 Runggeln-Schneiden um 1955, Gemeindearchiv Taxenbach (S. 103)
Foto 2.11 Grassamen einrechen um 1955, Gemeindearchiv Taxenbach (S. 104)
Foto 2.12 Getreidekasten, Stadtarchiv Saalfelden (S. 106)
Foto 2.13 Frau am Spinnrad, Mann mit Zeitung 1939, Gemeindearchiv Taxenbach (S. 111)
Foto 2.14 Besuch beim Bauern 1939, Gemeindearchiv Taxenbach (S. 112)
Foto 2.15 Bauernfamilie, Stadtarchiv Saalfelden (S. 117)
Foto 2.16 Mann beim Sensendengeln 1975, Gemeindearchiv Taxenbach (S. 124)
Foto 2.17 Hofmuseum 1997, Gemeindearchiv Taxenbach (S. 127)
Foto 2.18 Bäuerinnen 1990, Gemeindearchiv Taxenbach (S. 129)
Foto 2.19 Erntedank um 1960, Gemeindearchiv Taxenbach (S. 141)